Versicherung in Frage und Antwort

von

Klaus Dey
Versicherungskaufmann

Dr. Georg Steinkohl
Versicherungskaufmann

unter Mitarbeit von

Winfried Anolick
Versicherungskaufmann

13., überarbeitete und erweiterte Auflage

Verlag Dr. Max Gehlen · Bad Homburg vor der Höhe

Gehlenbuch 3020

Umschlaggestaltung und Zeichnungen: Manfred Sehring, Dreieich-Offenthal

ISBN 3-441-03020-6

Herstellung: Buchdruckerei Dr. Alexander Krebs · Bad Homburg vor der Höhe

Vorwort

Dieses Buch soll durch die Darstellung der versicherungswirtschaftlichen Lehrinhalte in Frage und Antwort den Lernenden die Wiederholung und die Prüfungsvorbereitung erleichtern. Die Lehr- und Lerninhalte sind angelehnt an „Die Ausbildung zum Versicherungskaufmann – Grundlage und Leitlinien für Betrieb und Schule" sowie die „Leitlinien für eine lernzielorientierte Fortbildung zum Versicherungsfachwirt", beides herausgegeben vom Berufsbildungswerk der Versicherungswirtschaft, München. Den Versicherungspraktikern im Innen- und Außendienst, den Schulungsleitern, Ausbildungsleitern und Ausbildungsbeauftragten im wiedervereinigten Deutschland innerhalb eines in absehbarer Zeit sich öffnenden EG-Binnenmarktes mag es als Handbuch und Leitfaden dienen.

Für die „Allgemeine Versicherungslehre" und die „Sachversicherungszweige" zeichnet *Winfried Anolick* und für die „Krankenversicherung" zeichnet *Joachim Becker* verantwortlich.

Für die Versicherungszweige Lebens-, Unfall-, Haftpflicht-, Rechtsschutz-, Kraftfahrt-, Luftfahrt- und Rückversicherung zeichnet *Dr. Georg Steinkohl* verantwortlich.

Diesen Bereich überarbeiteten:

Gerhard Müller (UnfallV)
Hans-Peter Münster, Betriebswirt (BWA), (HaftpflichtV)
Ferenc Dinskoch (KraftfahrtV).

Die Versicherungszweige sind nach dem Stand ihrer Tarif- und Bedingungswerke an der Jahreswende 1991/92 abgehandelt. Auch nach Ablösung der Sammelgenehmigungsverfahren sind die Verfasser um größtmögliche Praxisnähe bemüht.

Wir danken den Versicherungsfachleuten und dem Berufsbildungswerk der Versicherungswirtschaft für die wertvollen Anregungen und Förderung unserer Arbeit.

Die Verfasser

Inhaltsverzeichnis

Allgemeine Versicherungslehre

Besondere Versicherungslehre

Anhang

Allgemeine Versicherungslehre

Wesen und Zweck der Versicherung

1	*Wie definiert Prof. Dr. Alfred Manes Wesen und Zweck der V?*	„V ist die gegenseitige Deckung zufälligen, schätzbaren Bedarfs zahlreicher gleichartig bedrohter Wirtschaften.“
2	*Was sind danach die vier notwendigen Voraussetzungen für den Vsvorgang?*	a) *Gegenseitigkeit:* Mehrere Personen bilden eine Gemeinschaft, aus deren Prämienaufkommen die Vsleistung zu erbringen ist; b) *Zufälligkeit:* Wann und in welchem Umfang das zu versichernde Ereignis eintritt, darf nicht feststehen; c) *Schätzbarer Bedarf:* Sowohl Umfang wie Häufigkeit des Vsfalles müssen hinsichtlich der Wahrscheinlichkeit ihres Eintretens geschätzt werden können, und die Entschädigung muß in Geld ausdrückbar sein; d) *Zahlreiche gleichartig bedrohte Wirtschaften:* Die zur Vsgemeinschaft zusammengefaßten Wirtschaften müssen von gleichen Gefahren bedroht sein. Je mehr gleichartige Risiken zusammengefaßt werden, desto besser.
3	*Wie definiert Prof. Dr. Karl Hax Wesen und Zweck der V?*	„V ist die planmäßige Deckung eines im einzelnen ungewissen, insgesamt aber schätzbaren Geldbedarfs auf der Grundlage eines zwischenwirtschaftlichen Risikoausgleichs.“
4	*Welche vier Wesensmerkmale enthält diese Definition?*	a) Planmäßigkeit, die gedankliche Vorwegnahme möglicher Schadenereignisse nach Schadenhöhe und Schadenhäufigkeit; b) Ungewißheit, in welcher Höhe und zu welchem Zeitpunkt das zu versichernde Ereignis eintritt. Seine willkürliche Herbeiführung muß ausgeschlossen werden können;

c) Schätzbarkeit des zukünftigen Geldbedarfs nach dem Gesetz der großen Zahl auf Grund statistischer Erfassung;

d) Zwischenwirtschaftlicher Risikoausgleich durch Zusammenführen einer großen Anzahl von Risiken.

5 *Gegen welche Folgen eines Vsfalles gewährt der VR Schutz?*

Gegen die wirtschaftlichen Folgen (d.h. das Ereignis an sich kann er nicht verhindern).

Gliederung der Versicherung

1 *Wie unterscheidet sich die IndividualV von der SozialV?*

Die IndividualV bietet Vsschutz in freier Vereinbarung gegen die verschiedensten Gefahren, während die SozialV in der Regel einen gesetzlich festgelegten Versicherungszwang mit nach dem Einkommen geregelten Vsleistungen darstellt.

2 *In welche drei Gruppen wird die IndividualV unterteilt?*

Man unterteilt nach dem Vsgegenstand, der eine Person, eine Sache oder ein Vermögenswert sein kann, in die drei Gruppen

PersonenV
SachV
VermögensV.

3 *Was wird zur PersonenV gezählt?*

Die Lebens-, Unfall- und KrankenV.

4 *Was gehört zur Gruppe der SachV?*

In der Hauptsache die FeuerV, EinbruchdiebstahlV, LeitungswasserV, SturmV, GlasV und TechnischeV.

5 *Was zählt zur Gruppe der VermögensV?*

Die HaftpflichtV, KreditV, RechtsschutzV, VertrauensschadenV u.a.

6 *Wie kann man die IndividualV nach Art der Vsleistungen unterteilen?*

In SchadenV, bei der der VR den tatsächlich entstandenen Schaden ersetzt, und in SummenV, bei der der VR die vorher vereinbarte Vssumme als Leistung erbringt.

7 *Welches sind typische Schaden-Vszweige?*

Die FeuerV und die KrankheitskostenV.

8 *Welches ist die typische SummenV?*

Die LebensV.

9 *In welcher Sparte finden wir die SummenV und auch die SchadenV?*

In der UnfallV besteht für Tod und Invalidität eine SummenV, für Heilkosten eine SchadenV.

Die einzelnen Gruppierungen überschneiden sich. Es gibt Vszweige, die sowohl der einen als auch der anderen Gruppe zugeordnet werden. Das nachstehende Schaubild faßt die wichtigsten Gruppierungsmöglichkeiten zusammen:

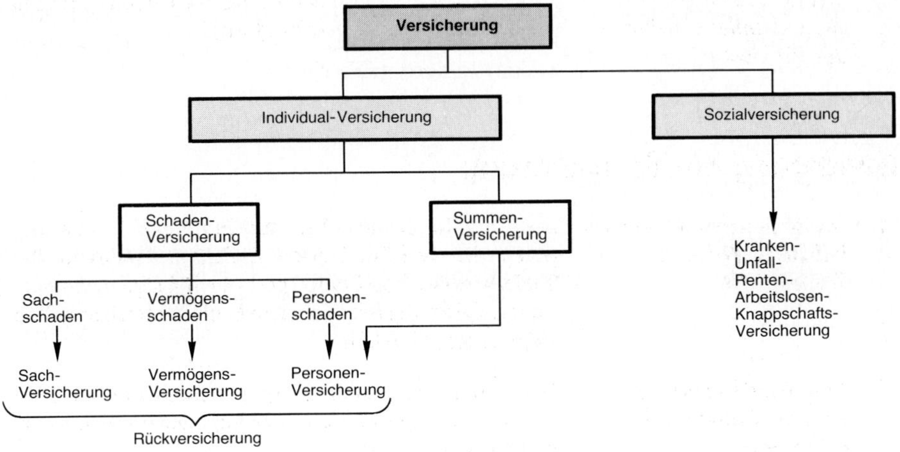

Berechnung der Versicherungsprämie

1 *Aus welchen zwei wesentlichen Faktoren setzt sich die Vsprämie zusammen?*

a) Bedarf für die zu erwartenden Schäden, auch Risiko- oder Nettoprämie genannt;

b) Kosten des VRs.

Beide Faktoren faßt man unter dem Begriff Bruttoprämie (Bedarfsprämie) zusammen.

2 *Was benötigt der VR zur Festsetzung einer Risikoprämie?*

Statistische Unterlagen über einen möglichst langen Zeitraum darüber, wie oft und in welchem Umfang das zu versichernde Ereignis eingetreten ist, um daraus für die Zukunft Schlüsse zu ziehen.

3 *Was versteht man unter dem „Gesetz der großen Zahl"?*

Ist die Zahl der statistisch untersuchten Einzelfälle genügend groß, werden zufällige Einzelergebnisse aufgehoben und dadurch kommen die typischen Zahlenverhältnisse zum Vorschein. Diese typischen Zahlenverhältnisse lassen sich dann zur Ermittlung der Risikoprämie verwenden.

4 *Woraus setzen sich innerhalb der Prämie die Kosten zusammen?*

Aus Personalkosten, wie Gehälter, Provisionen, Reisekosten und Zuschüssen, und Verwaltungskosten, wie Papier, Telefon, Porto, Raummiete, Büromöbel und Maschinen.

5 *Welche Bedeutung haben im Vswesen die sonst wesentlichen Preismerkmale von Angebot und Nachfrage?*

Da das Angebot praktisch unbegrenzt ist, haben Angebot und Nachfrage als Element der Preisgestaltung nur sekundäre Bedeutung. Die Preisbildung im Vswesen hängt in erster Linie vom statistisch ermittelten Risiko und vom Sicherheitszuschlag ab und erst in zweiter Linie vom Vertriebsweg.

Versicherungsvertrag

1 *Wie wird eine V abgeschlossen?*

Durch einen Vertrag zwischen zwei Parteien, dem VN und dem VR.

2 *Gibt es neben den allgemeinen gesetzlichen Bestimmungen im BGB und HGB noch besondere für den Vsvertrag gültige gesetzliche Vorschriften?*

Die besonderen für den Vsvertrag gültigen gesetzlichen Vorschriften sind im Versicherungs-Vertrags-Gesetz (VVG) festgelegt. Das VVG ergänzt die allgemein geltenden gesetzlichen Vorschriften für Vsverträge.

3 *In welche drei Abschnitte gliedert sich das VVG?*

a) Vorschriften für sämtliche Vszweige (§§ 1–48);

b) Vorschriften für bestimmte Vszweige (§§ 49 bis 185);

c) Schlußvorschriften (§§ 186–194).

4 *Sind alle Vorschriften des VVG zwingend?*

Die Vorschriften des VVG sind zum Teil zwingend, zum Teil halbzwingend (d.h. sie dürfen nicht zum Nachteil des VNs abgeändert werden) und zum Teil abdingbar.

5 *Ist die Form eines Vsantrages gesetzlich vorgeschrieben?*

Nein; die VR führen aber Vordrucke, durch die zur Beantwortung der für die Annahme oder Ablehnung und zur Prämienbildung wichtigen Fragen aufgefordert wird.

6 *Was versteht man im Sinne des VVG unter der vorvertraglichen Anzeigepflicht?*

Das VVG bestimmt im § 16, daß der Antragsteller alle für die Übernahme der Gefahr erheblichen Umstände anzuzeigen hat.

7 *Welche Rechtsfolgen ergeben sich, wenn der Antragsteller für die Übernahme der Gefahr erhebliche Umstände nicht anzeigt?*

Bei schuldhafter Unterlassung oder bei schuldhaft unrichtiger Anzeige eines erheblichen Umstandes kann der VR vom Vertrag zurücktreten, sofern er nicht den nicht angezeigten Umstand oder die Unrichtigkeit kannte (§ 17 VVG).

8 *Welche Umstände für die Übernahme der Gefahr sind auf jeden Fall als erheblich anzusehen?*

Als wesentlich für die Übernahme der Gefahr sind alle Umstände anzusehen, nach denen ausdrücklich und schriftlich (z. B. durch den Antrag) gefragt wurde (§ 16 VVG).

9 ***Welche Folgen ergeben sich aus der im Vsantrag festgelegten Bindefrist?***

Innerhalb der im Antrag vereinbarten Bindefrist muß der VR sich über die Annahme oder Ablehnung des Antrages entschließen. Nach Ablauf der Frist ist der Antragsteller an den Antrag nicht mehr gebunden.

10 *In welcher Form bestätigt der VR im allgemeinen dem Antragsteller die Annahme des Antrages?*

Durch Vorlage des ausgefertigten Vsscheines innerhalb der Bindefrist. Ist der VR dazu nicht in der Lage (u. U. wegen noch ausstehender Besichtigung), bestätigt er im selben Zeitraum durch ein einfaches Schreiben die Annahme des Antrages.

11 *Was hat der VR zu tun, wenn er den Antrag nicht in allen Teilen in der beantragten Form annimmt?*

Der VR muß die vom Antrag abweichenden Vertragsteile durch auffallende Drucktypen, durch Farbe oder durch Umrandung deutlich kenntlich machen. Nur dadurch hat er den Antragsteller auf die Abweichungen ausdrücklich hingewiesen, so daß sie als vom Antragsteller genehmigt gelten, wenn dieser nicht innerhalb eines Monats schriftlich widerspricht (§ 5 VVG).

12 *Welches ist der formelle Beginn der V?*

Durch die Annahme des Antrages durch den VR wird der Vertrag geschlossen. Damit beginnt die V formell.

13 *Was versteht man unter dem materiellen Vsbeginn?*

Den Zeitpunkt, von dem an der VR zur Leistung verpflichtet ist; meist mit der Zahlung der ersten Prämie, wenn nicht die allgemeinen Versicherungsbedingungen eine andere Regelung vorsehen.

Ausnahme: Öffentlich-rechtliche Vsanstalten.

14 *Was bezeichnet man als technischen Beginn der V?*

Den Beginn des „prämienbelasteten Zeitraums“, der in Vsperioden, die höchstens ein Jahr umfassen, aufgeteilt wird.

15 *Welche zwei Hauptverpflichtungen ergeben sich aus dem Vsvertrag für den VN?*

a) Rechtzeitige Prämienzahlung und
b) Erfüllung seiner sich aus Vertrag und Gesetz ergebenden Obliegenheiten.

16 *Kann der VR die Verpflichtung des VNs zur Prämienzahlung und die Verpflichtung zur Erfüllung der Obliegenheiten gleichermaßen durch gerichtliche Schritte durchsetzen?*

Die Verpflichtung zur Prämienzahlung ist einklagbar, die Verpflichtung zur Obliegenheitserfüllung nicht.

17 *Kann der VN verlangen, daß die Prämie bei ihm abgeholt wird?*

Nein; die Prämie ist eine Bringschuld. Hat der VR die Prämie jedoch regelmäßig beim VN eingezogen, ist der VN zur Übermittlung erst verpflichtet, wenn ihm schriftlich angezeigt wird, daß Übermittlung verlangt wird (§ 37 VVG).

18 *Gilt die Annahme eines Schecks oder eines Wechsels durch den VR als Zahlung?*

Die Annahme eines Schecks oder Wechsels durch den VR bedeutet Stundung der Prämie bis zu dem Zeitpunkt, zu dem feststeht, ob der Scheck oder Wechsel eingelöst worden ist oder nicht.

19 *Welches sind die wichtigsten Obliegenheiten des VNs?*

a) *Anzeigepflicht:* Meldung aller Veränderungen des Risikos, insbesondere Gefahrerhöhungen (§§ 23, 27 VVG), Meldung des Vsfalles (§ 33 VVG), Meldung der Veräußerung des versicherten Objektes (§ 71 VVG);
b) *Auskunftspflicht:* Der VR kann nach dem Eintritte des Vsfalles verlangen, daß der VN jede Auskunft erteilt, die zur Feststellung des Vsfalles oder des Umfanges der Leistungspflicht des VRs erforderlich ist (§ 34 VVG);
c) *Mitteilungspflicht:* Sie besteht für den VN, wenn er eine oder mehrere SchadenVen eingegangen ist oder eine DoppelV abgeschlossen hat oder diese entstanden ist (§ 58 VVG);
d) *Rettungspflicht:* Der VN hat bei Eintritt des Vsfalles soweit als möglich für die Minderung des Schadens zu sorgen und dabei die Weisungen des VRs zu befolgen (§ 62 VVG).

20 *Welche zwei Hauptverpflichtungen ergeben sich aus dem Vsvertrag für den VR?*

a) Vsschutz für den Vsfall bereitzuhalten und

b) im Vsfalle die vereinbarte Leistung zu erbringen.

21 *Ist das „Bereithalten" des Vsschutzes überhaupt eine echte Leistung des VRs?*

Durch das Vorhandensein des Vsschutzes und das dauernde Bereithalten durch den VR wird der einzelne überhaupt erst in die Lage versetzt, unabhängig bis an die Grenze der eigenen Leistungsfähigkeit zu planen und Verpflichtungen einzugehen.

22 *In welcher Form erbringt der VR im Schadenfall seine Leistung?*

Im allgemeinen wird in Geld geleistet (§ 49 VVG). Anstelle von Geld kann Naturalersatz treten, z. B. in der GlasV.

23 *Wann ist die Leistung des VRs fällig?*

Wenn der VR die Erhebungen, die zur Feststellung des Vsfalles und des Umfanges der Leistungen nötig sind, beendet hat.

Sind diese Erhebungen bis zum Ablaufe eines Monats seit der Anzeige des Vsfalles nicht beendet, kann der VN in Anrechnung auf die Gesamtforderung Abschlagszahlungen in Höhe des Betrages verlangen, den der VR nach Lage der Sache mindestens zu zahlen hat (§ 11 VVG).

24 *Welche Folgen ergeben sich, wenn der VN die Erstprämie nicht unverzüglich nach Aufforderung zahlt?*

Der VR ist

a) berechtigt, vom Vertrage zurückzutreten und

b) von der Verpflichtung zur Leistung frei (§ 38 VVG).

25 *Was gilt bei Nichtzahlung der Erstprämie als Rücktritt des VRs?*

Wenn der VR seinen Anspruch auf die Erstprämie nicht innerhalb von drei Monaten, vom Fälligkeitstage an gerechnet, gerichtlich geltend macht, gilt dieses Schweigen als Rücktritt (§ 38 Satz 2 VVG).

26 *Kann der VR bei Rücktritt trotzdem die Prämie fordern?*

Tritt der VR nach § 38 Abs. 1 VVG vom Vertrage zurück, kann er nur eine angemessene Geschäftsgebühr verlangen (§ 40 Abs. 2 Satz 2 VVG).

27 *Ist der VR auch bei Nichtzahlung einer Folgeprämie ohne weiteres von der Verpflichtung zur Leistung frei?*

Nein; wird eine Folgeprämie nicht rechtzeitig gezahlt, bleibt der VR solange im Risiko, bis eine dem VN unter Wahrung der in § 39 VVG geregelten Formen gesetzte Frist von mindestens 2 Wochen (GebäudeFeuerV 1 Monat) erfolglos abgelaufen ist (§ 39 Abs. 2 VVG und § 91 VVG).

Besonderheiten der LebensV.: siehe Frage 32.

28 *Welches sind die wesentlichen Formvorschriften, die bei der Mahnung einer Folgeprämie beachtet werden müssen, damit Leistungsfreiheit eintritt?*

Die Rechtsfolgen, die mit dem ergebnislosen Ablauf der Zahlungsfrist eintreten, müssen genau in der Mahnung angegeben sein. Sie muß schriftlich mitgeteilt und die Prämie genau bezeichnet werden (§ 39 [1] – für LV – in Verbindung mit § 175 [3] VVG).

29 *Welches Recht erlangt der VR außer der Leistungsfreiheit nach ergebnislosem Ablauf der Zahlungsfrist sonst noch?*

Dem VR steht das Recht der fristlosen Kündigung zu. Diese Kündigung kann entweder nach Ablauf der Zahlungsfrist oder auch schon im Mahnschreiben nach § 39 VVG ausgesprochen werden. Sie wird dann mit dem Ablauf der nach § 39 eingeräumten Frist wirksam, sofern der VN zu diesem Zeitpunkt mit der Zahlung im Verzuge ist. Trotz der Kündigung behält der VR das Recht, die Prämie für die laufende Vsperiode zu verlangen (§ 40 Abs. 2 Satz 1 VVG).

30 *Kann der VN das Wirksamwerden der Kündigung verhindern?*

Die Kündigung wird unwirksam, wenn der VN innerhalb 1 Monats nach der Kündigung oder, falls die Kündigung mit der Fristbestimmung verbunden worden ist, innerhalb 1 Monats nach dem Ablauf der Zahlungsfrist die Zahlung nachholt, sofern nicht der Vsfall bereits eingetreten ist (§ 39 Abs. 3 Satz 3 VVG).

31 *Welche Obliegenheiten hat der VN zu erfüllen, wenn er eine Gefahrerhöhung vornimmt oder von einer solchen erfährt?*

Eine beabsichtigte Gefahrerhöhung muß der VN vom VR bewilligen lassen. Aber auch alle Gefahrerhöhungen, die ihm bekannt werden, hat der VN dem VR unverzüglich zu melden, da sonst für den VR Leistungsfreiheit eintritt und dem VR das Recht der fristlosen Kündigung zusteht (§§ 23 ff. VVG).

32 *Welche Rechtsfolge tritt ein, wenn der VN seine Rettungspflicht verletzt?*

Verletzt der VN die Rettungspflicht vorsätzlich oder grobfahrlässig, ist der VR zur Leistung nicht verpflichtet. Allerdings bleibt der VR bei grobfahrlässiger Verletzung insoweit zur Leistung verpflichtet, als der Schaden auch bei gehöriger Erfüllung dieser Obliegenheit nicht geringer gewesen wäre (§ 62 VVG).

33 *Haftet der VR auch bei vorsätzlicher Herbeiführung des Vsfalles?*

In diesem Falle ist der VR von der Verpflichtung zur Leistung frei (§ 61 VVG).
Ausnahmen:
LebensV: Wird der Vsfall vorsätzlich herbeigeführt durch

a) den VN, so ist der VR völlig leistungsfrei (auch keine Herausgabe des Deckungskapitals!),
b) den bislang Bezugsberechtigten, so leistet der VR voll an den VN bzw. den Rechtsfolger des VN,
c) Selbsttötung des VN (siehe LebensV, Frage 42).

TierV: Nottötung eines Tieres.
TransportV: Havarie-Grosse (siehe TransportV, Frage 45).

34 *Welche Rechte hat ein VN, wenn der VR die Leistung ablehnt?*

Der VN hat das Recht, auf Leistung zu klagen. Außerdem kann er den Vsvertrag fristlos kündigen, wenn der VR den Vsschutz ohne Grund versagt.

35 *Wodurch wird ein Vsvertrag beendet?*

a) Durch Kündigung bei Ablauf, im Schadenfall, bei Veräußerung, bei Nichtzahlung der Prämie, bei Verletzung von Obliegenheiten und Sicherheitsvorschriften, bei Widerspruch gegen vereinbarte Beitragsangleichungen oder durch Konkurs des VNs;
b) bei Rücktritt oder Anfechtung durch den VR;
c) durch Ablauf, wenn keine stillschweigende Verlängerung vereinbart wurde;
d) durch Wegfall des versicherten Interesses (§ 68 VVG);
e) durch Konkurs des VRs (§ 13 VVG);
f) durch den Tod des VNs (in der LebensV).
g) bei Ausübung eines dem Antragsteller eingeräumten Widerrufsrechtes.

36 *Ist die Form, in der der VR seine Erklärungen abzugeben hat, gesetzlich vorgeschrieben?*

Außer in einigen Fällen, z. B. Mahnung einer Folgeprämie nach § 39 VVG, kann der VR seine Erklärungen formlos abgeben.

37 *An welche Form ist der VN mit seinen Erklärungen oder Anzeigen gebunden?*

Mit wenigen Ausnahmen an die Schriftform (Brief, eingeschriebener Brief).

38 *Wann behalten Erklärungen und Anzeigen des VNs auch dann ihre Gültigkeit, wenn sie nicht schriftlich abgegeben werden?*

Wenn der VR auf andere Weise Kenntnis von dem anzuzeigenden Umstand erhalten hat.

39 *Kann der VR eine Erklärung, die der VN anstatt mit eingeschriebenem Brief, wie vorgeschrieben, mit einfachem Brief sendet, als nicht formgerecht zurückweisen?*

Wenn der Empfänger den Brief tatsächlich empfangen hat, ist das kein Formfehler.

Für den Fall von Erklärungen des VNs innerhalb des Vsverhältnisses gilt der Grundsatz von Treu und Glauben in erhöhtem Maße. Der VR muß sich in jedem Fall so genau wie möglich ausdrücken.

40 *Was versteht man im Zusammenhang mit Willens- und Wissenserklärungen unter der „Empfangstheorie“?*

Da Willens- und Wissenserklärungen erst wirksam werden, wenn sie dem Empfänger zugegangen sind, versteht man unter Zeitpunkt des Zugangs die Zeit, in der der Empfänger normalerweise die Möglichkeit gehabt hätte, von dem Inhalt Kenntnis zu nehmen, auch wenn er zufällig abwesend oder die Mitteilung einem Angestellten des Empfängers ausgehändigt worden ist.

41 *Wann wird eine Erklärung des VRs wirksam, die er bei nicht bekanntgegebenem Wohnungswechsel an die letzte ihm bekannte Adresse übermittelt hat?*

Zu dem Zeitpunkt, an dem sie ohne die Wohnungsänderung bei regelmäßiger Beförderung dem VN zugegangen sein würde.

Versteuerung

42 *Welche zwei Steuerverpflichtungen entstehen im Zusammenhang mit Vsverträgen, und an wen sind diese Steuern abzuführen?*

a) Vsteuer an den Bund

b) Feuerschutzsteuer an die Länder.

43 *Woraus ist die Vsteuer zu entrichten?*

Aus allen Prämienzahlungen, und zwar von der Erst- wie auch von der Folgeprämie, einschließlich etwaiger Ausfertigungs- und Hebegebühren, sowie aus Ratenzuschlägen.

44 *Welche Vsverträge sind nicht versicherungsteuerpflichtig?*

a) Ven bei inländischen VRn, wenn der VN bei der jeweiligen Zahlung des Vsentgelts seinen Wohnsitz (Sitz) oder seinen gewöhnlichen Aufenthalt im Ausland hat, oder wenn ein Gegenstand versichert ist, der zur Zeit der Begründung des Vsverhältnisses im Ausland war;

b) Kapital- und RentenVen, die für den Erlebens-, Invaliditäts-, Krankheits- und Todesfall abgeschlossen sind;

c) KrankenVen;

d) ViehVen, wenn die Vssumme 7 500,— DM nicht erreicht;

e) RückVen;

f) eine Reihe weiterer Vsverträge, die aus Gründen der Geringfügigkeit der Vssumme oder aus sozialen Erwägungen von der Steuer befreit sind.

45 *Wer ist Schuldner der Vsteuer, und wer haftet für sie?*

Schuldner ist der VN, während der VR für die Vsteuer haftet.

46 *Wie wird die Vsteuer erhoben?*

Zusammen mit der Prämie.

47 *Wie hoch ist die Vsteuer?*

Sie beträgt z. Z. 10%, mit Ausnahme der HagelV und der im Betrieb der Landwirtschaft oder der Gärtnerei abgeschlossenen Ven von Glasdeckung für Bodenerzeugnisse gegen Hagelschäden; hier beträgt sie 0,20 DM für je 1 000,— DM Vssumme für jedes Jahr.

48 *Woraus ist die Feuerschutzsteuer zu entrichten?*

Aus den Vsprämien für FeuerVen, vorausgesetzt, daß sich die versicherten Gegenstände im Inland befinden.

49 *Welche Steuersätze unterscheidet das Feuerschutzgesetz?*

a) 12% bei öffentlich-rechtlichen VU mit gesetzlicher Vspflicht oder Vsmonopol;
b) 5% bei allen übrigen öffentlich-rechtlichen und privaten VU;
c) 1% für HausratV;
d) 1,25% für VGB.

50 *Wer ist Steuerschuldner für die Feuerschutzsteuer?*

Im Gegensatz zur Vsteuer der VR.

Unternehmensformen

1 *In welchen drei Rechtsformen werden in Deutschland die Geschäfte der Individual- oder VertragsV in der Hauptsache betrieben?*

a) Versicherungsaktiengesellschaft (VsAG);
b) Versicherungsverein auf Gegenseitigkeit (VVaG);
c) Öffentlich-rechtliche Versicherungsanstalten (Zwangs-, Monopol- oder Wettbewerbsanstalten).

Die beiden ersten Unternehmensformen faßt man auch unter dem Begriff „Privatversicherung" zusammen (siehe S. 20, Frage 7).

2	*Was ist das Wesen einer VsAG, und welches sind ihre Organe?*	Die VsAG wird von Aktionären gegründet. Ihre Organe sind wie bei jeder anderen AG Hauptversammlung, Aufsichtsrat und Vorstand.
3	*Was ist das Wesen eines VVaG, und welches sind seine Organe?*	Der VVaG wird von VNn gegründet und hat sich meist aus örtlich gebundenen Berufs- oder Interessenvereinigungen (Zünften und Gilden) entwickelt. Die gesellschaftlichen Organe sind die Hauptversammlung (Mitgliederversammlung oder Mitglieder-Vertreter-Versammlung), der Aufsichtsrat und der Vorstand.
4	*Welche Prämien-(Beitrags-)Systeme gibt es bei den VVaG?*	Das System der Vorbeiträge und das Umlagesystem. Die Vorbeiträge entsprechen den Prämien der VsAG. Für den Fall, daß die Vorbeiträge nicht ausreichen, müssen entweder Nachschüsse erhoben oder die Vsleistungen gekürzt werden. Bei dem Umlagesystem werden die Beiträge entsprechend dem Bedarf erhoben. Dieses Verfahren kommt praktisch nur für kleinere Vereine in Frage.
5	*Welches ist das wesentliche Unterscheidungsmerkmal zwischen VsAG und VVaG?*	Bei der VsAG erhalten die Aktionäre Gewinne und tragen Verluste, während bei den VVaG das Mitglied bzw. der VN an Gewinnen und Verlusten teilhat, es sei denn, die Nachhaftung ist satzungsgemäß ausgeschlossen.
6	*Welche Unternehmen sind als öffentlich-rechtliche Vsanstalten anzusehen?*	Die öffentlich-rechtliche Vsanstalt ist ein Unternehmen, das durch einen Hoheitsakt, d.h. durch ein Bundes- oder Landesgesetz, eine „Landesherrliche Verordnung“ oder mit Genehmigung der zuständigen Behörde von einer öffentlich-rechtlichen Körperschaft errichtet wurde.
7	*Welche öffentlich-rechtlichen Vsanstalten unterscheidet man?*	a) Pflicht- (Zwangs-)Anstalten, bei denen die V auf Grund gesetzlicher Verpflichtungen genommen werden muß (Hamburg); b) Monopolanstalten, bei denen es dem VN freigestellt ist, ob er versichern will. Versichert er aber, muß er es bei der Monopolanstalt tun (Bayern); c) Wettbewerbsanstalten, die mit den privaten VU in freiem Wettbewerb stehen (Niedersachsen).

Versicherungsaufsicht

1 *Welches ist die Rechtsgrundlage für die Beaufsichtigung der VU?*

Gesetz über die Beaufsichtigung der VU, auch Vsaufsichtsgesetz (VAG) genannt. Es regelt nicht nur die Befugnisse der Vsaufsicht, sondern enthält auch für die VU geltende Bestimmungen (u. a. regelt das VAG das Gesellschaftsrecht der VVaG).

2 *Für welche Unternehmen ist das Bundesaufsichtsamt für das Vs-Wesen (BAV) zuständig?*

a) Für alle VU, deren Geschäftsbereich nicht auf ein Bundesland beschränkt ist;

b) für öffentlich-rechtliche WettbewerbsVU, die einen überregionalen Geschäftsbereich haben, mit Ausnahme solcher Anstalten, die durch eine öffentliche Behörde unmittelbar verwaltet werden;

c) für private VU mit regionalem Geschäftsgebiet, soweit das Bundesaufsichtsamt die Beaufsichtigung für sich beansprucht.

3 *Welches sind die Aufgaben des BAV?*

Die Vsaufsichtsbehörde entscheidet über die Zulassung eines VU zum Geschäftsbetrieb. Außerdem überwacht das Amt den laufenden Geschäftsbetrieb und die ordnungsgemäße Geschäftsführung zur Gewährleistung der dauernden Erfüllbarkeit der Vsverträge. Zur Wahrung der Belange der Versicherten widmet das BAV auch dem Wettbewerb der VU untereinander seine Aufmerksamkeit.

4 *Welche grundlegenden Vorschriften enthält das VAG über die laufende Aufsicht über VU?*

Die Genehmigung durch die Aufsichtsbehörde ist erforderlich bei:

a) Änderung des Geschäftsplans;

b) Übertragung von Vsbeständen.

Daneben enthält das VAG Schutzvorschriften zugunsten der VN und allgemeine und besondere Befugnisse der Aufsichtsbehörde zur Beseitigung von Mißständen und Gefahren für die Versicherten.

5 *Welche Vseinrichtungen unterliegen nicht der behördlichen Aufsicht?*

a) Transport-VU (mit Ausnahme der VVaG) in der Gestaltung der Bedingungen und Tarife;

b) RückVU, soweit sie die RückV ausschließlich betreiben, nicht aufsichtspflichtige Zweige rückdecken und nicht VVaG sind;

c) Verbände der VU und der Vsvermittler;

d) Träger der SozialV einschließlich Ersatzkassen, Innungs- und Knappschaftskassen;

e) SelbstV.

6 *Welches sind die Gründe für diese Ausnahmen von der Vsaufsicht?*

a) In den aufsichtsfreien IndividualVszweigen stehen sich im allgemeinen wirtschaftlich erfahrene Vertragspartner gegenüber, die keines gesetzlichen Schutzes bedürfen;

b) der internationale Charakter dieser Individual-Vszweige verlangt eine große kaufmännische Beweglichkeit;

c) die SozialVsträger unterliegen der ministeriellen Aufsicht.

Organisation des Versicherungsbetriebes

Arbeitsgliederung

1 *Welches sind die Hauptaufgaben des Außendienstes und des Innendienstes eines VUs?*

a) Die Hauptaufgabe des Außendienstes besteht darin, Ven zu vermitteln und die Kunden persönlich zu betreuen, während

b) der Innendienst die büromäßige Verwaltung der Vsbestände und alle damit zusammenhängenden Aufgaben durchführt.

2 *Welche Verflechtungen bestehen zwischen den Außen- und Innendienstarbeiten?*

Zunächst müssen die Tarife ausgearbeitet und zusammengestellt werden. Außerdem müssen die Voraussetzungen für eine ordnungsgemäße Bearbeitung der einkommenden Anträge geschaffen worden sein. Andererseits ist aber eine Verwaltung von Verträgen erst dann möglich, wenn sie vorher vom Außendienst gebracht worden sind.

Weiterhin wirkt die Gestaltung des Außendienstes auf den Innendienst ein und auch die Gestaltung des Außendienstes ist vom Aufbau des Innendienstes zum Teil abhängig.

3 *In welche Arbeitsgruppen läßt sich der Innendienst einteilen, und welches sind ihre Aufgaben?*

a) in Betriebsabteilungen: Sie erledigen die Arbeiten, die bei der Bearbeitung einzelner Vsverträge anfallen.

b) in Schadenabteilungen: Sie erledigen alle Arbeiten, die aus Anlaß eines Vsfalles entstehen.

c) in Zentralabteilungen: Sie sind für die Organisation des Vsbetriebes selbst notwendig, damit der regelmäßige Ablauf der täglichen Arbeiten erreicht wird.

4 *Was sind typische Arbeiten der Betriebsabteilung?*

a) Alle Arbeiten, die bis zur Ausfertigung des Vsscheines entstehen (Antragsbearbeitung);

b) alle Arbeiten, die sich aus der Verwaltung und Bearbeitung der Vsverträge vom 2. Jahr an ergeben (Bestandsbearbeitung) und bei der Bearbeitung von Veränderungen im Vsvertragsverhältnis (Änderungsbearbeitung);

5 *Welches sind die wesentlichen Zentralabteilungen?*

a) Bereitstellung, Auswahl, Einstellung und Ausbildung der Innen- und Außendienstmitarbeiter (durch Personal- oder Außendienstabteilung) und deren Betreuung; die Beschaffung und Verwaltung der notwendigen Büroräume und des Materials, wie Drucksachen u. a. m.;

b) die Erstellung der Bilanzen und die Verwaltung der Vermögenswerte;

c) die Vorbereitung, Aufstellung und Herausgabe von Richtlinien für die Geschäftspolitik.

Arbeitsablauf

6 *In welche zwei Gruppen teilt man den Arbeitsablauf ein?*

a) Erstbearbeitung und

b) Folgebearbeitung.

7 *Welches sind der Reihe nach die wesentlichen Arbeitsvorgänge in der Erstbearbeitung?*

Der Außendienst sucht die Personen, die Vsschutz benötigen, und klärt diese Kunden über den Umfang des Vsschutzes und die Bedingungen auf. Dann reicht er den Antrag, der ihm nach Abschluß der Verhandlungen vom Kunden unterschrieben wurde, dem VU ein. Dort wird der Antrag geprüft und durch Anfertigung des Vsscheines der Antrag angenommen. Der Vsschein wird dem Vertreter oder dem Kunden direkt zur Zahlung der Erstprämie übermittelt.

8 *Welche Aufgaben können der Geschäftsstelle im Rahmen der Erstbearbeitung zufallen?*

Zwischen VU und Außendienst werden oft Geschäftsstellen eingeschaltet, die entweder einen Arbeitsvorgang ganz oder zum Teil übernehmen. Der Antrag wird dabei regelmäßig den Weg über die Geschäftsstelle nehmen, während der Vsschein und die Prämienrechnung auch dem Kunden direkt zugestellt werden können.

9 *Welche Aufgaben hat die Fachabteilung im Rahmen der Erstbearbeitung?*

Die Fachabteilung ist für die fachliche Bearbeitung des Antrages zuständig. Sie prüft den Antrag und die sonstigen Unterlagen, klärt etwa noch vorhandene Zweifel durch Schriftwechsel mit Kunden, Vertretern oder der Geschäftsstelle und fertigt dann selbst oder durch eine zentrale Abteilung den Vsschein aus.

10 *Welche Aufgabe hat die Buchhaltung?*

Die Buchhaltung wird heute häufig durch die EDVA unterstützt.

Im Falle des Direkteinzuges der Prämie beim Kunden wird die Rechnung dem Kunden direkt zugestellt. Nach Eingang der Prämie wird dem Vertreter die Provision auf seinem Provisionskonto gutgebracht.

Im Falle des Prämieneinzuges durch den Vertreter wird die Prämienrechnung dem Vertreter zum Inkasso beim Kunden zugestellt.

11 *In welchen Phasen läuft die Folgebearbeitung ab?*

Die EDVA stellt rechtzeitig zur Fälligkeit der Prämie die notwendigen Folgerechnungen zur Verfügung und berücksichtigt dabei etwa zwischenzeitlich eingetretene Änderungen. In Ausnahmefällen kann dies auch manuell durch die Fachabteilung erfolgen.

Dann läuft der Vorgang in den gleichen Phasen ab wie bei der erstjährigen Bearbeitung. Die Folgebearbeitung beginnt also im Vsbetrieb selbst und nicht beim Kunden.

12 *In welcher Form hält der VR in der Regel die Angaben fest, die zur rechtzeitigen Herstellung der Folgeprämienrechnung erforderlich sind, und welche Angaben werden dazu benötigt?*

Der VR hält wichtige Daten, z. B. die Vsscheinnummer, Name und Anschrift des Kunden, Beitrag, Laufzeit und Prämienfälligkeit auf Magnetbändern oder Magnetplatten fest.

Die Tendenz geht eindeutig zu Magnetplatten und gleichartigen Datenträgern, weil hier der Zugriff direkt möglich ist und die Daten nicht sequentiell (der Reihe nach) abgearbeitet werden müssen. Die

Eingabe eingetretener Änderungen kann direkt über Bildschirm erfolgen oder über Schlüsselbelege, die vom Sachbearbeiter oder einer Datentypistin eingegeben werden.

13 *Welche Änderungen können während der Laufzeit des Vsvertrages eintreten, ohne daß der Vertrag aufgehoben wird, und wie und von wem werden diese Änderungen festgehalten?*

a) Gefahrerhöhung und dadurch bedingte Prämienerhöhung;

b) Änderung der Zahlungsweise;

c) Erhöhung oder Herabsetzung der Vssumme;

d) Besitzwechsel;

e) Anschriftenänderung.

Diese Veränderungen werden in den Unterlagen festgehalten und dem VN durch Übermittlung eines Nachtrages – u. U. unter (Teil-)Prämienerhebung – bestätigt. Dieser Nachtrag wird grundsätzlich genauso behandelt wie ein Vsschein. Dabei werden die gleichen Arbeitsgruppen tätig wie bei der Erst- und Folgebearbeitung.

14 *Welche Maßnahmen trifft der VR, wenn eine Prämie nicht innerhalb einer gewissen Frist nach Fälligkeit bezahlt worden ist, und welche Abteilungen werden eingeschaltet?*

Der VR eröffnet das Mahnverfahren. Die Einschaltung der einzelnen Abteilungen nehmen die VR verschieden vor, entweder durch die Fachabteilung unter Hinzuziehung der Buchhaltungsabteilung, durch die Buchhaltungsabteilung allein oder durch eine zentrale Mahnabteilung.

15 *Welche Arbeiten löst – betriebstechnisch gesehen – die Aufhebung des Vertragsverhältnisses (Storno) aus?*

Die gleichen Arbeiten wie eine Veränderung. Die Aufhebung ist ein Spezialfall der Veränderung, die allen Stellen, die den Vsvertrag in irgendeiner Form registriert haben, bekanntgegeben werden muß, um auch dort die Löschung zu veranlassen.

16 *Welche Aufgaben sind zur Bearbeitung eines Vsfalles notwendig?*

Nach der Meldung des Vsfalles durch den Kunden direkt oder über den Vertreter klärt die zuständige Abteilung, meist eine selbständige Schadenabteilung, den Sachverhalt und weist die fällige Entschädigung an den Kunden direkt, über die Geschäftsstelle oder über den Vertreter durch die Buchhaltung an. Besteht für den gemeldeten Vsfall keine Vsschutz, lehnt die Abteilung die Leistung unter Begründung ab.

Arbeitsgruppen

17 *Welcher Gehilfen bedient sich der VR im Außendienst zur Werbung neuer und zur Betreuung vorhandener Kunden, und welche Rechtsstellung haben sie?*

a) Die Vsvertreter, auch Agenten genannt, die auf Grund eines Agenturvertrages als Handelsvertreter (§ 84 HGB) für einen oder mehrere VR ständig damit betraut sind, Vsverträge abzuschließen; sie sind haupt- oder nebenberuflich tätig. Daneben gibt es stille Vermittler, die, ohne vertraglich verpflichtet zu sein, gelegentlich – meist durch Bekanntgabe von Adressen – bei der Werbung neuer Kunden behilflich sind;

b) die Vsmakler (§ 93 HGB), die im Geschäftsbetrieb völlig selbständig sind und keine festen Bindungen zu einer Gesellschaft haben, sondern die von ihnen vermittelten Anträge jedem Unternehmen zuführen können;

c) der Angestellten im Vsaußendienst, die als Handlungsgehilfen (§ 59 HGB) entweder mit der Vermittlung von Vsverträgen, der Betreuung von Vertretern oder beidem betraut sind.

Daneben sind für Spezialaufgaben, wie Industriebesichtigung, Schadenschätzung, häufig Angestellte eingesetzt, die man im Gegensatz zum Werbeaußendienst auch als technischen Außendienst bezeichnet.

18 *Wer ist Vsvertreter im Sinne der §§ 84ff. HGB?*

Wer, ohne als Handlungsgehilfe angestellt zu sein, ständig damit betraut ist, für den VR Vsanträge entgegenzunehmen und hinsichtlich Zeit und Ort der Tätigkeit an keine Weisungen gebunden ist.

19 *Welche Vertretervollmachten unterscheidet das VVG?*

Eine Unterteilung in Vermittlungsvertreter und Abschlußvertreter.

20 *Welche Befugnisse hat der Vermittlungsvertreter?*

Der Vermittlungsvertreter hat die Aufgabe, Anträge auf Schließung, Verlängerung, Änderung eines Vertrages, den Widerruf solcher Anträge und Anzeigen, die während der V zu machen sind, von dem VN entgegenzunehmen, Vsscheine auszuhändigen, Prämien gegen vom VR ausgestellte Rechnungen einzuziehen und Willenserklärungen des VRs zu überbringen (§ 43 VVG).

21 *Welche Vollmachten hat der Abschlußvertreter?*

Deckungszusagen zu erteilen, Vsscheine selbständig auszustellen und als bevollmächtigter Vertreter des VRs Änderungen, Verlängerungen und Kündigungen des Vsvertrages anzunehmen (§ 45 VVG).

22 *Welche Vergütungen erhalten die Vsvertreter, die Vsmakler und Angestellten im Vsaußendienst und wodurch ist die Höhe des Entgeltes geregelt?*

a) Die Vsvertreter erhalten Erst- und Folgeprovisionen, meist verschieden nach Vszweigen und Laufzeit des Vsvertrages, geregelt durch den Vertretervertrag;

b) die Vsmakler erhalten Provision, Courtage genannt, die in jedem Fall zu bestimmen ist, wobei auf gewisse Gewohnheiten zurückgegriffen wird;

c) die Außendienstangestellten erhalten Gehalt und für geschäftliche Reisen Spesen. Die Mindestsätze sind durch Tarifvertrag festgelegt. Daneben können auch noch Provisionen für eigene Geschäfte oder Anteilprovisionen aus den Geschäften unterstellter Vertreter gezahlt werden.

23 *Welche arbeitsrechtliche Unterscheidung gibt es in der Stellung eines Geschäftsstellenleiters?*

Ein Geschäftsstellenleiter kann

a) Handelsvertreter nach § 84 HGB sein; er trägt dann im allgemeinen auch alle Kosten der Geschäftsstelle;

oder

b) Handlungsgehilfe oder Handlungsbevollmächtigter nach § 59 HGB sein; dann trägt das VU die Kosten der Geschäftsstelle.

24 *Welche Aufgaben liegen bei einer Geschäftsstelle?*

Je nach der Organisationsform der Gesellschaften gibt es reine Organisationsgeschäftsstellen mit reinen Organisationsaufgaben, und es gibt Verwaltungsgeschäftsstellen, die neben den Organisationsaufgaben ganz oder zum Teil die Erstbearbeitung und die Bestandsverwaltung durchführen.

Das Schaubild auf Seite 28 vermittelt einen Überblick.

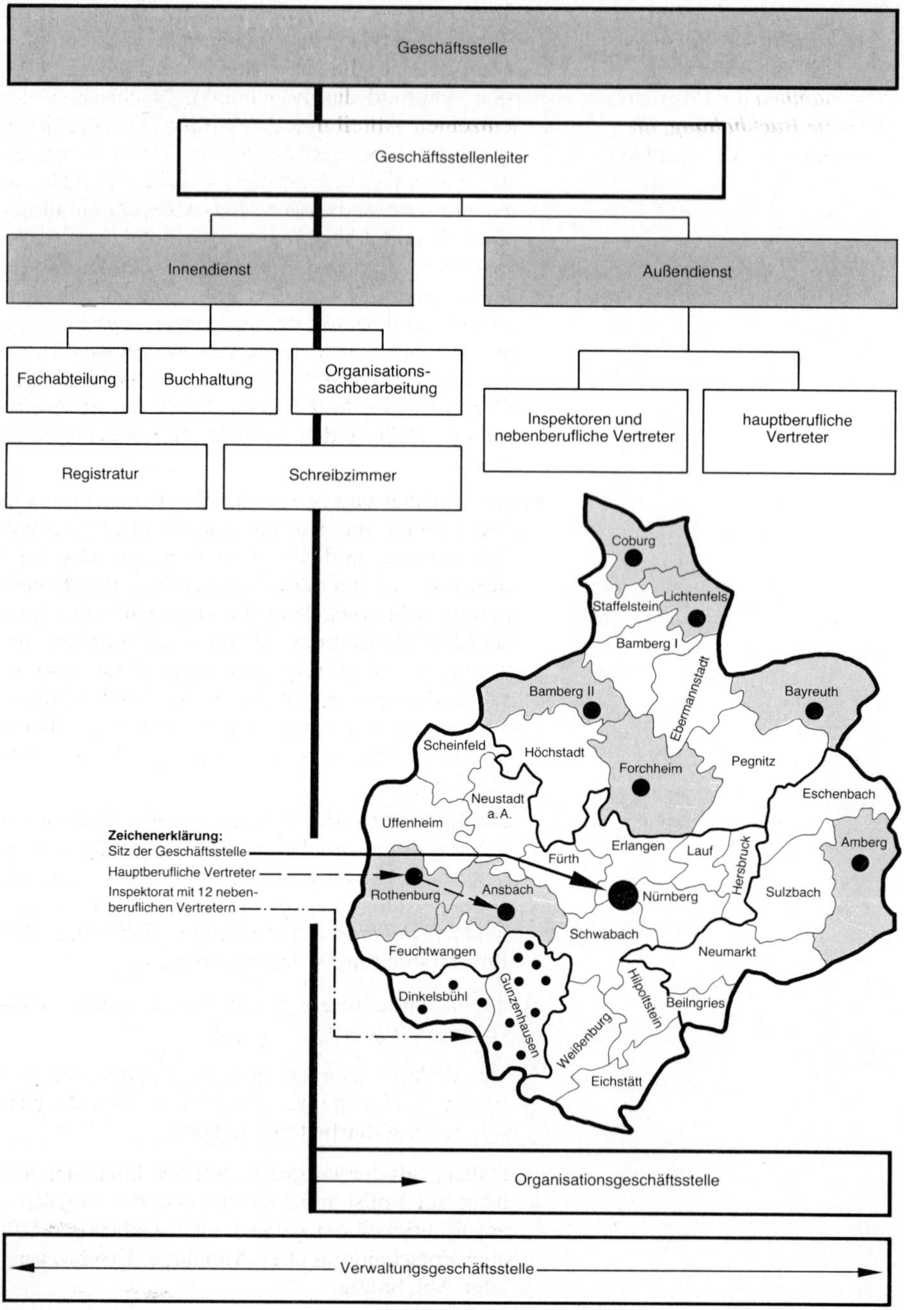
Geschäftsstelle
Geschäftsstellenleiter
Innendienst
Außendienst
Fachabteilung
Buchhaltung
Organisations-sachbearbeitung
Inspektoren und nebenberufliche Vertreter
hauptberufliche Vertreter
Registratur
Schreibzimmer
Zeichenerklärung:
Sitz der Geschäftsstelle
Hauptberufliche Vertreter
Inspektorat mit 12 nebenberuflichen Vertretern
Coburg
Lichtenfels
Staffelstein
Bamberg I
Ebermannstadt
Bamberg II
Bayreuth
Scheinfeld
Höchstadt
Forchheim
Pegnitz
Eschenbach
Neustadt a. A.
Uffenheim
Erlangen
Lauf
Hersbruck
Amberg
Fürth
Rothenburg
Ansbach
Nürnberg
Sulzbach
Schwabach
Feuchtwangen
Neumarkt
Dinkelsbühl
Gunzenhausen
Hilpoltstein
Beilngries
Weißenburg
Eichstätt
Organisationsgeschäftsstelle
Verwaltungsgeschäftsstelle

25 *Welche Aufgaben erfüllen im Innendienst die vier Abteilungen, nämlich die Poststelle, die Buchhaltung, die Fachabteilung und die EDVA?*

a) Bei der Poststelle laufen alle ein- und ausgehenden Schriftstücke zusammen. Sie verteilt die Eingangspost auf die zuständigen Bearbeitungsgruppen, während die ausgehenden Nachrichten der einzelnen Abteilungen gesammelt, versandfertig gemacht, frankiert und an das Postamt weitergegeben werden. Häufig ist mit der Poststelle ein Botendienst verbunden, der dafür sorgt, daß der Zustell- und Abholdienst ohne große Liege-, Bearbeitungs- und Transportzeiten reibungslos verläuft. Meist ist der Poststelle noch die Drucksachen- und Materialverwaltung angegliedert, da sie ohnehin den Versand des Materials vornehmen muß. Dadurch ist auch eine gleichmäßige Beschäftigung des Personals für die Tagesstunden sichergestellt, in denen der Postverkehr praktisch ruht;

b) die Buchhaltung bucht alle Vsscheine, Prämien, Provisionen und Kosten, und sie erfaßt laufend den Umfang und die Veränderungen des Vermögens und der Verbindlichkeiten des Unternehmens. Sie wickelt alle Geldgeschäfte ab, wobei sie Einzahlungen der Vertreter und Kunden entgegennimmt und entsprechende Zahlungen durchführt. Das gesamte Ergebnis der Buchhaltungsarbeit wird über den Jahresabschluß in der Bilanz und in der Gewinn- und Verlustrechnung festgehalten.

Häufig wird zwischen Betriebs- und Hauptbuchhaltung unterschieden, wobei erstere die laufenden Buchungsvorgänge vornimmt, also eine echte Dienstleistungsgruppe ist, während die Hauptbuchhaltung die Sammelkonten führt und den Zentralabteilungen zuzurechnen ist;

c) die Fachabteilung ist für die Bearbeitung des Vsvertrages zuständig.

Sie gliedert sich meist in Untergruppen, die Antrags-, Ausfertigungs-, Nachtrags-, Schriftwechsel- und Vsfallarbeiten erledigen.

Dabei prüft die Antragsgruppe den Inhalt der Anträge auf Vollständigkeit und – soweit möglich – auf Richtigkeit der gemachten Angaben und fällt eine Entscheidung über Annahme, Erschwerung oder Ablehnung.

Soweit Blockpolicen verwendet werden, entfällt die Arbeit der Antragsabteilung, da hierbei der Außendienst den Block-Vsschein selbst ausfertigt, indem er in die Police der ihm zur Verfügung gestellten Blocks Anschrift des Kunden, Vssumme, Beginn der V und die Prämie einsetzt.

Die Blockpolice, die Bedeutung im kurzfristigen Geschäft und im Kleingeschäft hat, wird dann nachträglich durch die Antragsgruppe oder eine besondere Blockpolicengruppe geprüft.

Die Ausfertigungsgruppe ist für die Erstellung des Vsscheines auf Grund des Antrages und seiner Angaben zuständig. Sie berechnet die Prämie, einschließlich Vssteuer und Gebühr, u. U. auch die Vermittlungsprovision.

Die Nachtragsgruppe bearbeitet alle etwaigen Veränderungen wie bei der Bearbeitung des Vsscheines. Die Gruppe, die den Vsfall bearbeitet, prüft nach den Registraturunterlagen, ob Deckung besteht und ob und in welchem Umfang ein Leistungsanspruch gegeben ist. Es gibt daneben noch andere Einteilungen, z. B. nach regionalen Gesichtspunkten, Kombinationen der einzelnen Gruppen oder auch zentrale Zusammenfassung der Arbeiten mehrerer Fachabteilungen, z. B. Registratur.

d) Die Elektronische Datenverarbeitungsabteilung (EDVA), der bei wachsendem Vsbestand eines VUs steigende Bedeutung zukommt, bearbeitet den Prämienrechnungsdruck, sowie die Erfassung der Bestände, Statistiken aller Art, auch Buchhaltungsvorgänge, Berechnung der Deckungsrückstellungen und Erstellung von Karteien.

26 *Welche Aufgaben fallen der Außendienstabteilung (Organisationsabteilung) zu?*

a) Die Entscheidung darüber, an welchen Plätzen und für welche Gebiete Geschäftsstellen notwendig sind, ob und wo hauptberufliche Vertretungen errichtet werden sollen, also alle Maßnahmen, die notwendig sind, den aufgestellten Produktionsplan zu erfüllen;

b) die Vereinbarung von Interessengemeinschaften mit solchen Gesellschaften, die nicht die gleichen Vszweige betreiben, um damit beiden Außendiensten ein breiteres Angebot zu ermöglichen;

c) die Lenkung und Überwachung des Außendienstes, daß die Produktion (das Neugeschäft) den Erwartungen entspricht und in Einklang zu den Kosten steht, die Betreuungsaufgaben ordnungsgemäß erfüllt und die Wettbewerbsregeln von allen Außendienstorganen eingehalten werden;

d) die Herstellung des Werbematerials, seine Ausgabe und die Durchführung von Schulungskursen (oft durch besondere Abteilungen). In den Kursen wird nicht nur Fachwissen vermittelt und auf dem neuesten Stand gehalten, sondern auch werbepsychologische Schulung betrieben.

27 *Wofür ist die Personalabteilung (des Innendienstes) verantwortlich?*

a) Dem Betrieb die benötigten Mitarbeiter zur Verfügung zu stellen;

b) die eingestellten Mitarbeiter darauf zu prüfen, daß sie in fachlicher und persönlicher Hinsicht den Anforderungen des Betriebes entsprechen;

c) die Gehälter richtig unter Beachtung des Tarifvertrages zu errechnen und darauf zu achten, daß den Angestellten auch sonst alle tariflichen und sozialen Leistungen zugute kommen;

d) die Lohn- und Gehaltsabrechnung pünktlich und ordnungsgemäß unter gleichzeitiger Abführung der SozialVsanteile und der Lohnsteuer durchzuführen;

e) ein gutes Betriebsklima in Zusammenarbeit mit dem Betriebsrat zu schaffen und zu erhalten.

28 *Welche Aufgaben können einer ebenfalls als Zentralabteilung fungierenden Verwaltungsabteilung zugeteilt werden?*

Alle die Aufgaben, die erfüllt werden müssen, um die sachlichen Voraussetzungen für einen ordnungsgemäßen Arbeitsablauf zu schaffen, wie Beschaffung von Büroräumen und Maschinen, Bürohilfsmitteln, Papier usw. Dabei kann eine Hausdruckerei, die Poststelle mit Materialverwaltung u. ä. der Verwaltungsabteilung angegliedert werden.

29 *Welche Bedeutung hat die Statistische Abteilung?*

Da in einem Vsbetrieb fast keine geschäftspolitische Maßnahme ergriffen werden kann, wenn nicht statistische Ergebnisse hinzugezogen werden können, kommt der Statistischen Abteilung eine sehr große Bedeutung zu. Sie sammelt laufend alle notwendigen Daten und stellt sie der Außendienstabteilung, der Fachabteilung oder der Geschäftsleitung zur Verfügung.

30 *Welche Aufgaben werden von der Abteilung Vermögensverwaltung erfüllt?*

Wie schon der Name sagt, hat diese Abteilung das Vermögen des Unternehmens den Vorschriften des VAG entsprechend anzulegen und zu verwalten, wobei in erster Linie auf Sicherheit und Rentabilität gesehen werden muß.

31 *Welche Arbeiten werden einer bestehenden RückVsabteilung zugeteilt?*

Wird bei einem Vsvertrag das Maximum des Risikos, das das einzelne VU übernehmen kann oder will, überschritten, sorgt die RückVsabteilung dafür, daß auf dem RückVsmarkt eine entsprechende Rückdeckung beschafft wird.

32 *Bei welchen Vsgesellschaften wird in der Regel eine Mathematische Abteilung benötigt?*

Nur Lebens- und KrankenVU brauchen diese Abteilung. Die in anderen Vsbetrieben anfallenden mathematischen Aufgaben können meist von einigen Mitarbeitern mit mathematischen Kenntnissen erledigt werden.

33 *Welche Aufgaben erfüllt im allgemeinen die Revisionsabteilung?*

Sie überprüft laufend die Zusammenarbeit zwischen den einzelnen Abteilungen auf reibungslosen Ablauf und Rationalisierungsmöglichkeiten. Außerdem überprüft sie den Betrieb daraufhin, daß die Arbeiten sachlich richtig erledigt, die Gelder nur nach den Richtlinien der Geschäftsleitung verwendet werden und keine Fehlbuchungen entstehen.

34 *Welches sind die Hauptaufgaben der Direktion (Geschäftsleitung)?*

Die Bestimmung der Geschäftspolitik, Herausgabe von Richtlinien für die Geschäftsführung, Entscheidung von Grundsatzfragen sowie Koordinierung der verschiedenen Betriebsabteilungen und Geschäftsstellen.

Eine mögliche Aufgabenverteilung zeigt das folgende Schaubild, und zwar zusammenfassend für den Innen- und Außendienst unter gleichzeitiger Darstellung des Teilarbeitsablaufs (Erstbearbeitung):

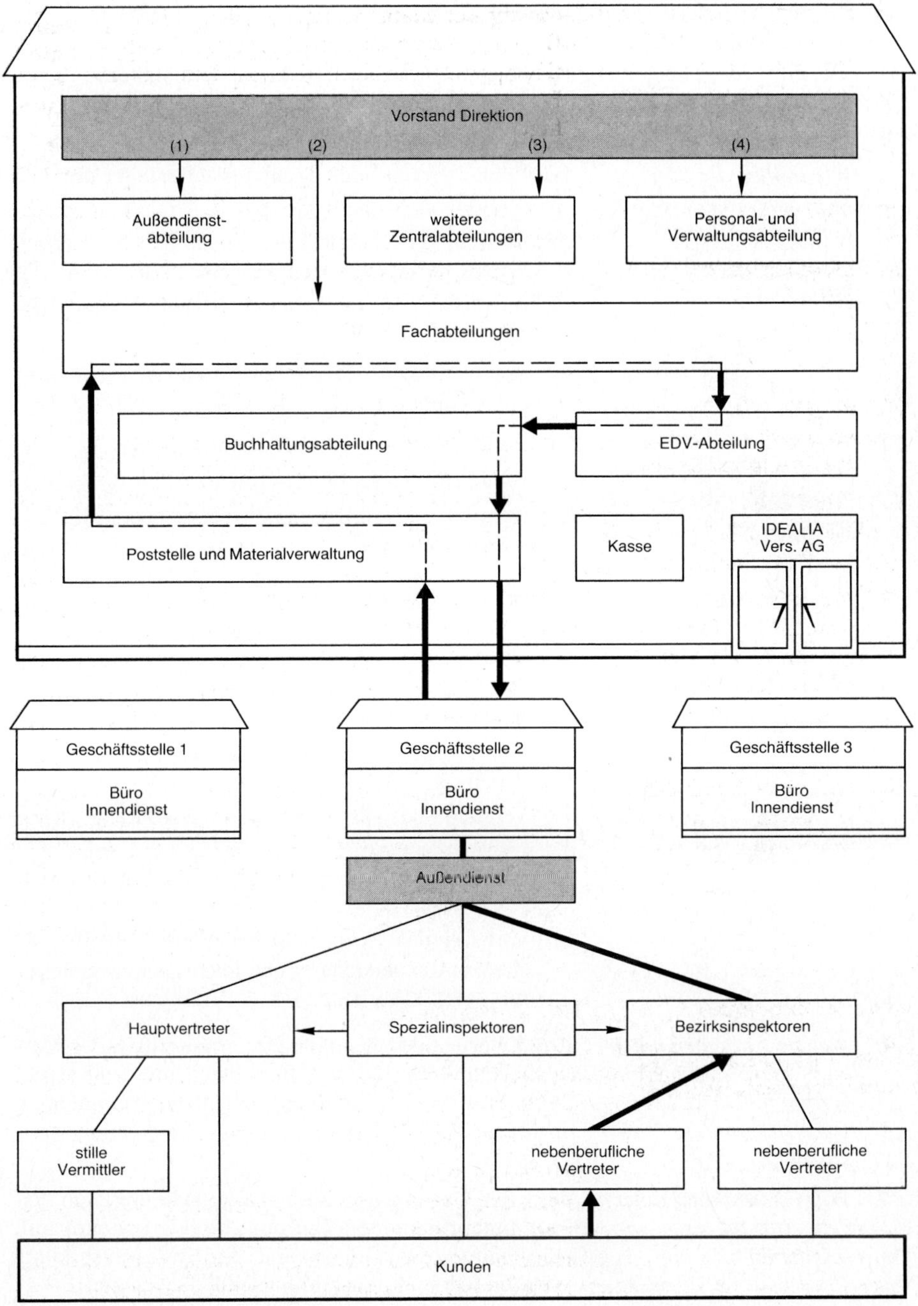
Vorstand Direktion
(1)
(2)
(3)
(4)
Außendienst-abteilung
weitere Zentralabteilungen
Personal- und Verwaltungsabteilung
Fachabteilungen
Buchhaltungsabteilung
EDV-Abteilung
Poststelle und Materialverwaltung
Kasse
IDEALIA Vers. AG
Geschäftsstelle 1
Büro Innendienst
Geschäftsstelle 2
Büro Innendienst
Geschäftsstelle 3
Büro Innendienst
Außendienst
Hauptvertreter
Spezialinspektoren
Bezirksinspektoren
stille Vermittler
nebenberufliche Vertreter
nebenberufliche Vertreter
Kunden

Verbandswesen und Berufsausbildung

1 *Wie heißt die bedeutendste Vereinigung von VNn?*

Deutscher Versicherungs-Schutzverband e. V., Bonn (gegründet 1901).

2 *Wie heißen die drei Verbände, in denen sich der Vsaußendienst zusammengeschlossen hat?*

a) Bundesverband der Geschäftsstellenleiter der Assekuranz e. V., Köln (VGA);

b) Berliner Assekuranz-Club von 1877 e. V., Berlin-Wilmersdorf, Bezirksgruppe Berlin des VGA;

c) Bundesverband Deutscher Versicherungskaufleute e. V., Bonn (BVK);

d) Bundesverband Deutscher Versicherungsmakler e. V., Hamburg

3 *In welchen Gewerkschaften können sich die Angestellten der VU organisieren?*

a) Deutscher Gewerkschaftsbund (DGB);

b) Deutsche Angestellten-Gewerkschaft (DAG);

c) Deutscher Handels- und Industrieangestellten-Verband (DHV).

4 *Wie heißt der Dachverband der VU in der Bundesrepublik und Westberlin?*

Gesamtverband der Deutschen Versicherungswirtschaft e. V., Köln.

5 *Wie heißen die fünf Fachverbände?*

a) Verband der Sachversicherer e. V., Köln;

b) Deutscher Transport-Versicherungs-Verband e. V., Hamburg;

c) Verband der priv. Krankenversicherung e. V., Köln;

d) Verband der Lebensversicherungs-Unternehmen e. V., Bonn;

e) Verband der Haftpflichtversicherer, Unfallversicherer, Autoversicherer und Rechtsschutzversicherer – HUK-Verband – e. V., Hamburg.

6 *Welche Aufgaben hat der im Rahmen des Gesamtverbandes bestehende Berufsbildungsausschuß?*

Alle Berufsbildungsmaßnahmen innerhalb der Versicherungswirtschaft zu unterstützen und den Vsfachunterricht in den kaufmännischen Berufsschulen zu fördern.

7 *Was versteht man unter dem Ausbildungsberufsbild?*

§ 3 der Verordnung über die Ausbildung zum Vs-Kaufmann zählt die Kenntnisse und Fertigkeiten auf, die mindestens Gegenstand der Berufsausbildung sind und ist mit „Ausbildungsbild“ bezeichnet.

8 *Wie lange dauert die Ausbildungszeit?*

Sie dauert grundsätzlich drei Jahre. Sie wird bei besonderen Leistungen und/oder entsprechender Vorbildung abgekürzt.

9 *Welche drei Institutionen übernehmen hauptsächlich die Ausbildung?*

a) Der Ausbildende (Betrieb) in praktischer Arbeit am Arbeitsplatz und in betrieblichem Unterricht;

b) die Berufsschule, die die praktische Ausbildung durch Vermittlung theoretischer Kenntnisse ergänzt;

c) überbetriebliche Einrichtungen des Berufsbildungswerkes der Vswirtschaft.

10 *Welche Aufgabe hat der vom Auszubildenden zu führende Ausbildungsnachweis?*

Hierdurch soll für alle Beteiligten – Ausbildende, Ausbildungsstätten, Berufsschule und gesetzliche Vertreter des Auszubildenden – in möglichst einfacher Form der zeitliche und sachliche Ablauf nachweisbar gemacht werden.

11 *Womit schließt die Ausbildung ab?*

Mit einer Abschlußprüfung vor der zuständigen Industrie- und Handelskammer, der Kaufmannsgehilfenprüfung.

12 *Aus welchen Hauptteilen besteht die Abschlußprüfung?*

Aus der schriftlichen Prüfung und den praktischen Übungen.

13 *Welche Aufgabe hat die Abschlußprüfung?*

Sie soll den Nachweis erbringen, daß der Prüfling die zur Ausübung seines Berufes erforderlichen fachlichen und allgemeinen kaufmännischen Kenntnisse und Fertigkeiten nach dem Berufsbild besitzt.

14 *Welche Fortbildungsmöglichkeiten gibt es für den Vskaufmann?*

Das Berufsbildungswerk der Vswirtschaft (BWV) hat überbetriebliche Fortbildungseinrichtungen geschaffen:

a) An etwa 60 Plätzen in der Bundesrepublik Deutschland hat das BWV Verbindungsstellen errichtet, die Veranstaltungen für eine systematische Fortbildung durchführen.

b) An einigen größeren Plätzen ist ein systematisches Abendstudium möglich, das zur Abschlußprüfung vor der Industrie- und Handelskammer als „Versicherungsfachwirt" führt.

Dieses Abendstudium wird nach einem einheitlichen Rahmenplan durchgeführt. Hierdurch und durch andere Unterstützungen durch das BWV wird eine weitgehend gleiche Qualität der Fortbildung und der Prüfungsanforderungen erreicht. Auskunft erteilen die örtlichen Verbindungsstellen und das BWV.

c) Die für die Prüfung zum „Versicherungsfachwirt" erforderlichen Kenntnisse können auch durch das Versicherungswirtschaftliche Fernstudium erworben werden. Der Rahmenplan des Abendstudiums stimmt inhaltlich mit dem Fernstudium überein, wodurch gleiche Prüfungsvoraussetzungen erreicht werden. Das Fernstudium eignet sich besonders für solche Fortbildungswillige, die an Plätzen wohnen, an denen ein Abendstudium nicht möglich ist oder die von ihrer Mentalität her eine selbständige Fortbildung bevorzugen.

Die Verleihung des Gütesiegels durch das Bundesinstitut für Berufsbildungsforschung bestätigt dem Versicherungswirtschaftlichen Fernstudium seine hohe Qualität. Auskunft erteilen die Fernlehrzentrale Versicherung, Wiesbaden, oder das BWV.

15 *Welches Ziel verfolgt die Deutsche Vs-Akademie (DVA)?*

Hauptanliegen der DVA ist es, eine Bildungsstätte für alle Mitarbeiterinnen und Mitarbeiter der Vswirtschaft zu sein. Dabei steht die Förderung solcher Mitarbeiter im Vordergrund, die sich bereits in der betrieblichen Praxis qualifiziert haben. Der Schwerpunkt liegt auf der gesellschaftspolitischen Weiterbildung. Darunter werden zeitgemäße Menschenführung im Betrieb, die Anwendung des Betriebsverfassungsgesetzes und die Information und Interpretation wirtschaftpolitischer Grundsätze verstanden.

In einem viersemestrigen Studium an der DVA können Angestellte der Vswirtschaft nach bestandener Abschlußprüfung den Titel „Versicherungsbetriebswirt DVA" erwerben. Die Studiengebiete umfassen Volks- und Betriebswirtschaftslehre, Staats-, Verfassungs- und Handelsrecht sowie Fragen der Unternehmensführung und der Gesellschaftspolitik.

Außerdem führt die DVA Kurse für Ausbilder durch, die die nach der Ausbildereignungs-Verordnung

(AEVO) erforderlichen Kenntnisse vermitteln und zur entsprechenden Prüfung durch die Industrie- und Handelskammern führen.

16 *Welche Möglichkeiten einer akademischen Ausbildung gibt es für den Vskaufmann?*

Wenn es auch zur Zeit ein in sich geschlossenes versicherungswissenschaftliches Spezialstudium nicht überall gibt, so können doch an fast allen deutschen Hochschulen versicherungswissenschaftliche Vorlesungen gehört und akademische Prüfungen mit besonderer Betonung der versicherungswissenschaftlichen Fächer abgelegt werden.

17 *Welche sonstigen Fortbildungsmöglichkeiten gibt es noch?*

Eine Reihe von Vereinigungen und Vereinen ist mit der besonderen Zielsetzung gegründet worden, die Berufsfortbildung auf bestimmten Sachgebieten oder in bestimmten Bezirken zu fördern.

Besondere Versicherungslehre

Feuerversicherung

1 *Welchen Zweck verfolgt die FeuerV?*

Die FeuerV will den durch die versicherten Gefahren entstandenen Sachschaden ersetzen.

Versicherte Gefahren

2 *Gegen welche Gefahren bietet die FeuerV Schutz?*

Die FeuerV ersetzt Sachschäden, verursacht durch:

a) Brand und Blitzschlag;
b) Explosionen aller Art (außer Kernenergie);
c) Anprall oder Absturz eines bemannten Flugkörpers, seiner Teile oder Ladung (§ 1 AFB 87).

Schäden durch Blitzschlag, Explosion und durch Anprall oder Absturz bemannter Flugkörper sind auch dann gedeckt, wenn damit kein Brand verbunden ist (also allein Trümmerschäden entstanden sind).

3 *Was ist im Sinne der AFB ein Brand?*

Als Brand gilt ein Feuer, das ohne einen bestimmungsgemäßen Herd entstanden ist oder ihn verlassen hat und sich aus eigener Kraft auszubreiten vermag (§ 1, 2 AFB 87).

4 *Welche Schäden gelten nicht als Brandschäden?*

Verbrennungsvorgänge ohne Lichterscheinung (Flamme, Glut), also Ereignisse, die sich in einer bloßen Sengung, Verrußung, in einem bloßen Heißwerden, Schmelzen, Schmoren, Blasenwerfen der versicherten Sache erschöpfen, fallen nicht unter den Vsschutz.

5 *Was versteht man unter Betriebsschäden?*

Betriebsschäden sind solche Schäden, die an den versicherten Sachen dadurch entstehen, daß diese einem Nutzfeuer, der Wärme zur Bearbeitung oder zu sonstigen Zwecken ausgesetzt werden. Sie sind vom Vsschutz ausgeschlossen, weil die Schadenwahrscheinlichkeit an einer Sache, die absichtlich dem Feuer ausgesetzt wird, das mit normalen Beiträgen erfaßbare Maß weit übersteigt. Der Ausschluß betrifft nicht nur die Schäden an den Sachen, deren Bearbeitung, wie Trocknen, Bügeln, Rösten, Kochen, Braten, Räuchern, bezweckt wird, sondern auch an den Sachen, die kraft ihrer Dauerbestimmung dem Feuer oder der Wärme ausgesetzt sind, z. B. Kessel, Pfannen, Ofenbänke, Kamine.

6 *Was versteht man unter Schäden durch Blitzschlag?*

Schäden durch sogenannte kalte Schläge.

Nicht unter den Vsschutz fallen jedoch Schäden an elektrischen Anlagen, die durch Überspannung (Influenz- oder Induktionserscheinungen) bei Gewittern häufig eintreten.

7 *Was versteht man unter einer Explosion?*

Es gibt zwei Arten von Explosionen:

a) die auf dem Ausdehnungsbestreben von Gasen oder Dämpfen beruhende, plötzlich verlaufende Kraftäußerung, durch die im Falle der Explosion ein Druckausgleich zwischen innen und außen unter Zerreißung der Behälterwandung herbeigeführt wird;

b) die durch chemische Umsetzung entstehende Explosion, die sowohl innerhalb wie auch außerhalb eines Behälters möglich ist.

8 *Welche mit der Luftfahrt zusammenhängenden Schäden sind in den Vsschutz eingeschlossen?*

In die FeuerV sind auch solche Schäden eingeschlossen, die durch den Anprall oder Absturz bemannter Flugkörper oder deren Teile an den versicherten Sachen entstehen, und zwar ohne Rücksicht darauf, ob es sich um Brand-, Explosions- oder reine Trümmerschäden handelt.

Versicherte Schäden und Sachen

9 *Welche Schäden sind Gegenstand der FeuerV?*

Schäden, die in Zerstörung, Beschädigung oder Abhandenkommen der versicherten Sache bestehen, wenn sie

a) auf der unmittelbaren Einwirkung der versicherten Gefahrenereignisse (Einwirkungsschäden) beruhen;

b) die „unvermeidliche Folge“ eines versicherten Gefahrenereignisses sind (Folgeschäden). Die Schäden müssen in ursächlichem Zusammenhang (Kausalzusammenhang) mit dem Gefahrereignis stehen, wobei es gleichgültig ist, an welchem Ort das Gefahrereignis eingetreten ist (§ 1, 6 AFB 87);

c) durch Löschen, Niederreißen oder Ausräumen verursacht werden (§ 1, 1 e AFB 87).

10 *Wer trägt die Aufwendungen des VNs im Vsfall zur Abwendung und Minderung des Schadens?*

Aufwendungen, auch erfolglose, die der VN zur Abwendung oder Minderung des Schadens für geboten halten durfte, trägt der VR. Entschädigung und Aufwendungen dürfen zusammen die Vssumme nicht überschreiten, soweit die Aufwendungen nicht auf Weisungen des VRs erfolgt sind (§ 3, 1 AFB 87).

11 *Haftet der VR auch für Aufräumungskosten?*

Nur, wenn dies besonders vereinbart ist (§ 3, 3 AFB 87).

Ausnahme: Wohngebäude. Aufräumungs- und Abbruchkosten sind bis zu 5 vom Hundert der Vssumme

(§ 2 Nr. 1.a) + § 17 Nr. 1 VGB 88) sowie Mietverlust bis zum Ablauf von höchstens 12 Monaten (§ 3 VGB 88) mitversichert.

12 *Welche Schadenursachen sind grundsätzlich ausgeschlossen?*

Schäden, die durch Kriegsereignisse, innere Unruhen, Erdbeben oder Kernenergie entstehen (§ 1, 7 AFB 87).

13 *Wie werden die versicherten Sachen im Vsvertrag bezeichnet?*

Im allgemeinen werden mehrere, eine wirtschaftliche Einheit bildende Sachen unter der gebräuchlichen Sammelbezeichnung versichert, z. B. Hausrat, Einrichtung, Ware und dergleichen (= Versicherung eines „Sachinbegriffs").

14 *Sind Bargeld und Wertpapiere mitversichert?*

Bargeld, Wertpapiere, Urkunden und Sammlungen sind nur dann versichert, wenn dies besonders vereinbart ist (§ 2, 6 AFB 87).

Abweichungen: siehe HausratV, Frage 9.

Versicherungsort

15 *Welches ist der räumliche Geltungsbereich der FeuerV?*

Bewegliche Sachen sind nur innerhalb des Vsortes versichert (§ 4, 1 + 2 AFB 87).

Diese Beschränkung gilt nicht für Sachen, die infolge eines eingetretenen oder unmittelbar bevorstehenden Vsfalles aus dem Vsort entfernt und in zeitlichem und örtlichem Zusammenhang mit diesem Vorgang beschädigt oder zerstört werden oder abhandenkommen.

Vsort sind die in dem Vsvertrag bezeichneten Gebäude oder Räume von Gebäuden oder die als Vsort bezeichneten Grundstücke.

Ausnahme: siehe HausratV, Frage 10.

Außenversicherung

16 *Inwieweit können bewegliche Sachen auch außerhalb der im Vsschein bezeichneten Räume versichert sein?*

Im Rahmen der AußenV können Sachen auch außerhalb des Vsortes durch eine besondere Vereinbarung versichert werden.

Man unterscheidet:

a) Die selbständige AußenV erstreckt sich nur auf Sachen außerhalb des Vorts (Klausel Nr. 3402 des VNs),

b) die abhängige AußenV erstreckt sich im Anschluß an die FeuerV von Gebäuden und Inhalt des Vgrundstückes auch auf Sachen außerhalb des Vorts (Klausel Nr. 3401, vgl. auch S9LZB 87).

Ausnahme: siehe HausratV, Frage 11.

Beurteilung des Risikos

17 *Welches sind die Grundlagen zur Beurteilung des Risikos?*

Merkmale oder Eigenschaften eines Objektes, die die Häufigkeit und/oder Höhe des Schadens (Schadeneintritts- und -ausbreitungswahrscheinlichkeit) beeinflussen.

18 *Wie nennt man solche die Schadenwahrscheinlichkeit beeinflussenden Umstände?*

Sie werden als „Gefahren" bezeichnet.

19 *Welche Gefahren unterscheidet man?*

Subjektive und objektive Gefahren.

20 *Was versteht man unter subjektiven Gefahren, und welche Folgerungen zieht der VR daraus?*

Sie bestehen in der Person des VNs (z.B. Begehrlichkeit), seiner Umgebung (z.B. Arbeitskräften) und seinen wirtschaftlichen Verhältnissen (z.B. schlechte Finanzlage).

Folgerungen: meistens Ablehnung des Wagnisses, selten Auferlegung besonderer Bedingungen (z.B. erheblicher Selbstbeteiligung).

21 *Worin bestehen die objektiven Gefahrenmomente in der FeuerV?*

a) *Bauart und Bedachung des vtn Gebäudes:* Umfassungswände, Innenausbau, Geschoßzahl, Alter und Zustand des Gebäudes;

b) *Inhalt und Betrieb:* Betriebsvorgänge (Büro, Lager, Fertigungs- oder Handelsbetrieb, Landwirtschaft), Betriebsumfang, Entzündbarkeit der verarbeiteten und gelagerten Stoffe, Art der Beheizung und Beleuchtung;

c) *Nachbarschaftsgefahr:* Eigengefahr der benachbarten Betriebe, räumliche Nähe bzw. bauliche Berührung und damit Gefahr der Übertragung eines Feuers auf die eigenen Gebäude;

d) *örtliche Feuerschutzverhältnisse:* Belegenheit des Betriebes (Stadt oder Land, nicht bebaute Umgebung oder isolierte Lage, Beschaffenheit der An- und Abfahrtswege), die örtlichen Feuerlöschverhältnisse (Berufs- oder freiwillige Feuerwehr, Geräteausrüstung, Alarmanlagen).

22	*a) Welche Bauartklassen unterscheidet man in der ind. und großgewerbl. FeuerV, und welches sind ihre wesentlichen Merkmale?*	Der Tarif 1982 unterscheidet drei Bauartklassen, nämlich: N (= Neutrale Klasse) R (= Rabatt-Klasse) Z (= Zuschlags-Klasse)
	b) Welche Bauartklassen unterscheidet man im einfachen Geschäft?	*Bauartklasse I:* Gebäude mit massiven Umfassungswänden; *Bauartklasse II:* Gebäude mit Umfassungswänden von Backsteinfachwerk, auch Gebäude mit teils massiven, teils Steinfachwerkwänden; *Bauartklasse III:* Gebäude mit Umfassungswänden von Lehmfachwerk oder Holz; } *unter harter Dachung* *Bauartklasse IV:* Gebäude mit Umfassungswänden wie Bauartklasse I und II; *Bauartklasse V:* Gebäude mit Umfassungswänden wie Bauartklasse III. } *unter weicher Dachung*
23	*Was wird zur harten Dachung und was zur weichen Dachung gerechnet?*	a) *Harte Dachung:* Ziegel, Schiefer, Metall, Glas in eiserner Fassung, Dachpappe; b) *Weiche Dachung:* Stroh, Rohr, Holz und Holzschindeln.
24	*Welches ist die gebräuchlichste Ortsklasseneinteilung?*	Ortsklasse A = Städte mit Berufsfeuerwehr Ortsklasse B = sonstige Städte und Orte mit Hochdruckwasserleitung und gut organisierter Feuerwehr Ortsklasse C = alle übrigen Stadt- und Landgemeinden

Versicherungsarten

Gebäudeversicherung

25	*Welche Angaben braucht der VR zur Bemessung des Gebäuderisikos?*	Alter, Lage, Größenverhältnisse, Anlage, Bauart, Benutzungsart und Nachbarschaft.
26	*Zu welchem Vswert kann die V abgeschlossen werden?*	Zum Zeitwert, zum festen Neuwert, zum gleitenden Neuwert oder auf Wertzuschlagsbasis.

Feuerversicherung landwirtschaftlicher Betriebe (LZB 87)

27	*Was umfaßt die FeuerV landw. Betriebe?*	Gebäude, Ernteerzeugnisse, den gesamten Tierbestand sowie sonstige beweglichen Sachen. Der Einschluß von Intensiv-Tierhaltung sowie der Sport- und Zuchttieren von außergewöhnlichem Wert bedarf besonderer Vereinbarung.
28	*Welche besonderen Schäden sind nach den LZB 87 gedeckt?*	Schäden am Vieh, die durch elektrischen Strom entstehen.
29	*Welche Besonderheiten gelten bei der landwirtschaftlichen FeuerV hinsichtlich des Vsortes?*	Zur zweckmäßigen Anpassung an die Bedürfnisse eines landwirtschaftlichen Betriebes erstreckt sich nach den Zusatzbedingungen für die Feuerversicherung landwirtschaftlicher Betriebe (LZB 87) die V für Tiere, Betriebseinrichtung, Ernteerzeugnisse und sonstige Vorräte der Landwirtschaft auf a) alle vom VN zu landwirtschaftlichen Zwecken genutzten im Vsschein bezeichneten Gebäude, mit Ausnahme offener Feldscheunen; b) alle Hofräume und Ländereien des Betriebes einschließlich der dorthin führenden Wege und der Unterkunftsstellen; c) deutsche Marktplätze, Ausstellungs- und Ablieferungsorte mit Einschluß der dorthin führenden Wege und der Unterkunftsstellen. Ferner sind die oben genannten versicherten Sachen auch dann innerhalb der BRD einschließlich des Landes Berlin und der Verbindungswege versichert, wenn sie sich vorübergehend außerhalb des Vsortes befinden (§ 7 LZB 87).
30	*Inwieweit sind landwirtschaftliche Erzeugnisse in Feld- und Reihenscheunen, Schober (Diemen und/oder Großballenlager versichert?*	Vschutz besteht nur, wenn dies besonders vereinbart ist.

Versicherung von Fabriken (Industrie) und gewerblichen Anlagen

31 *Was ist für die Beurteilung von Fabriken und gewerblichen Anlagen von besonderer Bedeutung?*

Neben Kenntnis der allgemeinen Gefahren (Bauart, Bedachung, Nachbarschaft, Belegenheit des Betriebes) spielen hier der Inhalt und die genaue Betriebsart, die Produktionsweise, die Antriebskraft der Maschinen, Lagerung und Verwendung feuergefährlicher Stoffe, Heizung, Beleuchtung und Bewachung eine besondere Rolle.

32 *Auf welche Weise verschafft sich der VR einen genauen Überblick über das zu versichernde Wagnis?*

Der VR läßt die Fabrikanlage durch einen Mitarbeiter besichtigen und darüber einen genauen Besichtigungsbericht anfertigen. Der Bericht wird durch einen eingehenden Lageplan ergänzt. Danach kalkuliert das VU die Prämie mit Hilfe des Prämienermittlungsbogens. Eine Gebäudebeschreibung ist anzufertigen, damit über den Bauartklassen-Rabatt oder -zuschlag entschieden werden kann. Außerdem wird ein besonderer Rabattermittlungsbogen für schadenverhütende und bekämpfende Maßnahmen des VN erstellt.

33 *Welche wichtigen Angaben muß ein Lageplan enthalten?*

Die Zahl und Beschaffenheit der Gebäude und der Nachbargebäude, ihre Entfernungen voneinander, Bezeichnung der Gebäude nach ihrer Benutzungsweise, z. B. Werkstatt, Lager, Büro, Zahl der Stockwerke, Türen, Fenster u. a. m.

34 *Was ist eine vorläufige Deckungszusage, und welche Arten gibt es?*

Wenn sich die Ausfertigung eines Vsscheines nicht innerhalb der Bindefrist vornehmen läßt, z. B. wegen noch ausstehender Besichtigung, kann eine – zeitlich begrenzte – vorläufige Deckungszusage erteilt werden, um dem VN schon in der Zwischenzeit Vsschutz zu beschaffen. Die vorläufige Deckungszusage kann von einer (Teil-)Zahlung und späterer unverzüglicher Einlösung des Vsscheines abhängig gemacht werden.

Es gibt die allgemeine vorläufige Deckungszusage und die vorläufige Deckungszusage durch die an der Hamburger Versicherungsbörse verwendete Richtlinie für den Abschluß von Ven an der Hamburger Vsbörse.

a) Wie kann eine allgemeine vorläufige Deckungszusage lauten?

Diese Deckungszusage gilt für die Zeit vom ... mittags 12 Uhr bis zur Einlösung des Vsscheines, längstens aber bis zum ... mittags 12 Uhr.

Die Haftung aus der vorläufigen Deckung beginnt jedoch zu dem angegebenen Zeitpunkt nur dann, wenn in Anrechnung auf die endgültige Prämienzahlung bis spätestens am ... (Höchstzeit 10 Tage) an die unterzeichnete Geschäftsstelle der Betrag von ... DM entrichtet wird. Andernfalls ist der VR von der Entschädigungspflicht frei, wenn etwa ein Schadenfall vor der nicht rechtzeitigen Zahlung eintreten sollte.

b) Wie lautet der Text der Richtlinie für den Abschluß von Ven an der Hamburger Vsbörse?

Mit dem Abzeichnen der Deckungsnote an der Börse gewährt der Versicherer Versicherungsschutz. Dieser wird bestimmt durch den Inhalt der Deckungsnote, die in Betracht kommenden Allgemeinen Versicherungsbedingungen sowie den üblicherweise vereinbarten Besonderen Versicherungs-Bedingungen.

Der Versicherungsschutz aus der Deckungsnote erlischt mit Beginn der Leistungsverpflichtung des Versicherers aus dem endgültigen Versicherungsvertrag, spätestens jedoch vier Wochen nach Aushändigung des Versicherungsscheins an den Versicherungsnehmer verbunden mit einem Hinweis des Versicherers auf die Folgen des Fristablaufs.

Der Versicherungsschutz erlischt ferner, wenn der Versicherer oder der Makler im Hinblick auf nicht in der Deckungsnote geregelte wesentliche Punkte schriftlich erklären, daß die Verhandlungen über den Abschluß des endgültigen Versicherungsvertrages gescheitert sind. Erklärt der Versicherer diese Verhandlungen für gescheitert, so hat er die schriftliche Mitteilung hierüber gleichzeitig dem Versicherungsnehmer direkt zuzustellen. In diesem Fall erlischt die Leistungspflicht des Versicherers aus der Deckungsnote am dritten Werktag (ausschließlich Samstag), mittags 12.00 Uhr, nach Zugang dieser Erklärung bei dem Versicherungsnehmer. Die schriftliche Mitteilung muß auch einen Hinweis auf die Folgen des Fristablaufs enthalten.

Für die Kraftfahrzeug-Haftpflichtversicherung gilt abweichend von vorstehender Regelung § 1 Absatz 2 AKB. Für den Abschluß von Lebens- und Krankenversicherungen gilt diese Richtlinie nicht.

35 *Wodurch können die AFB 87 ergänzt oder abgeändert werden?*

Durch die FeuerVklauseln sowie die Bedingungen für die Versicherung zusätzlicher Gefahren zur Feuerversicherung für Industrie- und Handelsbetriebe (ECB).

36 *a) Wie ist Klauselwerk des industriellen und nichtindustriellen Sachgeschäfts gegliedert?*

Das Klauselwerk ist dekadisch gegliedert. Wir unterscheiden sechs Gruppen von Klauselnummerfolgen:

Die 1 000er Gruppe = Gemeinsame Klauseln für die Feuer-, ED- und Raub-, LW- und Sturm-V.;
die 2 000er Gruppe = Gemeinsame Klauseln für die Feuer-, LW- und SturmV.;
die 3 000er Gruppe = Klauseln für die Feuer-V.;
die 4 000er Gruppe = Klauseln für die ED- und RaubV.;
die 5 000er Gruppe = Klauseln für die LW-V.;
die 6 000er Gruppe = Klauseln für die SturmV.;
die 8 000er Gruppe = Klauseln für die FBU- und die Mietverlust-V.;
die 9 000er Gruppe = Klauseln für die FH-V.

Den Zusammenhang zwischen den Grund-Bedingungswerken und den entsprechenden Klausel-Gruppen verdeutlich die nachstehende Übersicht:

Schematische Übersicht

Können einzelne Bestimmungen der Grundbedingungswerke 1987 durch Vereinbarung einer oder mehrerer Klauseln aus den folgenden Klauselgruppen ergänzt oder abgeändert werden?

	Klauseln der						ZKBU 80	FHB
	1000 er Gruppe	2 000er Gruppe	3 000er Gruppe sowie der LZB 87	4 000er Gruppe	5 000er Gruppe	6 000er Gruppe		
AFB 87	ja	ja	ja	nein	nein	nein	ja	ja
AERB 87	ja	nein	nein	ja	nein	nein	ja	nein
AWB 87	ja	ja	nein	nein	ja	nein	ja	nein
AStB 87	ja	ja	nein	nein	nein	ja	ja	nein

b) Nennen Sie wichtige Klauseln des industriellen und nichtindustriellen Sachgeschäfts i. e. S. und umreißen Sie deren Inhalt?

Wertzuschlagklauseln

Der VN deklariert die Vssummen für Gebäude und/ oder Betriebseinrichtungen in Preisen des Jahres 1970 (Grundsumme). Durch einen Wertzuschlag, der aus den Preisindices des Stat. Bundesamtes für Betriebsgebäude insgesamt oder für industrielle Erzeugnisse abgeleitet ist, werden jährlich zu Beginn des Vsjahres die Vssummen verändert.

Der VR haftet für im Vsjahr eintretende Preissteigerungen bis zur Vssumme 1970 plus *doppelten* Wertzuschlag, sofern der Gesamtbetrag aus Grundsumme und Wertzuschlag bei Beginn des Vsjahres ausreichend bemessen war.

Wiederherstellungsklausel
Diese Klausel besagt im wesentlichen, daß der VN nur dann Anspruch auf die volle Vssumme hat, wenn er die versicherten und durch einen Schaden vernichteten oder beschädigten Sachen an der bisherigen Stelle innerhalb von 3 Jahren wiederherstellt.

Steht der Wiederherstellung ein behördliches Verbot entgegen, so genügt die Wiederherstellung an anderer Stelle innerhalb des Landes Berlin binnen drei Jahren nach Eintritt des Vfalles.

Unterbleibt die Wiederherstellung, hat der VN nur Anspruch auf zwei Drittel des bedingungsgemäß als entschädigungspflichtig errechneten Betrages.

Führungsklausel
Nach dieser Klausel ist der führende VR bevollmächtigt, Anzeigen und Willenserklärungen des VN für alle beteiligten VR entgegenzunehmen.

Prozeßführungsklausel
Mit dieser Klausel wird vereinbart, daß der VN im Streitfall seine Ansprüche nur gegen den führenden VR und nur wegen dessen Anteil gerichtlich geltend macht. Die Beteiligten VR erkennen gleichzeitig damit an, daß sie rechtskräftig gewordene Entscheidungen und Vergleiche für sich als verbindlich betrachten.

Sollte jedoch der Anteil des führenden VR die Berufungs- oder Revisionssumme nicht erreichen, kann der VN die Klage entsprechend auf andere beteiligte VR ausdehnen. Auf Verlangen eines der VR muß er die Klage entsprechend ausdehnen, da sonst die VR an Entscheidungen gegen den führenden VR nicht mehr gebunden sind.

Verkaufspreisklauseln

Der VR ersetzt nach Klausel Nr. 1501 für verkaufte lieferungsfertige eigene Erzeugnisse des VN den *vereinbarten,* nach Klausel Nr. 1502 für hergestellte lieferungsfertige eigene Erzeugnisse den VN den *erzielbaren* Verkaufspreis z. Zt. des Eintritts des Schadensfalles – jeweils abzüglich der durch Nichtlieferung ersparten Kosten.

Klausel: Brandschäden an Räucher-, Trocken- und sonstigen Erhitzungsanlagen

Nach dieser Klausel werden Brandschäden an Räucher-, Trocken- und sonstigen Erhitzungsanlagen sowie deren Inhalt entgegen den Bestimmungen des § 1, 5 a AFB 87 auch dann ersetzt, wenn der Brand innerhalb der Anlagen ausbricht.

Klausel: Unterversicherungsverzichtklausel

Auf die Feststelluung einer UnterV gemäß § 11,3 AFB 87 wird – mit Ausnahme der VorräteV nach der Stichtagsklausel und der AußenV – verzichtet, sofern der Schaden 1 Prozent des Gesamtbetrages der Vsummen nicht übersteigt und nicht mehr als den vereinbarten Betrag beträgt.

Klausel: Stichtagsversicherung für Vorräte

Da der Wert für Vorräte häufig schwankt, wird StichtagsV vereinbart.

Entschädigungsgrenze für die versicherten Vorräte ist die vereinbarte Vssumme. Der Vswert, den die versicherten Vorräte an dem vereinbarten Stichtag eines jeden Monats haben (Stichtagswert), ist dem VR jeweils innerhalb von 10 Tagen oder innerhalb einer vereinbarten Frist nach diesem Stichtag zu melden (Stichtagssumme).

Auf die Prämie ist eine Vorauszahlung aus der Hälfte der Vssumme für das ganze Vsjahr zu leisten. Die endgültige Prämie wird zum Ende des Vsjahres aus dem Durchschnitt der gemeldeten Stichtagssummen berechnet.

Die Bestimmungen über die UnterV finden Anwendung, wenn die letzte Stichtagsmeldung falsch war.

Versicherungsformen

37 *Welches sind wichtige Vsformen?*

a) VollwertV;
b) ErstrisikoV;
c) VorsorgeV;
d) NeuwertV;
e) Gleitende NeuwertV von Wohn- und Geschäftsgebäuden sowie V auf Basis von Wertzuschlagsklauseln.

38 *Wann ist die Vssumme richtig bemessen, und wer ist für die richtige Bemessung der Vssumme verantwortlich?*

Die Vssumme ist dann richtig bemessen, wenn sie jeweils dem tatsächlichen Wert der versicherten Objekte entspricht (VollwertV). Ist die Vssumme höher, dann besteht ÜberV; ist sie geringer, liegt UnterV vor.

Für die richtige Bemessung der Vssumme ist ausschließlich der VN verantwortlich.

39 *Warum ist eine ÜberV für den VN nicht vorteilhaft?*

Im Schadenfall wird immer der tatsächlich Wert der versicherten Sache festgestellt und nicht mehr als der tatsächliche Schaden vergütet. Der VN hat den Nachteil, daß er unnötige Beiträge zahlt. Eine geringe ÜberV aus Vorsorgegründen ist dagegen unbedenklich.

40 *Inwieweit wirkt sich eine UnterV für den VN nachteilig aus?*

Die UnterV ist deshalb für den VN nachteilig, weil er im Schadenfall einen Teil des Schadens selbst zu tragen hat (§ 11,3 AFB 87).

41 *Nach welcher Formel errechnet sich im Falle der UnterV die Entschädigung?*

$$\text{Entschädigung} = \text{Schaden} \times \frac{\text{Vssumme}}{\text{Vswert}}$$

42 *Wodurch unterscheidet sich die V auf erstes Risiko von der VollwertV?*

Bei der ErstrisikoV werden sämtliche Schäden bis zur Höhe der Vssumme voll ersetzt, ohne Rücksicht darauf, in welchem Verhältnis Vssumme und Vswert zueinander stehen. Eine UnterV wird also bei der ErstrisikoV nicht geltend gemacht.

Die nachfolgenden Schaubilder zeigen die Unterschiede der verschiedenen Deckungsmöglichkeiten unter besonderer Berücksichtigung des Verhältnisses Vssumme zu Vswert:

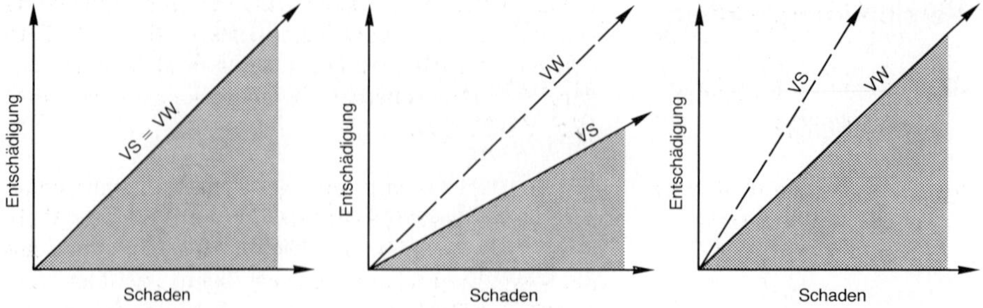

Vollversicherung **Unterversicherung** **Überversicherung**

43 *Was ist eine DoppelV?*

Eine DoppelV ist eine V ein und desselben Objektes (Interesses) gegen dieselbe Gefahr bei mehreren VRn, bei der die Vssummen zusammen den Vswert übersteigen. Sie kann auch ohne Wissen und Willen des VNs (z.B. bei FremdV) entstehen. Ihre Folgen sind in § 59 VVG geregelt.

Eine DoppelV, die in betrügerischer Absicht genommen worden ist, ist nach § 59 VVG nichtig.

44 *Welches ist der Zweck einer VorsorgeV?*

Sie ermöglicht dem VN, einen besonderen Betrag für Neuanschaffungen, Vorrätezugang, Preisschwankungen und dergleichen zu deklarieren, um dadurch einer etwaigen UnterV am Schadentage vorzubeugen.

45 *Was versteht man unter einer NeuwertV?*

Während im allgemeinen im Schadenfalle Abzüge für Alter und Abnutzung („neu für alt") gemacht werden, sieht die NeuwertV von diesen Abzügen ab und ersetzt im Vsfalle den Wiederbeschaffungs- oder den Wiederherstellungswert, vorausgesetzt, daß die Vssumme richtig bemessen ist, also keine UnterV vorliegt.

46 *Für welche Objekte ist die allgemeine NeuwertV zulässig?*

Für hartgedeckte Wohn- und Bürogebäude, für landwirtschaftliche Gebäude, industrielle Anlagen und auch für Hausrat und Betriebseinrichtungen.

47 *Was versteht man unter Neuwert und Zeitwert?*

Neuwert bei Gebäuden ist der ortsübliche Neubauwert einschl. Architektengebühren sowie sonstiger Konstruktions- und Planungskosten. Bei den übrigen Sachen ist Neuwert der Betrag, der aufzuwenden ist, um Sachen gleicher Art und Güte in neuwertigem Zustand wiederzubeschaffen oder sie neu herzustellen; maßgebend ist der niedrigere Betrag. Ausnahme: Wertpapiere, Grundstücksbestandteile, Muster etc. (§ 5, 4. + 5. AFB 87).

Zeitwert ist dagegen der Wert der Sache im Gebrauchszustand.

48 *Bis zu welcher Abnutzungsgrenze wird bei den einzelnen Objekten der volle Neuwert entschädigt?*

Bei industriellen Anlagen wird bei einer Abnutzung von mehr als 60% und bei landwirtschaftlichen Gebäuden bei einer Abnutzung von mehr als 50% immer nur der Zeitwert entschädigt oder aber „der gemeine Wert" (§ 5, 2 AFB 87).

49 *Was versteht man unter einer gleitenden NeuwertV?*

Für Wohn-, Geschäfts- und landwirtschaftliche Gebäude (nicht Industrie) kann eine gleitende NeuwertV abgeschlossen werden. Die Prämie berechnet sich aus der Vssumme 1914 und dem jeweiligen gleitenden Neuwertfaktor. Die Reparaturkosten sind also am Schadentage zu ersetzen, vorausgesetzt, daß die Vssumme 1914 richtig ermittelt war.

50 *Wie wird die Vssumme 1914 richtig ermittelt und wer setzt den gleitenden Neuwertfaktor fest?*

Die Versicherungssumme 1914 gilt als richtig ermittelt, wenn

a) sie aufgrund einer vom Versicherer anerkannten Schätzung eines Bausachverständigen festgesetzt wird;
b) der Versicherungsnehmer im Antrag den Neuwert in Preisen eines anderen Jahres zutreffend angibt und der Versicherer diesen Betrag auf seine Verantwortung umrechnet;
c) der Versicherungsnehmer Antragsfragen nach Größe, Ausbau und Ausstattung des Gebäudes zutreffend beantwortet und der Versicherer hiernach die Versicherungssumme 1914 auf seine Verantwortung berechnet (§ 16 Nr. 3 VGB 88).

Den gleitenden Neuwertfaktor setzt der Verband der SachVR e.V. in Anlehnung an die Veröffentlichung des Statistischen Bundesamtes fest.

51 *Finden die Vorschriften über die UnterV bei der gleitenden NeuwertV Anwendung?*

Wird die Vssumme – wie zuvor genannt – ermittelt und vereinbart, nimmt der VR keinen Abzug wegen Unterversicherung vor (Unterversicherungsverzicht, § 16 Nr. 4 VGB 88).

In allen anderen Fällen finden die Vorschriften über Unterversicherung Anwendung (§ 16 Nr. 5 und 6 VGB 88).

52 *Was erhält der VN bei der gleitenden NeuwertV im Schadenfalle?*

Der VN kann als Versicherungswert den Neuwert, Zeitwert oder gemeinen Wert vereinbaren. Je nach getroffener Vereinbarung richtet sich die Entschädigungsberechnung (§§ 14, 15 VGB 88).

Tarifierung

53 *Wie setzt sich die Prämie in der FeuerV zusammen?*

Aus der Nettoprämie, dem Sicherheitszuschlag und den Verwaltungskosten.

54 *Wie wird die Nettoprämie berechnet?*

Die Nettoprämie ist gleich der Schadenwahrscheinlichkeit (q). Diese ist das Produkt aus Schadeneintrittswahrscheinlichkeit (q_1) und Schadenausbreitungswahrscheinlichkeit (q_2). Beide Größen lassen sich statistisch einigermaßen genau feststellen.

a) *Wie wird die Ausbruchwahrscheinlichkeit, die angibt, wie häufig ein Schaden entsteht, ermittelt?*

Indem man die Anzahl der Schäden (s) durch die Anzahl der Ven (n) teilt, also nach der Formel $q_1 = \frac{s}{n}$.

Beispiel:

Auf 50000 Ven fallen durchschnittlich 1000 Schäden an.

Dann ist $q_1 = \frac{1000}{50\,000} = 2\,\%$.

Hätten wir nur Vollschäden, wäre die

$\text{Nettoprämie} = \frac{s}{n} \times \text{Vssumme}$.

b) *Wie stellt man die Ausbreitungswahrscheinlichkeit (Größe des einzelnen Schadens) fest?*

Indem man die auf statistischer Basis ermittelte Gesamtschadensumme gleicher Risiken durch die Anzahl der Schäden teilt, erhält man die Größe des Durchschnittsschadens.

Beispiel:

Entfallen bei mehreren Gebäuden gleicher Bauartklasse auf die durchschnittliche Vssumme von 20 000,— DM je Gebäude durchschnittlich 100 Schäden mit einer Gesamtschadensumme von 50 000,— DM, beträgt die durchschnittliche Höhe der Schäden 500,— DM oder $^1/_{40}$ ($2^1/_2$ %) der Vssumme (= Vswert bei VollV).

c) *Wie lautet die Formel für die Errechnung des Nettoprämiensatzes?*

Schadeneintrittswahrscheinlichkeit mal Schadenausbreitungswahrscheinlichkeit gleich Schadenwahrscheinlichkeit und diese ist gleich der Nettoprämie.

Formel: $q = q_1 \times q_2$

Beispiel:

Beträgt die Schadenhäufigkeit (q_1) 2 % (s. oben) und die Schadenausbreitung (q_2) 2½ %, ist

$$q = \frac{1}{50} \times \frac{1}{40} = \frac{1}{2\,000} = 0{,}5\,‰.$$

Für ein Wohngebäude im Werte von 100 000,— DM würde die Nettoprämie also 50,— DM betragen.

55 *Warum wird ein Sicherheitszuschlag berechnet?*

Um die gesetzmäßigen periodischen Schwankungen im Schadenverlauf längerer Zeiträume auszugleichen.

56 *Was ist bei der Tarifierung von Wohngebäuden, Hausrat, Landwirtschaft und Industrie besonders zu beachten?*

a) *Wohngebäude:* Für massive hartgedeckte Gebäude gelten im allgemeinen die Grundprämien, diese abgestuft nach den 3 Ortsklassen. Für schlechte Bauartklassen, Gefahrerhöhung durch Betriebe und Nachbarschaft werden Zuschläge erhoben.

b) *Hausrat:* Die beweglichen Gegenstände erfordern einen höheren Beitragssatz als Gebäude, da hier kleine, aber häufige Schäden vorherrschen, und die Schadenausbreitungswahrscheinlichkeit bei beweglichen Sachen größer ist. Außerdem ist erhöhte Gefahr wegen des AußenVsschutzes vorhanden.

c) *Landwirtschaft:* Hier besteht eine größere Feuergefährlichkeit durch die oft schlechte und alte Bauweise, ungünstige Bedachung und hohe Ausbreitungsgefahr sowie durch die Verwendung von Chemikalien. Auch die Löschverhältnisse sind oft unzureichend.

Der bewegliche Inhalt der landwirtschaftlichen Gebäude ist weniger gefährdet als die Baulichkeiten selbst, da es häufig gelingt, trotz Totalschadens an den Gebäuden, einen erheblichen Teil der beweglichen Sachen zu retten.

d) *Industrie:* Neben den üblichen Tarifierungsgrundsätzen, wie Bauart, Bedachung, Belegenheit und Löschverhältnisse, spielt hier die besondere Betriebsgefahr der einzelnen betrieblichen Vorgänge eine besondere Rolle. Dabei hat die Tarifierung die Aufgabe, den Betrieb in getrennte Feuerbereiche („Komplexe") mit einheitlicher Prämie zu zerlegen oder aber „Durchschnittsprämiensätze" zu bilden.

57 *Was ist unter Brandabschnitten zu verstehen?*

Ein Brandabschnitt wird von einem oder mehreren Gebäuden, Gebäudeabschnitten oder Lägern im Freien gebildet, die untereinander keine, jedoch zu anderen Gebäuden, Gebäudeabschnitten oder Lägern räumliche oder bauliche Trennung besitzen.

58 *Was ist unter Trennungen zu verstehen?*

Räumliche Brandabschnittstrennung liegt vor, wenn der Abstand zwischen Gebäuden oder Lägern nicht brennbarer Stoffe im Freien mindestens 5 m beträgt.

Für Läger brennbarer Stoffe im Freien ist ein Mindestabstand von 20 m erforderlich (siehe Ziff. 2.10.1 PRL).

Bauliche Brandabschnittstrennung liegt vor, wenn Gebäude, Gebäudeabschnitte oder Läger durch eine Brandwand getrennt sind (siehe Ziff. 2.10.2 PRL).

59 *Was ist eine Brandwand, und was versteht man unter Komplextrennwand?*

Brandwände sind bauliche Trennungen, die Gebäude oder Läger im Freien in Brandabschnitte unterteilen oder abtrennen (siehe Ziff. 2.7.1 PRL).

Komplextrennwände sind bauliche Trennungen, die Gebäude oder Läger im Freien in Komplexe unterteilen oder abtrennen.

Komplextrennwände müssen eine Feuerwiderstandsdauer von mindestens 180 min. aufweisen und einer dreimaligen Stoßbeanspruchung von 4000 Nm standhalten (siehe Ziff. 2.8.1 PRL).

60 *Welche Risikobegrenzungen kennt der FeuerVR?*

a) *Maximierung:* Durch Festsetzung von Maxima verhindert der VR eine Anhäufung (Akkumulierung) von Summen oder Schäden, da sonst durch die sog. Gemeinschaftlichkeiten verschiedener Objekte ein Katastrophenschaden entstehen könnte.

b) *Mitversicherung:* Umfangreiche und schwere Wagnisse mit hohen Vssummen, die für einen VR allein nicht tragbar sind, werden auf mehrere VR verteilt. Dabei handelt ein VR (in der Regel der VR mit dem größten Anteil) als Führender. Die anderen VR werden prozentual oder summenmäßig an der GesamtVssumme beteiligt.

c) *Rückversicherung:* In der FeuerV werden verschiedene RückVsformen angewendet (siehe RückV).

d) *Selbstbeteiligung:* Bei weniger wünschenswerten Risiken wird mitunter eine Selbstbeteiligung des VNs gefordert, um sein Interesse am Schicksal des versicherten Gegenstandes wachzuhalten.

Versicherungsfall

61 *Welche hauptsächlichen Obliegenheiten hat der VN im Schadenfall zu erfüllen?*

a) Den Schaden dem VR unverzüglich anzuzeigen, das Abhandenkommen versicherter Sachen auch der zuständigen Polizeidienststelle; gegenüber dem VR gilt diese Anzeige noch als unverzüglich, wenn sie innerhalb von 3 Tagen abgesandt wird;
bei Schäden über 10 000,– DM sollte die Anzeige dem VR gegenüber fernmündlich, fernschriftlich oder telegraphisch erfolgen;

b) der Polizeidienststelle unverzüglich ein Verzeichnis der abhandengekommenen Sachen einzureichen;

c) den Schaden nach Möglichkeit abzuwenden oder zu mindern und dabei die Weisungen des VR zu befolgen; er hat, soweit die Umstände es gestatten, solche Weisungen einzuholen;

d) dem VR auf dessen Verlangen im Rahmen des Zumutbaren jede Untersuchung über Ursache und Höhe des Schadens und über den Umfang seiner Entschädigungspflicht zu gestatten, jede hierzu dienliche Auskunft – auf Verlangen schriftlich – zu erteilen und die erforderlichen Belege beizubringen, bei Gebäudeschäden auf Verlangen insbesondere einen beglaubigten Grundbuchauszug;

e) Veränderungen der Schadenstelle möglichst zu vermeiden, solange der VR nicht zugestimmt hat;

f) dem VR auf dessen Verlangen innerhalb einer angemessenen Frist von mindestens zwei Wochen ein von ihm unterschriebenes Verzeichnis aller abhandengekommenen, zerstörten oder beschädigten Sachen vorzulegen; soweit nicht V auf Erstes Risiko vereinbart ist, kann der VR auch ein Verzeichnis aller unmittelbar vor Eintritt des Vsfalles vorhandenen Sachen verlangen; in den Verzeichnissen ist der Vswert der Sachen unmittelbar vor Eintritt des Vsfalles anzugeben.

62 *Welches Verfahren sehen die AFB vor, wenn hinsichtlich der Höhe des Schadens eine Einigung nicht erzielt werden kann?*

Ein *Sachverständigenverfahren* in der Weise, daß jede Partei innerhalb von 2 Wochen nach Aufforderung zur Feststellung der Höhe des Schadens schriftlich einen Sachverständigen ernennt. Kommt die eine Partei dieser Aufforderung nicht innerhalb der Frist nach, kann die andere Partei die Ernennung des zweiten Sachverständigen beim zuständigen Amtsgericht beantragen. Die beiden Sachverständigen wählen einen dritten als Obmann, der aber nur in Tätigkeit tritt, wenn die Feststellungen der beiden Sachverständigen voneinander abweichen. Er kann dann nur *innerhalb* der Grenzen beider Feststellungen entscheiden. Jede Partei trägt die Kosten ihres Sachverständigen und die des Obmanns je zur Hälfte. Die Schadenfeststellung ist für beide Teile verbindlich. Die Einleitung des Sachverständigenverfahrens kann auch durch die einseitige Erklärung nur des VN verlangt werden (§ 15 AFB 87).

63 *In welchen Fällen ist der VR berechtigt, die Zahlung des Entschädigungsbetrages hinauszuschieben?*

Der VR kann nach § 16, 5 AFB 87 die Zahlung aufschieben,

a) solange Zweifel an der Empfangsberechtigung des VN bestehen;
b) wenn gegen den VN oder einen seiner Repräsentanten (vgl. § 17 AFB 87) aus Anlaß des Vsfalles ein behördliches oder strafgerichtliches Verfahren aus Gründen eingeleitet worden ist, die auch für den Entschädigungsanspruch rechtserheblich sind, bis zum rechtskräftigen Abschluß dieses Verfahrens.

64 *Wie wirkt sich die Entschädigungsleistung auf die Vssumme aus?*

Die Vssummen vermindern sich nicht dadurch, daß eine Entschädigung geleistet wird (§ 19,1 AFB 87).

65 *Welches Kündigungsrecht besteht im Vsfall?*

Nach dem Eintritt eines Schadenfalles können VR und VN den zwischen ihnen bestehenden FeuerVsvertrag kündigen. Die Kündigung ist schriftlich zu erklären. Sie muß spätestens einen Monat nach Auszahlung der Entschädigung zugehen.

Der Zahlung steht es gleich, wenn die Entschädigung aus Gründen abgelehnt wird, die den Eintritt des Vsfalles unberührt lassen. Die Kündigung wird einen Monat nach ihrem Zugang wirksam. Der VN kann bestimmen, daß seine Kündigung sofort oder zu einem späteren Zeitpunkt wirksam wird, jedoch spätestens zum Schluß des laufenden Vsjahres.

Schadenverhütung

66 *Welche Einrichtungen dienen der Schadenverhütung und -minderung?*

Die Löschmittel, die Löschgeräte, die Anzahl der Motorspritzen, das Vorhandensein von Hydranten, Feuermeldern, Fernsprechanschlüssen an das Feuerwehrdepot, das Vorhandensein von Werkfeuerwehren und von besonderen Einrichtungen, wie z. B. Sprinkleranlagen.

67 *Was ist eine Sprinkleranlage?*

Nach der Definition des Verbandes der SachVR versteht man darunter selbsttätige Feuerlöschanlagen, die das Löschwasser durch festverlegte Rohrleitungen unmittelbar bis an den Brandherd heranführen und deren Löschbrausen (Sprinkler) sich infolge der Brandhitze selbsttätig öffnen und den Brandherd mit Wasser besprengen.

Betriebsunterbrechungsversicherung

1 *Was ist Gegenstand der Feuerbetriebsunterbrechungs V?*

Gegenstand der FBUV ist der im Betriebe des VNs als Folge eines Feuersachschadens entstehende Unterbrechungsschaden (Ertragsschaden).

2 *Worin besteht der Unterbrechungsschaden?*

Unterbrechungsschäden sind entgehende Betriebsgewinne und der Aufwand an fortlaufenden Kosten (§ 3 FBUB).

3 *Was bezeichnen die FBUB als Betriebsgewinn und Kosten?*

Betriebsgewinn ist der Gewinn aus dem Umsatz der im versicherten Betriebe hergestellten oder gehandelten Waren und der Gewinn aus Dienstleistungen.

Kosten sind alle im Betriebe entstehenden Kosten (§ 4 FBUB).

4 *Welche Aufwendungen und Erträge dürfen bei Festsetzung des Betriebsgewinns und der Kosten nicht berücksichtigt werden und sind daher bei Ermittlung der Vssumme auszuscheiden?*

a) Verbrauchs-, Umsatzsteuern und Ausfuhrzölle;
b) Aufwendungen für den Erwerb von Waren, Roh-, Hilfs- und Betriebsstoffen, soweit sie nicht der Betriebserhaltung dienen;
c) Gewinne und Kosten, die mit dem eigentlichen Fabrikations-, Handels- oder Gewerbebetrieb nicht zusammenhängen, z.B. aus Kapital-, Spekulations- und Grundstücksgeschäften (§ 4 FBUB).

5 *Welche Bedeutung haben die Haftzeit und der Bewertungszeitraum?*

Haftzeit ist die Zeitspanne, die eine Leistung des VRs zeitlich begrenzt. Sie beträgt grundsätzlich 12 Monate seit Eintritt des Sachschadens; für Personalkosten ist unter Zugrundelegung der Jahreswerte eine kürzere Haftzeit möglich (§ 3,3 FBUB).

Der *Bewertungszeitraum* endet zu dem Zeitpunkt, von dem an ein Unterbrechungsschaden nicht mehr entsteht, spätestens mit Ablauf der Haftzeit (§ 5 FBUB).

6 *Welches ist in der FBUV der Vswert?*

Maßgebend für den Vswert im Schadenfalle sind der Betriebsgewinn und die Kosten, die der VN ohne Unterbrechung des Betriebes in dem Bewertungszeitraum erwirtschaftet hätte.

7 *Wie wird die Vssumme festgesetzt?*

Bei der Festsetzung der Vssumme für Betriebsgewinn und Kosten ist von den Werten der zurückliegenden 12 Monate auszugehen. Wird mit einer Steigerung des Betriebsergebnisses gerechnet, müssen entsprechend höhere Werte genommen werden, um eine UnterV zu vermeiden.

8 *Hat der VN finanzielle Nachteile zu befürchten, wenn er die Vssumme zu hoch festgesetzt hat?*

Nein, weil eine *Prämienrückgewähr* bis zu 1/3 der entrichteten Jahresprämie vorgesehen ist (§ 9 FBUB).

9 *Wie wird die Entschädigung ermittelt?*

Unter Berücksichtigung des Vswertes und der Vssumme (UnterV!) werden der Betriebsgewinn und die Kosten, die das Unternehmen infolge der Betriebsunterbrechung im Bewertungszeitraum nicht erwirtschaften konnte, festgestellt.

Das sind Gewinnentgang und notwendig weiter anfallende Kosten (fixe und Personalkosten), soweit sie rechtlich notwendig oder wirtschaftlich begründet sind (§ 6 FBUB).

10 *Wann ist die sogenannte Klein-BUV zulässig?*

Diese V kann als Ergänzung zur FeuerV abgeschlossen werden (auch zur EinbruchdiebstahlV, LeitungswasserV und SturmV) bis zu einer Inhalts-Vssumme von 750 000 DM.

11 *Welches ist die Vssumme in der Klein-BUV?*

Als Vssumme gilt die in der FeuersachV für Einrichtung, Waren oder Vorräte und Vorsorge vereinbarte Summe.

Eine etwa bestehende UnterV wird im selben Verhältnis auf den Klein-BU-Schaden angerechnet.

12 *Wofür sind die Zusatzbedingungen für die einfache Betriebsunterbrechungs-Versicherung (Klein-BU-Versicherung) – ZKBU 87 anwendbar?*

Sowohl für Einzelrisiken als auch gebündelte Ven. Sie beziehen sich auf den Sachschaden, der nach den vereinbarten AVB zu entschädigen ist (vgl. EDV, LWV, StV).

Einbruchdiebstahlversicherung

Wesen und Zweck

1 *Was ist Wesen und Zweck der Versicherung gegen Schäden durch Einbruchdiebstahl und Raub?*

Der VR leistet Entschädigung für versicherte Sachen, die durch

a) Einbruchdiebstahl,
b) Raub innerhalb eines Gebäudes oder Grundstücks,
c) Raub auf Transportwegen,
d) Vandalismus nach einem Einbruch

oder durch den Versuch einer solchen Tat abhanden kommen, zerstört oder beschädigt werden. Die Versicherung der einzelnen Gefahren muß vereinbart werden (§ 1,1 AERB 87).

Umfang des Versicherungsschutzes

2 *Welches ist der Unterschied zwischen einem Einbruchdiebstahl und einem einfachen Diebstahl?*

Nimmt jemand eine fremde bewegliche Sache einem anderen in der Absicht weg, sich diese rechtswidrig anzueignen, liegt einfacher Diebstahl vor.

Ein Einbruchdiebstahl dagegen setzt voraus, daß mechanischer oder ähnlicher Widerstand überwunden wird.

3 *Wie unterscheiden sich Einbruchdiebstahl nach den AERB 87 und „schwerer Diebstahl" im Sinne von § 243 StGB?*

Ein „schwerer Diebstahl" nach § 243 StGB ist nicht immer auch ein Einbruchdiebstahl nach versicherungsrechtlichen Bestimmungen. Die ED-V ist gebäudegebunden, d. h. sie kann nur für Sachen abgeschlossen werden, die in einem Gebäude oder dem Raum eines Gebäudes verwahrt sind.

4 *Was ist im Sinne der AERB 87 als Einbruchdiebstahl versichert?*

Einbruchdiebstahl liegt vor, wenn der Dieb

a) in einen Raum eines Gebäudes einbricht, einsteigt oder mittels falscher Schlüssel oder anderer Werkzeuge eindringt;

b) in einem Raum eines Gebäudes ein Behältnis aufbricht oder falsche Schlüssel oder andere Werkzeuge benutzt, um es zu öffnen;

c) aus einem verschlossenen Raum eines Gebäudes Sachen entwendet, nachdem er sich in das Gebäude eingeschlichen oder dort verborgen gehalten hatte;

d) in einem Raum eine Gebäudes bei einem einfachen Diebstahl auf frischer Tat angetroffen wird, und er Gewalt anwendet oder eine Gewalttat mit Gefahr für Leib und Leben androht (Raub), um sich den Besitz des gestohlenen Gutes zu erhalten;

e) in einen Raum eines Gebäudes mittels richtiger Schlüssel eindringt oder dort ein Behältnis mittels richtiger Schlüssel öffnet, die er durch Einbruchdiebstahl oder außerhalb des Versicherungsortes durch Raub an sich gebracht hatte;

f) in einen Raum eines Gebäudes mittels richtiger Schlüssel eindringt, die er – auch außerhalb des Versicherungsortes – durch einfachen Diebstahl an sich gebracht hatte, vorausgesetzt, daß weder der VN noch der Gewahrsamsinhaber den Diebstahl der Schlüssel durch fahrlässiges Verhalten ermöglicht hatte (§ 1,2 AERB 87).

5 *Wann liegt im Sinne der AERB 87 ein Raub vor?*

Raub liegt vor, wenn

a) gegen den VN oder einen seiner Arbeitnehmer Gewalt angewendet wird, um dessen Widerstand gegen die Wegnahme versicherter Sachen auszuschalten;

b) der VN oder einer seiner Arbeitnehmer versicherte Sachen herausgibt oder sich wegnehmen läßt, weil eine Gewalttat mit Gefahr für Leib und Leben angedroht wird, die innerhalb des Versicherungsortes – bei mehreren Versicherungsorten innerhalb desjenigen Versicherungsortes, an dem auch die Drohung ausgesprochen wird – verübt werden soll;

c) dem VN oder einem seiner Arbeitnehmer versicherte Sachen weggenommen werden, weil sein körperlicher Zustand infolge eines Unfalls oder infolge einer nicht verschuldeten sonstigen Ursache beeinträchtigt und dadurch seine Widerstandskraft ausgeschaltet ist.

Einem Arbeitnehmer stehen volljährige Familienangehörige des VN gleich, denen dieser die Obhut über die versicherten Sachen vorübergehend überlassen hat (§ 1,3 AERB 87).

Tarifierung und Versicherungsarten

6 *In welche Gruppen ist der ED-Tarif unterteilt?*

Tarif G = Geschäfte und Betriebe;
Tarif J = Juwelier-, Uhrmacher- und Bijouteriewaren-Geschäfte und -Betriebe;
Tarif B = Banken, Sparkassen und andere Geldinstitute;
Tarif R = Raub;
Tarif S = Sonderwagnisse.

7 *Welche Gefahrenzonen gibt es im ED-Tarif?*

Bei den Tarifen G und J gibt es eine Einteilung in drei Gefahrenzonen:

Zone I:

Sie umfaßt das Gebiet der Bundesrepublik Deutschland mit Ausschluß der unter Zone II und III aufgeführten Städte und des Ruhrgebietes.

Zone II:

Sie umfaßt die Städte (mit eingemeindeten Vororten): Aachen, Augsburg, Bielefeld, Bonn, Braunschweig, Bremen, Bremerhaven, Darmstadt, Erlangen, Freiburg, Fürth, Göttingen, Hamm, Hannover, Heidelberg, Heilbronn, Hildesheim, Kaiserslautern, Karlsruhe, Kassel, Kiel, Koblenz, Krefeld, Leverkusen, Ludwigshafen, Lübeck, Mainz, Mannheim, Mönchengladbach, Münster, Neuß, Nürnberg, Offenbach, Oldenburg, Osnabrück, Paderborn, Pforzheim, Regensburg, Remscheid, Saarbrücken, Siegen, Solingen, Stuttgart, Trier, Wiesbaden, Wilhelmshaven, Wolfsburg, Würzburg.

Zone III:

Sie umfaßt die Städte (mit eingemeindeten Vororten): Berlin, Frankfurt am Main, Köln, Wuppertal, Düsseldorf, Hamburg, München sowie Ruhrgebiet. Das Ruhrgebiet umfaßt folgende Städte und Landkreise: Bochum, Duisburg, Recklinghausen, Bottrop, Ennepe-Ruhr-Kreis, Hagen, Lünen, Schwerte, Essen, Moers, Dinslaken, Gelsenkirchen, Mülheim (Ruhr), Wattenscheid, Dortmund, Herne, Oberhausen.

Die EDV ist in ihrer heutigen Form für Geschäfte und Betriebe grundsätzlich nach der Pauschaldeklaration abzuschließen. Danach sind bestimmte Nebenrisiken (z.B. Schaufensterinhalt, Bargeld, Gebäudebeschädigung, Beraubung) mit bestimmten Prozent- und Höchstsätzen mitversichert.

8 *Haftet der VR auch für Aufräumungskosten?*

Hierfür haftet der VR nur, wenn dies besonders vereinbart ist (§ 3,3 AERB 87).

Bei GeschäftsVen sind Aufräumungskosten, im allgemeinen bis zu 3% der GesamtVssumme (höchstens 3 000,— DM), durch Pauschaldeklaration eingeschlossen.

Bei HausratVen sind Aufräumungskosten, soweit sie die versicherten Sachen betreffen, eingeschlossen (§ 2,1 a VHB 84).

9 *Erstreckt sich die ED-V auch auf durch Diebe verursachte Brand- und Explosionsschäden?*

Diese Schäden sind ausdrücklich von der ED-V ausgeschlossen (§ 1,7 AERB 87).

Bei Anwendung von Sprengmitteln haftet der Feuer VR.

10 *Sind Gebäudebeschädigungen in die ED-V eingeschlossen?*

Bei HausratV sind Gebäudebeschädigungen im Rahmen der Vssumme unbegrenzt (§ 2,1 e VHB 84) und bei GeschäftsVen bis zu 10% (höchstens 10 000,— DM) der GesamtVssumme durch Pauschaldeklaration eingeschlossen.

11 *Wird für Diebstähle, die durch Geschäftsangestellte begangen werden, Vsschutz gewährt?*

Die V erstreckt sich nicht auf Schäden an versicherten Sachen, die durch vorsätzliche Handlungen von Arbeitnehmern des VN entstehen, es sei denn, daß die Tat nur außerhalb des Vsortes oder nur zu einer Zeit vorbereitet und begangen worden ist, zu der die als Vsort vereinbarten Räume für diese Arbeitnehmer geschlossen waren (§ 1,7 b AERB 87).

12 *Welche Gesichtspunkte kommen im wesentlichen für die Risikobeurteilung in der ED-V in Betracht?*

a) die geografische Lage der Vsräume;
b) die Beschaffenheit der Vsräume;
c) in welchem Maße die zu versichernden Gegenstände die Begehrlichkeit von Dieben erwecken;
d) der voraussichtliche Umfang des Schadens;
e) Schadenverhütungsmaßnahmen.

13 *Was ist unter einer BruchteilV in der ED-V zu verstehen?*

Bei der BruchteilV wird nur eine bestimmte Quote des Gesamtwertes versichert. Ihr liegt der Gedanke zugrunde, daß ein Totalschaden unwahrscheinlich ist. Die Prämie ist jedoch von der GesamtVssumme zu berechnen. Entsprechend der Höhe der Höchsthaftung wird auf die Prämie der Bruchteilnachlaß gewährt, und zwar Bruchteil von 25 %, Rabatt 10 %, Bruchteil von 20 %, Rabatt 12 %, Bruchteil von 15 %, Rabatt 15 %, Bruchteil von 10 %, Rabatt 17 %, Bruchteil von 5 %, Rabatt 20 %.

Im Schadenfalle wird eine etwaige UnterV berücksichtigt.

Entschädigungsberechnungsbeispiele:

a) bei ausreichend bemessener Gesamt-Vssumme:
Gesamt-Vssumme = Gesamt-Vswert = 200 000,— DM
Bruchteilsumme: 25 % = 50 000,— DM
Schaden: 60 000,— DM
Entschädigung = Bruchteilsumme = 50 000,— DM

b) bei nicht ausreichend bemessener Gesamt-Vssumme:
Gesamt-Vssumme = 160 000,— DM
Gesamt-Vswert = 200 000,— DM
Bruchteilsumme: 25 % = 40 000,— DM
Schaden: 30 000,— DM
Entschädigung: 4/5 aus 30 000,— DM = 24 000,— DM

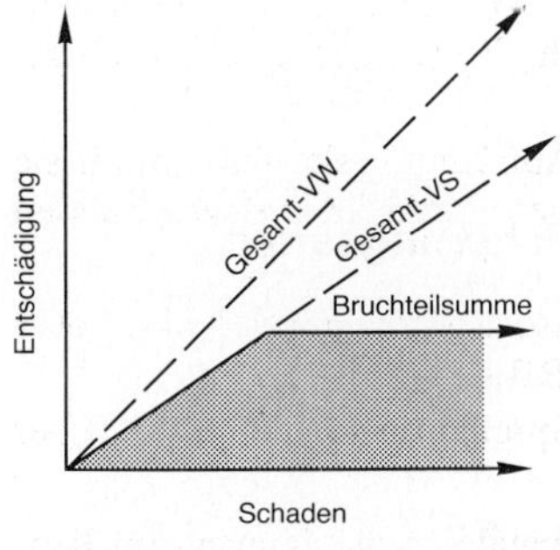

14 *Welche Ven können als BruchteilV abgeschlossen werden?*

Betriebe für Einrichtung und für Ware ab einer Gesamtwertsumme (Vollwert) von insgesamt 1 Million DM.

15 *Was ist nach den Zusatzbedingungen für die einfache BetriebsunterbrechungsV (KleinBUV) Gegenstand der V?*

Wird der im Vsschein bezeichnete Betrieb des VNs infolge eines Sachschadens, der nach den vereinbarten AVB zu entschädigen ist, unterbrochen, ersetzt der VR den dadurch im Betrieb des VNs entstandenen Unterbrechungsschaden nach Maßgabe der Zusatzbedingungen (vgl. FeuerV, LeitungswasserV, SturmV).

Leitungswasserversicherung

Wesen und Zweck

1 *Auf welche Schäden erstreckt sich die LWV im allgemeinen?*

Auf Schäden, die an den versicherten Sachen durch bestimmungswidriges Austreten von Leitungswasser entstehen.

2 *Was gilt als Leitungswasser nach den AWB 87 und den VHB 84 sowie VGB 88?*

Als Leitungswasser gilt

a) nach den AWB 87 Wasser, das aus den festverlegten Zu- oder Ableitungsrohren, den sonstigen mit dem Rohrsystem fest verbundenen Einrichtungen der Wasserversorgung oder aus den Anlagen der Warmwasser- oder Dampfheizung bestimmungswidrig ausgetreten ist (§ 1 (2) AWB 87);

b) nach den VHB 84 und den VGB 88 Wasser aus den Zu- oder Ableitungsrohren der Wasserversorgung, den mit dem Rohrsystem verbundenen sonstigen Einrichtungen oder Schläuchen der Wasserversorgung, den Anlagen der Warmwasser- oder Dampfheizung, Sprinkler- oder Berieselungsanlagen. Wasserdampf wird dem Leitungswasser gleichgestellt (§ 7 VHB 84 und § 6 VGB 88).

Umfang des Versicherungsschutzes und Versicherungsarten

3 *Welches sind die häufigsten Schadenursachen?*

Offenlassen von Hähnen;
Verstopfen von Abflußrohren;
Überlaufen von Wasserbehältern;
Rohrbrüche infolge Frostes;
Abnutzung der Rohranlagen;
schlechtes Material;
starker Wasserdruck;
Vertrocknen von Gummidichtungen;
Undichtwerden von Hähnen, Schwimmern usw.

4 *Welche Vsarten unterscheidet der Prämientarif?*

Gebäude V;
V von Geschäften und Betrieben.

5 *Welche Schäden schließt die LWV für Wohngebäude ein?*

Die V schließt ein

a) *innerhalb der versicherten Gebäude:*
   1. Schäden durch Rohrbruch oder Frost an Rohren der Wasserversorgung, der Warmwasser- oder Dampfheizung, von Sprinkler- oder Berieselungsanlagen,
   2. Schäden durch Frost an Badeeinrichtungen, Waschbecken, Spülklosetts, Wasserhähnen, Geruchsverschlüssen, Wassermessern oder ähnlichen Installationen, Heizkörpern, Heizkesseln, Boilern oder an vergleichbaren Teilen von Warmwasser- oder Dampfheizungsanlagen, Sprinkler- oder Berieselungsanlagen.

b) *außerhalb der versicherten Gebäude:*
   Schäden durch Rohrbruch oder Frost an den Zuleitungsrohren der Wasserversorgung und an den Rohren der Heizungsanlage, soweit diese Rohre der Versorgung der versicherten Gebäude dienen und sich auf dem Vsgrundstück befinden (§ 7 VGB 88).

6 *Welche besonderen Gefahren deckt die LWV von Wohngebäuden?*

Bei Wohngebäuden wird auch Mietverlust gedeckt bis zum Ende des Monats, in dem die Räume wieder bezogen werden können, höchstens jedoch für 12 Monate nach Eintritt des Schadens, und zwar auch für die eigenen Räumen des VNs (§ 3 VGB 88).

(Vgl. außerdem unter FeuerV: Frage und Antwort 11.)

7 *Welche Sachen sind nach § 2 AWB 87 versichert?*

a) Versichert sind Gebäude und sonstige Grundstücksbestandteile, bewegliche Sachen.

b) 1. wenn VN Eigentümer ist,
   2. sie unter Eigentumsvorbehalt erworben hat,
   3. sie sicherungshalber übereignet hat und soweit für sie gemäß § 71 Abs. 1 Satz 2 VVG dem Erwerber ein Entschädigungsanspruch nicht zusteht.

c) Über vorstehende Angaben hinaus ist fremdes Eigentum versichert, soweit es seiner Art nach zu den versicherten Sachen gehört und dem VN zur Bearbeitung, Benutzung oder Verwahrung oder zum Verkauf in Obhut gegeben wurde und soweit nicht der VN nachweislich, insbesondere mit dem Eigentümer, vereinbart hat, daß die fremden Sachen durch den VN nicht versichert zu werden brauchen.

d) Die Versicherung gemäß b) 2. und 3. sowie c) gilt für Rechnung des Eigentümers und des VN. Für die Höhe des Vwertes ist jedoch, soweit nicht etwas anderes vereinbart, nur das Interesse des Eigentümers maßgebend.

8 *Welche Sachen sind nicht versichert?*

Nicht versichert sind

Gebäude, die nicht bezugsfertig sind, und die in diesen Gebäuden befindlichen Sachen,

a) Bargeld,
b) Urkunden, wie z. B. Sparbücher und sonstige Wertpapiere,
c) Akten, Pläne, Geschäftsbücher, Karteien, Zeichnungen, Lochkarten, Magnetbänder, Magnetplatten und sonstige Datenträger,
d) Muster, Anschauungsmodelle, Prototypen und Ausstellungsstücke, ferner typengebundene, für die laufende Produktion nicht mehr benötigte Fertigungsvorrichtungen,
e) zulassungspflichtige Kraftfahrzeuge, Kraftfahrzeuganhänger und Zugmaschinen,
f) Automaten mit Geldeinwurf (einschließlich Geldwechsler) samt Inhalt sowie Geldausgabeautomaten, soweit nicht der Einschluß besonders vereinbart ist.

9 *Welche Schäden sind nicht versichert?*

a) Wasserdampf,
b) Plansch- oder Reinigungswasser,
c) Wasser aus Sprinklern oder aus Düsen von Berieselungsanlagen,
d) Grundwasser, stehendes oder fließendes Gewässer, Hochwasser oder Witterungsniederschlag oder einen durch diese Ursachen hervorgerufenen Rückstau,
e) Schwamm,
f) Erdsenkung oder Erdrutsch, es sei denn, daß Leitungswasser die Erdsenkung oder den Erdrutsch verursacht hat,
g) Brand, Blitzschlag, Explosion, Anprall oder Absturz eines bemannten Flugkörpers, seiner Teile oder seine Ladung, ferner durch Löschen, Niederreißen oder Ausräumen bei diesen Ereignissen.

10 *Welche Vsform bietet die LWV neben der VollwertV?*

Die BruchteilV. Hierbei wird nur ein Teilbetrag (= Bruchteil) als Vssumme ausgewiesen und ein prozentualer Nachlaß der Prämie gewährt.

11 *Was ist nach § 7 (1) e AWB 87 für die Aufbewahrung von versicherten Sachen unter Erdgleiche vorgeschrieben?*

Sie müssen mindestens 12 cm über dem Fußboden gelagert werden (Prämienzuschlag).

12 *Inwieweit ist ein durch einen LW-Schaden bedingter Unterbrechungsschaden versicherbar?*

Nach Maßgabe der „Zusatzbedingungen für die einfache BetriebsunterbrechungsV“ der Betriebsunterbrechungsschaden, der durch einen nach den AWB 87 versicherten Sachschaden verursacht wird.

Glasversicherung

Wesen und Zweck

1 *Auf welche Schäden erstreckt sich die GlasV?*

Auf Schäden, die durch das Zerbrechen von fertig eingesetzten Glasscheiben an diesen entstehen unter Einschluß der Kosten einer etwa erforderlichen Notverglasung.

Umfang des Versicherungsschutzes

2 *Was bestimmt § 1 Ziff. 1 AGlB hinsichtlich der Beschädigung der Oberfläche von Scheiben, z. B. Schrammen, Verkratzen?*

Diese sind nicht Gegenstand der GlasV. Die Scheibe muß zerbrochen sein, also der Sprung muß durch die ganze Dicke des Glases hindurchgehen.

3 *Welche Ausschlüsse bestimmt § 1 Ziff. 2 AGlB?*

Nicht versichert sind:

a) Schäden durch Krieg, innere Unruhen, insbesondere Landfriedensbruch, Erdbeben oder Kernenergie;

b) Schäden durch Brand, Blitz, Explosion (soweit nicht durch besonderen Prämienzuschlag eingeschlossen), durch Lösch- und Rettungsmaßnahmen oder dadurch verursacht, daß die Scheiben mit lichtundurchlässiger Farbe bestrichen sind;

c) Schäden, die an den versicherten Gegenständen bei oder nach der Entfernung von ihrem bestimmungsmäßigen Platz verursacht sind.

4 *Welche Gegenstände können versichert werden?*

Versichert werden alle Glasarten, also Schaufensterscheiben und Türscheiben aller Glassorten, Firmenschilder, Transparente, Wandverkleidungen und Fensterscheiben in Wohnräumen. Auch Leuchtröhrenanlagen können versichert werden.

5 *Worauf kann der Vsschutz erweitert werden?*

Durch besondere Vereinbarung können die Ersatzkosten mitversichert werden

a) für Anstrich, Malereien, Schriften oder sonstige Verzierungen, wie für Glasbuchstaben;

b) für den Aufbau von Gerüsten zur Ersatzausführung;

c) für das Beseitigen und Wiederanbringen von Gegenständen, die das Einsetzen von Ersatzscheiben behindern, z. B. Schutzgitter, Markisen usw. (§ 2 AGIB).

6 *Welche Sicherheitsvorschriften hat der VN zu beachten?*

Der VN übernimmt u. a. die Verpflichtung, befrorene Scheiben nicht durch elektrische Sonnen, Heizöfen usw. oder warmes Wasser abzutauen und

Gas- und elektrische Lampen mindestens 20 cm von den Scheiben entfernt zu halten (§ 5 AGIB).

Tarifierung

7 *Wonach richtet sich die Beitragsberechnung?*

Nach dem sog. Flächentarif, d. h. nach dem Flächeninhalt der Scheiben.

Die V von Leuchtröhrenanlagen, Transparenten usw. wird zu festen Vssummen abgeschlossen, von denen nach Prozentsätzen die Prämie errechnet wird.

Versicherungsfall

8 *In welcher Form wird Entschädigung geleistet?*

Glasschäden werden durch Naturalersatz vergütet, d. h. es wird eine andere Scheibe in gleicher Art und Güte geliefert und kostenlos eingesetzt.

Das gilt auch, wenn eine Vssumme vereinbart ist; bei UnterV allerdings nur, wenn der VN den Unterschiedsbetrag vor Erteilung des Ersatzauftrages hinzuzahlt (§ 9 AGlB).

9 *Warum ist auch ein geringfügiger Schaden dem VR unverzüglich anzuzeigen?*

Da jeder Sprung bestrebt ist, sich weiter auszudehnen, muß er schnellstens von einem Glaser durch einen Schnitt vor seinem Auslauf abgefangen werden.

10 *Was geschieht bei Naturalersatz mit den Bruchstücken der zerbrochenen Scheibe?*

Die Bruchstücke gehen in das Eigentum des VRs über (§ 9 Ziff. 1 AGlB).

11 *Was bestimmt § 10 AGlB über die V der nach dem Schadenfall ersetzten Scheiben oder Gegenstände?*

Der Vertrag besteht für die unverändert ersetzten Scheiben und Gegenstände fort. Für den Rest der laufenden Vsperiode wird eine anteilige Prämie erhoben. Sie ist eine Folgeprämie nach § 39 VVG.

12 *Was bestimmt § 11 AGlB hinsichtlich der Kündigung nach einem Schadenfall?*

Nach dem Eintritt eines Vsfalles können VR und VN den Vsvertrag kündigen, der VN jedoch nur dann, wenn der VR den Ausgleich auf Leistung ganz oder teilweise abgelehnt hat. Die Kündigung ist schriftlich zu erklären.

Es gilt die Frist von einem Monat. Der VN kann erklären, daß seine Kündigung sofort oder später wirksam wird (spätestens zum Schluß des laufenden Vsjahres).

13 *Welches sind die häufigsten Schadenursachen in der GlasV?*

Fahrlässigkeit, z. B. Anlehnen eines Fahrrades an die Scheibe, Steinwürfe durch Kinder, Schäden durch Dekorationen, Witterungs- und Temperatureinflüsse, Verziehen des Rahmens, Erschütterungen durch Straßenverkehr, Arbeiten am Haus, Autoprellsteine u. a. m.

Sturmversicherung

Wesen und Zweck, Umfang des Versicherungsschutzes

1 *Für welche Schäden haftet der VR in der SturmschadenV?*

Für Schäden, die in Zerstörung oder Beschädigung der versicherten Sachen bestehen, wenn sie

a) auf der unmittelbaren Einwirkung des Sturmes beruhen (Einwirkungsschaden);

b) nachweisbar als unvermeidliche Folge eines Sturmschadens anzusehen sind (Folgeschäden);

c) an versicherten Sachen dadurch hervorgerufen werden, daß Gebäudeteile, Bäume oder andere

Gegenstände durch Sturm auf die versicherten Sachen geworfen werden.

(§ 1,3 AStB 87, § 5 VGB, § 8 VHB 84).

Ersetzt wird auch der Wert der bei solchen Ereignissen abhanden gekommenen Sachen (§ 1,3 AStB 87).

2 *Was bezeichnet man als Sturm i. S. der AStB 87?*

Als Sturm bezeichnet man eine wetterbedingte Luftbewegung von mindestens Windstärke 8.

3 *Was versteht man unter „unvermeidliche Folge eines Sturmschadens"?*

Die Beschädigung muß nachweisbar dadurch eingetreten sein, daß vorher durch einen Sturmschaden die Voraussetzungen für den Eintritt eines solchen Folgeschadens geschaffen wurden.

4 *Welche Objekte nimmt der VR in der Regel in Deckung?*

In V genommen werden nur festgebaute, fertiggestellte Gebäude und deren Inhalt, wie Wohnhäuser, Geschäftshäuser, Hotels, Kirchen, Fabriken, gewerbliche Betriebe.

Tarifierung

5 *Wonach richtet sich die Prämienberechnung in der StV?*

Die Prämie richtet sich nach der Sturmzone, in der das Objekt steht, wobei die Bundesrepublik Deutschland in zwei Sturmzonen eingeteilt ist. Außerdem richtet sich die Prämie nach dem Verwendungszweck des Gebäudes, seiner Bauweise und danach, ob es in einem geschlossen bebauten Gebiet oder einzeln und frei steht.

6 *Welche Objekte nimmt der VR nur gegen besondere Prämien und Bedingungen in Deckung?*

Hauptsächlich Gebäude der Bauartklassen III – V, dann Gebäude an besonders sturmgefährdeten Stellen sowie bei Gefährdung durch Nachbarschaft.

Versicherungsformen

7 *In welchen Fällen gewährt der VR eine Gebäude-NeuwertV?*

Eine Gebäude-NeuwertV wird für gut unterhaltene, allseitig geschlossene und nicht mehr als 50 % entwertete Massiv- oder Steinfachwerkbauten unter harter Dachung gewährt.

8 *In welchen Fällen gewährt der VR eine gleitende NeuwertV?*

Bei gut unterhaltenen, allseitig geschlossenen und nicht mehr als 50 % entwerteten Massiv- oder Steinfachwerk-Wohn-, Geschäfts- und landwirtschaftlichen Gebäuden unter harter Dachung.

9 *Inwieweit haftet der VR für entgangenen Betriebsgewinn und fortlaufende Kosten?*

Diese Schäden können über eine Sturm-BUV versichert werden, wenn die Betriebsunterbrechung auf einen nach den AVB ersatzpflichtigen Schaden zurückzuführen ist (Zusatzbedingungen für die einfache BetriebsunterbrechungsV).

Hausratversicherung (VHB 84)

Wesen und Zweck

1 *Was ist Wesen und Zweck der HausratV?*

Die HausratV faßt in einem Vsschein den Vsschutz für mehrere Gefahren zusammen.

Versicherte Gefahren und Schäden

2 *Welche Gefahren sind Gegenstand der NeuwertV?*

Entschädigt werden versicherte Sachen, die durch

a) Brand, Blitzschlag, Explosion, Anprall oder Absturz eines bemannten Flugkörpers, seiner Teile oder seiner Ladung,
b) Einbruchdiebstahl, Raub oder den Versuch einer solchen Tat,
c) Vandalismus nach einem Einbruch,
d) Leitungswasser,
e) Sturm

zerstört oder beschädigt werden oder infolge eines solchen Ereignisses abhanden kommen.

3 *Bei welchen Schäden leistet der VR noch Ersatz?*

Der VR leistet auch Entschädigung für

a) Aufräumungskosten, soweit sie die versicherten Sachen betreffen,
b) Kosten, die aufzuwenden sind, weil nach einem Vsfall zur Wiederherstellung oder Wiederbeschaffung versicherter Sachen andere Sachen bewegt, verändert oder geschützt werden müssen,
c) Kosten für Schloßänderungen, wenn die Schlüssel durch einen Vsfall abhandengekommen sind,
d) Kosten für Reparaturen von Gebäudebeschädigungen, soweit sie durch Einbruchdiebstahl, Raub oder Vandalismus nach einem Einbruch entstanden sind,
e) Aufwendungen des VNs zur Abwendung oder Minderung des Schadens.

4 *Welches ist der Unterschied zwischen einer kombinierten und einer gebündelten V?*

Eine kombinierte V liegt vor, wenn – im Gegensatz zu einer gewöhnlichen V – Deckung gegen mehrere Gefahren, die zu verschiedenen Vszweigen gehören können, durch ein Bedingungswerk zu einem Prämiensatz in einem Vsschein durch Abschluß nur eines Vertrages gewährt wird.

Werden dagegen mehrere Gefahren durch Abschluß mehrerer Verträge mit unterschiedlichen Bedingungswerken und Prämiensätzen gedeckt, jedoch in einem Vsschein beurkundet, spricht man von einer gebündelten V.

Versicherte Sachen

5 *Was gehört zu dem versicherten Hausrat?*

Zum Hausrat gehören alle Sachen, die in einem Haushalt zur Einrichtung, zum Gebrauch oder zum Verbrauch dienen, außerdem Bargeld.

Nicht zum Hausrat gehören sonstige Wasserfahrzeuge, Kraftfahrzeuge aller Art und deren Anhänger, Gebäudebestandteile, Hausrat von Untermietern und deren Sachen, die durch einen Vsvertrag für Schmucksachen und Pelze im Privatbesitz versichert sind.

6 *Was ist außer dem gesamten Hausrat mitversichert?*

a) In das Gebäude eingefügte Sachen, die der VN als Mieter auf seine Kosten beschafft oder übernommen hat und für die er die Gefahr trägt, insbesondere sanitäre Anlagen und leitungswasserführende Installationen mit deren Zu- und Ableitungsrohren;
b) Kanus, Ruder-, Falt- und Schlauchboote, Surfgeräte und Flugdrachen, Motoren jedoch nicht;
c) Rundfunk- und Fernsehantennenanlagen sowie Markisen, soweit diese Sachen nicht mehreren Wohnungen oder gewerblichen Zwecken dienen.

7 *Was kann zusätzlich versichert werden?*

Fahrraddiebstahl kann gegen Zuschlag auf die Prämie versichert werden (Klausel 833).

8 *Inwieweit ist fremdes Eigentum mitversichert?*

Fremdes Eigentum ist eingeschlossen, ausgenommen das der Untermieter (§ 1,3 VHB 84).

9 *Wie sind Wertsachen wie Bargeld, Urkunden, Wertpapiere, Sammlungen, Gold-, Silber- und Schmucksachen versichert?*

a) Die Entschädigung für Wertsachen ist je Vsfall auf insgesamt 20% der Vssumme begrenzt.
b) Außerhalb verschlossener mehrwandiger Stahlschränke mit einem Mindestgewicht von 200 kg oder eingemauerter Stahlwandschränke mit mehr-

wandiger Tür oder besonders vereinbarter sonstiger verschlossener Behältnisse mit zusätzlichen Sicherheitsmerkmalen ist die Entschädigung je Vsfall begrenzt auf

- 1 500 DM für Bargeld, ausgenommen Münzen, deren Vswert den Nennbetrag übersteigt,
- insgesamt 5 000 DM für Urkunden einschließlich Sparbücher und sonstiger Wertpapiere
- insgesamt 40 000 DM für Schmucksachen, Edelsteine, Perlen, Briefmarken, Münzen und Medaillen sowie alle Sachen aus Gold und Platin (§ 19 VHB 84).

10 *Welches ist der räumliche Geltungsbereich in der HausratV?*

Die V gilt innerhalb der Bundesrepublik Deutschland einschließlich des Landes Berlin in der im Vsschein bezeichneten Wohnung des VNs, bei einem Wohnungswechsel innerhalb dieses Gebietes auch in der neuen Wohnung (Ausnahme: für Antennenanlagen gilt das Vsgrundstück als Vsort). Der Vsschutz in der bisherigen Wohnung erlischt jedoch spätestens 2 Monate nach Umzugsbeginn.

Einen Wohnungswechsel hat der VN dem VR spätestens bei Umzugsbeginn unter Angabe der neuen Wohnfläche in m^2 schriftlich anzuzeigen.

Liegt nach einem Umzug die neue Wohnung an einem Ort, für den der Tarif des VR einen anderen Prämiensatz vorsieht, so ändert sich ab Umzugsbeginn die Prämie entsprechend diesem Tarif.

Der VN hat bei Prämienerhöhung ein Kündigungsrecht (§ 11 VHB 84).

11 *Inwieweit sind Hausratgegenstände auch außerhalb der Vsräumlichkeiten versichert (AußenV)?*

Die versicherten Sachen des VNs oder einer mit ihm in häuslicher Gemeinschaft lebenden Person sind bis zu 10 vom Hundert der Vssumme, höchstens 15 000,– DM innerhalb Europas im geographischen Sinn auch dann versichert, wenn sie sich vorübergehend außerhalb der Wohnung befinden.

Als vorübergehend außerhalb der Wohnung befindlich werden auch die Sachen der zur Berufsausbildung auswärts wohnenden oder zur Erfüllung ihrer Wehrpflicht eingezogenen Familienangehörigen angesehen, soweit sie nicht einen eigenen Haushalt haben (§ 12,2 VHB 84).

12 *Welche besonderen LW-Schäden sind in der Hausrat-V mitversichert?*

Versichert sind auch Frostschäden an sanitären Anlagen und leitungswasserführenden Installationen sowie Frost- und sonstige Bruchschäden an deren Zu- und Ableitungsrohren, soweit der VN als Mieter diese Anlagen oder Rohre auf seine Kosten beschafft oder übernommen hat und für sie die Gefahr trägt.

Wasserdampf steht Leitungswasser gleich.

Ersatzwertbestimmungen

13 *Welches ist der Vswert in der HausratV?*

Die HausratV ist eine NeuwertV; deshalb ist der Wiederbeschaffungswert als Vswert anzusetzen.

Falls Sachen für ihren Zweck im Haushalt des VN nicht mehr zu verwenden sind, ist Vswert der für den VN erzielbare Verkaufspreis (gemeiner Wert).

14 *In welcher Weise werden Vssumme sowie Prämiensatz der allgemeinen Preisentwicklung jährlich angepaßt?*

Die Vssumme erhöht oder vermindert sich mit Beginn eines jeden Vsjahres entsprechend dem Prozentsatz, um den sich der Preisindex für „Andere Verbrauchs- und Gebrauchsgüter ohne Nahrungsmittel und ohne normalerweise nicht in der Wohnung gelagerte Güter" per September eines jeden Jahres gegenüber dem September-Index des davorliegenden Kalenderjahres verändert. Die so angepaßte Vssumme erhöht sich um 10% Vorsorge-Vssumme.

Der Prämiensatz kann zu Beginn eines jeden Vsjahres erhöht oder muß vermindert werden, wenn sich das Verhältnis der Schadenzahlungen zu den Vssummen der HausratV insgesamt im Durchschnitt der drei vorausgehenden Geschäftsjahre der Hausrat-VR um mindestens 5% erhöht oder vermindert hat (Einzelheiten vgl. § 16 VHB 84).

15 *In welcher Form wird ein Schaden ersetzt?*

a) Bei zerstörten oder abhanden gekommenen Sachen der Vswert und

b) bei beschädigten Sachen die Reparaturkosten zuzügl. eines Betrages für einen auch nach der Reparatur evtl. verbliebenen Minderwert (§ 18 VHB 84).

16 *Vermindert sich die Vssumme nach einem Schadenfall um die gezahlte Entschädigung?*

Die Vssumme vermindert sich nicht dadurch, daß eine Entschädigung geleistet wird (§ 27 VHB 84).

17 *Wird eine UnterV in jedem Fall angerechnet?*

Wird für den qm Wohnfläche eine Vssumme von 1000,– DM vereinbart, kann auf die Anrechnung einer UnterV verzichtet werden.

Technische Versicherungen

Wesen, Zweck und Umfang

1 *Was ist der Zweck der Technischen V?*

Eine Vielfalt von Gefahren abzudecken, insbesondere solche, die in anderen Vszweigen nicht gedeckt werden können.

2 *Welche Sparten umfassen die Technischen V?*

a) MaschinenV
b) Maschinen-Betriebsunterbrechungs-V
c) MontageV
d) GarantieV
e) BauleistungsV
f) ElektronikV
g) Elektronik-BetriebsunterbrechungsV

Maschinenversicherung

Versicherte Sachen

3 *Was ist Gegenstand der MaschinenV?*

Versichert werden können

a) stationare technische Anlagen, wenn sie betriebsfertig aufgestellt sind, nach den Allgemeinen Maschinenversicherungsbedingungen, kurz AMB.
b) fahrbare und transportable Sachen, z. B. Baugeräte, entweder nach den Allgemeinen Bedingungen für die Maschinen- und Kaskoversicherung von fahrbaren Geräten, kurz ABMG, oder nach den Allgemeinen Bedingungen für die Kaskoversicherung von Baugeräten, kurz ABG.

Versichert sind jeweils nur die Sachen, die in einem Maschinenverzeichnis, das Bestandteil des Vertrages ist, einzeln aufgeführt sind.

4 *Wie ist der räumliche Geltungsbereich?*

Der Vsort ist

a) bei stationären Sachen nur das im Vertrag genannte Betriebsgrundstück (1.1.4. AMB),
b) bei fahrbaren und transportablen Sachen die Bundesrepublik Deutschland einschließlich Westberlin und Verbindungsstraßen, sofern nicht aus-

drücklich ein bestimmtes Betriebsgrundstück (z.B. Baustelle) vereinbart wird (§ 3 ABG/ABMG).

Versicherte Gefahren und Schäden

5 *Auf welche Schäden erstreckt sich die MaschinenV generell?*

Auf unvorhergesehen und plötzlich eintretende Schäden an den versicherten Sachen, und zwar ohne Rücksicht darauf, ob die Schadenursache mit dem Betrieb zusammenhängt.

6 *Gegen welche Schäden sind stationäre Sachen gedeckt?*

Insbesondere gegen Schäden, die entstehen durch:

a) Bedienungsfehler, Ungeschicklichkeit, Fahrlässigkeit, Böswilligkeit;

b) Konstruktions-, Material- oder Ausführungsfehler;

c) Wassermangel in Dampfkesseln oder Dampfgefäßen;

d) Zerreißen infolge Fliehkraft;

e) Überdruck oder Unterdruck;

f) Kurzschluß, Überstrom oder Überspannung;

g) Versagen von Meß-, Regel- oder Sicherheitseinrichtungen;

h) Sturm, Frost, Eisgang (2.1.1–2.1.8 AMB).

7 *Welche Schäden sind bei fahrbaren und transportablen Sachen gedeckt?*

a) Nach ABG Unfallschäden, d.h. unmittelbar von außen her plötzlich und unvorhergesehen einwirkende Ereignisse, insbesondere
   1. durch Naturgewalten;
   2. durch Brand, Blitzschlag oder Explosion;
   3. während Transporten (nicht Seetransporten);
   4. während Montage-, Demontage- und Verladevorgängen (§ 2 Nr. 1 ABG).

b) Die ABMG (§ 2 Nr. 1 und 2) beinhalten sowohl den Versicherungsschutz der AMB (siehe Frage 6) als auch den der ABG, bieten also umfassende Deckung für Sachschäden.

8 *Welche Schäden sind bedingungsgemäß ausgeschlossen?*

Nicht versichert sind im wesentlichen

a) bei AMB, ABMG und ABG Schäden
   1. durch vorsätzliche und grobfahrlässige Handlungen des VN (jedoch mitversichert, wenn von Arbeitern verursacht);
   2. durch Diebstahl;
   3. durch die unmittelbare Folge der dauernden Einflüsse des Betriebes, z. B. durch Verschleiß oder Rost; Folgeschäden daraus sind aber versichert. (2.2. AMB, § 2 Nr. 3 ABG/ABMG);

b) bei AMB zusätzlich Schäden, die über eine FeuerV gedeckt werden können sowie Schäden durch Ereignisse höherer Gewalt (ausgenommen Sturm und Eisgang).

Versicherungsfall

9 *Welche Kosten werden beim Reparaturschaden ersetzt?*

Die Ersatzleistung umfaßt im Reparaturschaden (Teilschaden) die für die Wiederherstellung notwendigen Kosten, z. B. für Ersatzteile, Löhne, De- und Remontagen, Beförderung. Teilschaden liegt vor, wenn die Reparaturkosten nicht höher sind als der Zeitwert (4.1. AMB, § 8 Nr. 2 ABG/ABMG).

10 *Wie wird ein Totalschaden vergütet?*

Im Totalschaden, der äußerst selten eintritt, wird der Zeitwert ersetzt (4.2. AMB, § 8 Nr. 2 ABG/ABMG).

11 *Welchen Selbstbehalt hat der VN zu tragen?*

Als Selbstbehalt gelten für stationäre Sachen 5 %, mindestens 200,— DM und für fahrbare und transportable Sachen 10 %, mindestens 500,— DM; höhere Selbstbehalte können gegen Rabatt vereinbart werden.

12 *Welche Pflichten hat der VN im Schadenfall, und wann darf er mit der Reparatur beginnen?*

Der VN muß den Schaden unverzüglich dem VR melden und muß nach Möglichkeit für Abwendung und Minderung des Schadens sorgen (7.1. AMB, § 14 Nr. 1 ABG/ABMG). Die Reparatur kann sofort vorgenommen werden; bei größeren Schäden darf vor Besichtigung durch VR das Schadenbild nur aus Sicherheitsgründen geändert werden.

Versicherungssumme und Prämie

13 *Worauf basiert die Vssumme?*

Maßgebend ist der jeweils gültige Listenpreis bzw. Kauf- oder Lieferpreis (Neuwert), jeweils zuzüglich Bezugskosten, wie Fracht- und Montagekosten; Rabatte und Preiszugeständnisse bleiben unberücksichtigt (3.1.–3.4. ABM, § 4 Nr. 1 ABG/ABMG).

14 *Wie wird eine Unterversicherung vermieden?*

Damit bei richtig gebildeten Vssummen auch später keine UnterV entstehen kann, werden Vssummen und Prämie entsprechend den Indizes des Statistischen Bundesamtes automatisch an die Änderungen des Lohn- und Preisgefüges angepaßt (Klausel 130 zu den AMB, § 9 ABG/ABMG).

15 *Welche Kriterien beeinflussen die Prämienkalkulation?*

Die Prämien sind je nach Betriebsart und Art der Maschine unterschiedlich und werden unter Berücksichtigung der vereinbarten Konditionen, wie Dekkungsumfang, Selbstbehalt und Vertragsdauer berechnet.

Maschinen-Betriebsunterbrechungs-Versicherung

16 *Was sind Wesen und Zweck der MBU-V?*

Sie leistet Entschädigung für die weiterlaufenden Geschäftskosten einschließlich Gewinn, die infolge eines Maschinenschadens (siehe MaschinenV) nicht mehr erwirtschaftet werden können. Besondere Bedeutung kommt sog. Engpaßmaschinen zu, die für den Produktionsablauf unbedingt notwendig sind, z. B. Kraftanlage bei eigener Stromerzeugung.

17 *Welche Vsformen gibt es?*

Außer der ErtragsausfallV (siehe Frage 16) noch

a) die MehrkostenV; anzuwenden, wenn der Betriebsstillstand z. B. durch Zukauf (= Mehrkosten) von Energie oder fremden Erzeugnissen verhindert werden kann,

b) die V gegen Schäden durch Betriebsunterbrechung infolge Ausfalls der öffentlichen Strom-, Gas-, Wasser- oder Dampfversorgung.

Montageversicherung

18 *Wer kommt als VN für die MontageV in Betracht?*

In erster Linie Hersteller und Lieferanten technischer Anlagen, da in der Regel erst mit der Abnahme der Anlage das Risiko auf den Besteller (Käufer) übergeht. Besteller kann aber auch selbst VN sein.

19 *Für welche Schäden leistet die MontageV Entschädigung?*

Für Schäden an und Verluste von versicherten Sachen, die während der Montage und der Erprobung unvorhergesehen und plötzlich eintreten, z. B. durch

a) technisches oder menschliches Versagen,
b) höhere Gewalt und Feuer,
c) sonstige von außen her einwirkende Ursachen.

20 *Welche Kosten werden in der MontageV nicht ersetzt?*

Nicht ersatzpflichtig sind
a) Vertragsstrafen wegen Nichteinhaltung von Fristen;
b) Kosten zur Beseitigung von Mängeln.

21 *Welche Sachen sind in der MontageV versicherbar?*

a) Maschinen, Eisen- und Stahlkonstruktionen;
b) Montageausrüstung, wie Kräne, Gerüste, Geräte;
c) auf besondere Vereinbarung auch fremde Sachen, an denen oder mit denen der VN tätig wird.

Garantieversicherung

22 *Wessen Interessen deckt eine GarantieV ab?*

Durch eine GarantieV kann sich ein Hersteller von Maschinen gegen finanzielle Folgen von Sachschäden schützen, die er aufgrund der Lieferbedingungen während der Garantiezeit zu vertreten hat.

23 *Wie ist der Deckungsumfang begrenzt?*

Er ist ähnlich dem der MaschinenV für stationäre Sachen (siehe Frage 6), jedoch begrenzt auf Schäden aus technischer Ursache, d.h. Bedienungsfehler u.ä. Schäden sind ausgeschlossen.

Bauleistungsversicherung

Verteilung der Gefahrtragung und Versicherungsnehmer

24 *Wie ist die Gefahrtragung geregelt?*

Die bei der Erstellung einer Bauleistung auftretenden Gefahren verteilen sich im wesentlichen auf den Bauherrn und den Bauunternehmer. Dies regelt die Verdingungsordnung für Bauleistungen (VOB), die den meisten Bauverträgen zugrunde liegt.

25 *Nach welchen Bedingungen und von wem werden Bauleistungen versichert?*

a) Nach den ABN vom Bauherrn (Auftraggeber) für schlüsselfertige Gebäudeneu- und Gebäudeumbauten;

b) nach dem ABU vom Bauunternehmer (Auftragnehmer) für sein Unternehmerrisiko an Gebäuderohbauten und allen anderen Bauleistungen, wie Kanalisation, Kläranlagen, Brücken u.a. Das Bauherrnrisiko kann hier u.U. mit eingeschlossen werden.

26 *Was ist Gegenstand der BauleistungsV?*

Versichert werden können im wesentlichen das zu erstellende Bauobjekt einschließlich Baustoffen und Bauteilen, sowie Hilfsbauten; Baugrund und Bodenmassen bei besonderer Vereinbarung.

Umfang des Versicherungsschutzes

27 *Gegen welche Gefahren gewährt die BauleistungsV Vsschutz?*

a) Die BauleistungsV ist eine KaskoV für unvorhergesehen eintretende Schäden (Beschädigungen oder Zerstörungen) an versicherten Sachen (§ 2 ABN/ABU).

b) Nur wenn besonders vereinbart, sind auch versichert
   1. Verluste durch Diebstahl eingebauter versicherter Bestandteile (§ 2 Nr. 2 ABN);
   2. Schäden durch Brand, Blitzschlag, Explosion sowie Löschen oder Niederreißen bei diesen Ereignissen (§ 2 Nr. 6 ABN; § 2 Nr. 5 ABU).

c) Ist der Unternehmer VN, besteht Vsschutz nur für solche Schäden, die er nach VOB zu vertreten hat (§ 3 Nr. 3 ABU).

28 *Welchen Vsschutz genießt der Bauherr als VN?*

a) Der Bauherr ist gegen die Schäden versichert, die der Unternehmer nicht zu vertreten hat. Das sind vor allem Schäden durch
   1. höhere Gewalt;
   2. unvorhergesehene Eigenschaften des Baugrundes;
   3. Handlungen unbekannter Personen;
   4. Verlust oder Diebstahl eingebauter Teile.

b) Bei V durch den Bauherrn sind die Risiken der Auftragnehmer (Bauunternehmer und Handwerker) mit eingeschlossen.

29 *Für welche Ereignisse wird kein Ersatz geleistet?*

Nicht versichert sind im wesentlichen

a) Mängel der versicherten Sachen;

b) Verstöße eines Unternehmers gegen anerkannte Regeln der Technik (§ 2 Nr. 4 ABN; § 2 Nr. 3 ABU);

c) normale Witterungseinflüsse, mit denen örtlich oder zeitlich gerechnet werden muß (§ 2 Nr. 5a ABN; § 2 Nr. 4a ABU).

Tarifierung und Dauer der Haftung

30 *Welche Faktoren sind bei der Prämienberechnung zu berücksichtigen?*

Zu berücksichtigen sind Art des Bauvorhabens, z.B. Tiefbau oder Wohnungsbau, und Bauweise (Mauerwerk, Fertigteilbauweise usw.), evtl. Risikoerhöhungen, z.B. Wasserbaustellen, sowie der gewünschte Deckungsumfang. Die Prämie wird zunächst aus der vorläufigen und nach Ende der Haftung aus der endgültigen Vssumme (gesamte Herstellungskosten) berechnet (§ 6 Nr. 2 ABN/ABU).

31 *Wann beginnt und endet die Haftung des VR?*

Die Haftung beginnt mit dem vereinbarten Zeitpunkt (§ 7 ABN/ABU). Sie endet für Schäden, die zu Lasten des Bauherrn gehen, mit dem Bauende, d.h. mit der Bezugsfertigkeit oder nach Ablauf von sechs Werktagen seit Beginn der Benutzung oder dem Tag der behördlichen Gebrauchsabnahme. Maßgebend ist der früheste dieser Zeitpunkte (§ 8 Nr. 3 ABN). Für Schäden, die zu Lasten eines versicherten Unternehmers gehen, endet die Haftung spätestens mit dem Zeitpunkt der Abnahme (§ 8 Nr. 4 ABN; § 8 Nr. 3 ABU).

Versicherungsfall

32 *Was umfaßt die Ersatzleistung des VR?*

Der VR leistet Entschädigung für die Kosten, die aufgewendet werden müssen, um die Schadenstätte aufzuräumen und einen Zustand wiederherzustellen, der dem Zustand unmittelbar vor Eintritt des Schadens technisch gleichwertig ist (§ 9 ABN; § 9 ABU). Es ist ein Selbstbehalt vorgesehen, der 10 % nach ABN, 20 % nach ABU, mindestens aber 500,— DM beträgt (§ 14 ABN; § 14 ABU).

Elektronik-Versicherung

33 *Welche Sachen können im Rahmen der Elektronik-Versicherung versichert werden?*

Insbesondere Fernsprechanlagen, Büromaschinen, z.B. Fernschreiber, Funksprechanlagen, Anlagen der medizinischen Technik, EDV-Anlagen u.a. Durch besondere Vereinbarung können auch versichert werden die Datenträger, das Datenträgermaterial sowie die darauf befindlichen maschinenlesbaren externen Informationen (Klausel 638) sowie die Mehrkosten, die entstehen, wenn der Versicherungsnehmer bei Ausfall der eigenen EDV-Anlage infolge eines ersatzpflichtigen Sachschadens auf eine Fremdanlage ausweicht.

Umfang des Versicherungsschutzes

34 *Gegen welche Gefahren bietet die ElektronikV Vsschutz?*

Entschädigung wird geleistet bei Zerstörung oder Beschädigung durch ein unvorhergesehenes Ereignis und bei Entwendung, insbesondere durch

a) Fahrlässigkeit, unsachgemäße Handhabung, Vorsatz Dritter,

b) Kurzschluß, Überspannung, Induktion,

c) Brand, Blitzschlag, Explosion, Implosion oder durch Löschen, Niederreißen, Ausräumen, Abhandenkommen bei diesen Ereignissen,

d) Wasser, Feuchtigkeit, Überschwemmung,

e) Einbruchdiebstahl, Diebstahl, Beraubung, Plünderung, Sabotage,

f) höhere Gewalt,

g) Konstruktions-, Material-, Ausführungsfehler (§ 1.1. AVFE 76).

35 *Welche Schäden sind vom Vsschutz ausgeschlossen?*

Dem umfangreichen Deckungsschutz stehen nur wenige Ausschlüsse gegenüber. Dies sind Schäden durch

a) Vorsatz des VN,

b) Abnutzung, Folgeschäden an benachbarten Anlageteilen sind jedoch versichert,

c) Wasser- oder Säuredämpfe, die durch die Eigenart des Betriebes des VN verursacht werden,

d) Erdbeben, Kernenergie, Kriegsereignisse jeder Art, Bürgerkrieg oder innere Unruhen (§ 2.2. AVFE 76).

36 *Welche Schäden werden an Röhren ersetzt?*

Röhren sind nur gegen Schäden durch Brand, Blitzschlag, Explosion oder Implosion oder durch Löschen, Niederreißen, Ausräumen oder Abhandenkommen bei diesen Ereignissen sowie gegen Schäden durch Wasser, Feuchtigkeit und Überschwemmung versichert (§ 2.2. AVFE 76).

37 *Wie wird in der ElektronikV die Vssumme gebildet?*

Als Vswert kann vereinbart werden

a) der jeweils gültige Listenpreis zuzüglich der jeweiligen Bezugskosten (analog MaschinenV, siehe Frage 13),

b) der jeweils gültige Listenbetrag für einen Miet- oder Wartungsvertrag (§ 3 AVFE 76).

Versicherungsfall

38 *Was wird im Schadenfall ersetzt?*

Der VR leistet nach seiner Wahl Natural- oder Geldersatz (Geldersatz überwiegt bei weitem). Im Teilschadenfall werden die Kosten der Wiederinstandsetzung abzüglich des Wertes des Altmaterials, im Totalschadenfall der Vswert vergütet. Erfolgt keine Wiederinstandsetzung bzw. keine Wiederbeschaffung, wird maximal der Zeitwert ersetzt (§ 7 AVFE 76).

39 *Welche Rechtsverhältnisse ergeben sich nach dem Vsfall?*

Der Vsvertrag kann gekündigt werden, und zwar vom VN, wenn der VR seine Ersatzpflicht nicht anerkennt, vom VR, wenn seine Aufwendungen für Schäden innerhalb eines Vsjahres den zweifachen Betrag der Jahresprämie übersteigen (§ 10.2 AVFE 76).

40 *Ist der Ertragsausfall versicherbar?*

Sowohl Ertragsausfall als auch Mehrkosten, hier vor allem durch Ausweichen auf fremde Anlagen können analog der MBKV versichert werden.

Hagelversicherung

Wesen und Zweck

1 *Was ist der Zweck der HagelV?*

Die Deckung von Schäden, die an den versicherten Bodenerzeugnissen durch Hagelschlag entstehen

Umfang des Versicherungsschutzes

2 *Worauf erstreckt sich nach § 108 VVG und nach § 1 AHagB die HagelV?*

Auf den Schaden, der an den versicherten Bodenerzeugnissen durch die Einwirkung des Hagelschlags entsteht; also auf den Wert, den die Bodenerzeugnisse zur Zeit des Hagelschlags hatten und auf die Minderung des ohne Schaden zu erwartenden Ertrages.

Versicherungswert und Versicherungssumme

3 *Wie wird die Vssumme festgelegt?*

Die Vssumme ist das Produkt aus Fläche × Ertrag × Preis, wobei der im Zeitpunkt der Ernte zu erwartende Marktpreis berücksichtigt wird.

4 *Wie muß der VN die von ihm geschätzten Vssummen belegen?*

Dem Antrag ist ein Anbauverzeichnis beizufügen, das Benennung des Feldstückes, der Fruchtart, der Größe des Feldstückes, des Körnerertrages sowie den Vswert in Hektar und des ganzen Feldstückes enthält.

Risikoverteilung

5 *Warum strebt der VR eine Risikoverteilung an?*

a) Wegen der unterschiedlichen Hagelgefährdung der einzelnen Gebiete muß sich die Verteilung des Risikos auf einen möglichst weiten Raum erstrecken (räumliche Risikoverteilung);

b) weil ein und derselbe Hagelschlag sehr unterschiedliche Wirkungen auf die verschiedenen Fruchtarten hat, müssen neben empfindlichen auch widerstandsfähige Fruchtsorten versichert werden (sachliche Risikoverteilung);

c) da anzunehmen ist, daß ein Wagnis im Laufe von mehreren Jahren nicht jährlich vom Hagelschlag betroffen wird, ist der Abschluß mehrjähriger Verträge anzustreben (zeitliche Risikoverteilung).

6 *Was bestimmt § 4,2 AHagB?*

Der Antrag muß sämtliche Fruchtgattungen, die jährlich versichert werden sollen, und die voraussichtlichen Vssummen enthalten. Daraus ergibt sich, daß jede Fruchtgattung nur im ganzen versichert werden kann.

Tarifierung

7 *Wonach richtet sich in der HagelV die Prämie?*

a) Nach der Hagelgefährdung des Gebietes, in dem das bebaute Feld liegt;

b) nach der Gefahrenklasse des Fruchttarifes;

c) nach den Zuschlägen für die einzelnen Bodenerzeugnisse innerhalb der Gefahrenklassen.

Außerdem werden z. B. bei längerer Schadenfreiheit Rabatte gewährt.

Versicherungsfall

8 *Was ist in der HagelV als Vsfall anzusehen?*

Die Beschädigung der versicherten Bodenerzeugnisse durch Hagelschlag.

9 *Welche Pflichten hat der VN im Schadenfall?*

Der Schadenfall, für den Entschädigung beansprucht wird, ist dem VR innerhalb von 4 Tagen unter genauer Bezeichnung von Tag und Stunde des Hagelschlags, sämtlicher betroffener Feldstücke und die mutmaßliche Höhe des Schadens schriftlich anzuzeigen (§ 16 AHagB).

Sollen Feldstücke abgeräumt oder umgeackert werden, ist ihre Freigabe zu beantragen (§ 17 AHagB).

10 *Welche drei Arten der Schadenabschätzung unterscheidet man?*

a) *Einfache Abschätzung,* die stattfindet, wenn nicht einer der Vertragsteile förmliche Abschätzung verlangt. Sie wird durch einen oder mehrere Schätzer durchgeführt;

b) *förmliche Abschätzung,* wenn die einfache Abschätzung nicht zu einer Einigung führt oder wenn der VR das anordnet. Sie geschieht durch von den Parteien ernannte Sachverständige, die ihrerseits einen Obmann für den Fall wählen, wenn die förmliche Abschätzung zu keiner Einigung führt;

c) *Obmannabschätzung,* wenn die förmliche Abschätzung zu keiner Einigung führt. Der Obmann entscheidet über die strittigen Punkte endgültig, es sei denn, daß die Entscheidung offenbar von der wirklichen Sachlage erheblich abweicht. (§ 18 AHagB).

11 *Wie wird der Schaden ermittelt?*

Die Schätzer haben zu ermitteln, ob die gesamte Bestellung der vom Hagel betroffenen Fruchtgattung versichert und ob die Größe der Feldstücke richtig angegeben war. Für jedes beschädigte Feldstück ist festzustellen:

a) welcher Teil der Fläche vom Hagelschlag betroffen ist;

b) welcher Ertrag mengenmäßig ohne Hagelschlag zu erwarten gewesen wäre;

c) wieviel Hundertteile dieses Ertrages der Schaden beträgt, und zwar getrennt nach Vsgegenständen (§ 19 AHagB).

Tierversicherung

1 *Gegen welche Gefahren bietet die TierV Schutz?*

Gegen Gefahren, die mit landwirtschaftlicher, gewerblicher und sportlicher Tierhaltung verbunden sind, soweit sie in Verenden oder in Nutzeinschränkung der versicherten Tiere bestehen.

2 *Welches sind die hauptsächlichen TierVsarten?*

a) PferdelebensV;

b) ViehlebensV;

c) kurzfristige TierV (Operations-, Trächtigkeits-, Weide-, AusstellungsV);

d) TierdiebstahlV (Diebstahl und Abschlachten von Haus- und Nutztieren in diebischer Absicht);

e) SchlachttierV (Minderung des Erlöses durch Ergebnis der Fleischschau).

f) Auch ist der Abschluß einer Tierkrankenversicherung möglich.

3 *Welche Schäden sind in der TierV ausgeschlossen?*

Schäden durch Feuer, Diebstahl, Blitz, Explosion, Erdbeben, Operationen, Impfungen oder bereits vorhandene Krankheiten.

4 *Was ist Voraussetzung für die Vsfähigkeit der Tiere?*

Gesundheit, Fehlerfreiheit und guter Ernährungszustand der Tiere, wobei ein bestimmtes Alter nicht über- und nicht unterschritten werden darf.

5 *Wovon ist die Prämienbemessung abhängig?*

Von der Betriebsart, wie Landwirtschaft, Gewerbebetrieb, Lohnfuhrwerk, und dem Verwendungszweck der Tiere.

6 *Wodurch wird sichergestellt, daß auch der VN ein Interesse an der Erhaltung der Tiere hat?*

Durch regelmäßige Vereinbarung eines Selbstbehaltes, der die Entschädigungsgrenze auf 50 % bis 80 % festlegt.

Transportversicherung

Wesen und Zweck

1 *Welche Sachen werden in der TransportV gegen welche Gefahren geschützt?*

Die TransportV gewährt Vsschutz gegen *alle Gefahren,* denen *Transportmittel* oder *Güter während der Beförderung* ausgesetzt sind. Vor-, Zwischen- und Nachlagerungen sind eingeschlossen, soweit sich die Güter im Zustande der Bewegungsbereitschaft befinden.

2 *Wodurch unterscheidet sich die TransportV von den anderen Sach-Vszweigen grundlegend?*

Die Bedingungen der TransportV gehen davon aus, daß der VR grundsätzlich für *alle Gefahren* des Transportes haftet (Universalität oder Totalität der Gefahren gegenüber der Individualität oder Spezialität der Gefahr in anderen Sparten).

Rechtsgrundlagen

3 *Welche gesetzlichen Vorschriften gelten für die TransportV?*

Die *SeeV* unterliegt den Vorschriften des HGB (§§ 778 bis 905), die praktisch durch die ADS von 1919 ersetzt wurden. Für sie gilt das VVG überhaupt nicht (§ 186 VVG).

Auf die *WarentransportV* finden die im VVG vorgesehenen Beschränkungen der Vertragsfreiheit keine Anwendung (§ 187 VVG).

4 *Welches sind die wichtigsten Bedingungswerke in der TransportV?*

a) Die Allgemeinen Deutschen Seeversicherungs-Bedingungen (ADS), ergänzt durch die Besonderen Bestimmungen für die Güterversicherung (ADS Güterversicherung 1973);

b) die Allgemeinen Deutschen Binnentransportversicherungs-Bedingungen (ADB).

5 *Inwieweit unterliegen die TransportVU der Aufsicht?*

Die TransportVU – mit Ausnahme der VVaG – sind aufsichtsfrei, weil sich hier geschäftserfahrene Kaufleute gegenüberstehen und diese Sparte international beweglich sein muß.

6 *Welche vertraglichen Verpflichtungen übernehmen der VR und der VN?*

Der *VR* hat

a) die *Schäden* zu ersetzen, die an dem versicherten Interesse (Transportmittel, Ware oder Gewinn) während der Vslaufzeit eintreten;

b) die *Kosten* zu tragen, die in seinem Interesse zur Abwendung einer versicherten Gefahr und bei Feststellung des Schadens entstehen.

Der *VN* ist verpflichtet, seine Transporte anzumelden und die vereinbarte Prämie zu zahlen.

7 *Welche Arten der TransportV unterscheidet man?*

a) KaskoV (V der Transportmittel im See-, Fluß-, Land- und Luftverkehr);

b) WarenV (V der transportierten Güter).

8 *Welche Arten sind der TransportV angegliedert?*

Nebenzweige, wie z. B. V von Valoren, Reisegepäck, Ausstellungen.

Kaskoversicherung

9 *Was ist Gegenstand der KaskoV?*

Transportmittel aller Art, mit denen Güter und Personen befördert werden; also See-, Fluß-, Land- und Luftfahrzeuge.

10 *Was umfaßt die SeekaskoV?*

Alle seegängigen Fahrzeuge und Überführungsrisiken.

11 *Wer setzt die Prämien für Seeschiffe fest und wovon sind diese Prämien abhängig?*

Die Prämien werden von den an den Vsbörsenplätzen bestehenden Seekaskokommissionen festgesetzt und richten sich nach Zustand, Alter und Ausrüstung des Schiffes.

12 *Für welche Schäden haftet der VR in der Seekasko V?*

a) Grundsätzlich nur für *Sachschäden* durch Verlust, Teilverlust oder Beschädigung des versicherten Schiffes – vgl. § 28 ADS;

b) für einen Schaden, den der VN einem Dritten zu ersetzen hat, falls das versicherte Schiff schuldhaft mit einem anderen zusammenstößt (§ 78 ADS: *mittelbarer Kollisionsschaden* = Haftpflichtschaden, für den höchstens die Vssumme vergütet wird).

13 *Was besagt die Schwesterschiffklausel in der Seekasko V?*

Stoßen zwei im Eigentum ein und desselben Reeders stehende Schiffe zusammen, werden beide Schiffe als verschiedenen Reedern gehörend angesehen.

14 *In welchen Fällen können der versicherte Reeder und der VR abandonnieren?*

a) Der versicherte Reeder (VN) kann bei Verschollenheit des Schiffes, beim An- oder Zurückhalten durch „hohe Hand" oder bei Wegnahme durch Seeräuber (§§ 72, 73 ADS) die Vssumme verlangen (Abandon erklären). Die Rechte an dem Schiff gehen auf den VR über;

b) der VR kann sich nach Eintritt des Vsfalles durch Zahlung der Vssumme (Abandon-Erklärung) von allen weiteren Verbindlichkeiten befreien. Die Rechte am versicherten Gegenstand erwirbt er dadurch nicht.

15 *Welche Schäden sind in der Seekasko V grundsätzlich von der Ersatzpflicht ausgeschlossen?*

Schäden die

a) als Folge der Abnutzung des Schiffes im gewöhnlichen Gebrauch oder durch Alter, Fäulnis, Rost oder Wurmfraß entstanden sind;

b) dadurch verursacht sind, daß das Schiff nicht seetüchtig ist, nicht gehörig ausgerüstet, bemannt, beladen oder ohne die erforderlichen Papiere in See gegangen ist;

c) dadurch entstanden sind, daß explosionsgefährliche oder selbstentzündliche Gegenstände übernommen worden sind oder die Ladung die Tragfähigkeit des Schiffes übersteigt.

16 *Welche Vertragsformen kennt die SeekaskoV?*

a) Zeitpolice (meist für 1 Jahr);

b) Reisepolice (für eine oder mehrere Reisen).

17 *Was wird durch die FlußkaskoV versichert?*

Fluß- und Hafenfahrzeuge aller Art, soweit sie Erwerbszwecken dienen, auch Sportboote, Landungs- und Anlegebrücken und Pfahlgruppen sowie die in den vorerwähnten Fahrzeugen mitgeführten Mannschaftseffekten.

18 *Welches ist die für die FlußkaskoV wichtigste Vertragsgrundlage, und welche Vertragsform wird verwendet?*

Vertragsgrundlage sind u. a. die Allgemeinen Bedingungen für die Vspolice auf Kasko für die Schiffahrt auf Binnengewässern.

Vertragsform ist die Flußkaskopolice (für 1 Jahr oder eine Reise).

19 *Was deckt die LandkaskoV?*

Eisenbahnwagen verschiedenster Ausführung, nicht schienengebundene Fahrzeuge, wie Möbelwagen, Wohnwagen, Gerätewagen u. a., soweit sie nicht unter die KraftverkehrsV fallen (d.h. in der Regel: nicht zulassungspflichtig sind).

20 *Welches sind die allgemeinen vertraglichen Grundlagen für die LandkaskoV?*

a) Die besonderen Bedingungen für die V von rollendem Material;

b) die besonderen Bedingungen für die V von Möbelwagen (fast bedeutungslos geworden).

21 *Welche Schäden sind in der LandkaskoV hauptsächlich versichert?*

Transportmittelunfall, Feuer, höhere Gewalt.

22 *Welche Schäden sind in der LandkaskoV hauptsächlich ausgeschlossen?*

Natürliche Abnutzung durch gewöhnlichen Gebrauch.

23 *Welches ist die gebräuchlichste Vertragsform in der LandkaskoV?*

Police mit fester Jahresprämie.

Warentransportversicherung

24 *Was ist für die Gefahrenbeurteilung und Prämienbemessung eines Warentransportes von Bedeutung?*

a) *Art des Transportgutes* und seine Empfindlichkeit, z. B. Massengut, Stückgut, Präzisionsmaschinen;

b) *Verpackung,* wie Kiste, Verschlag, Faß, Sack, Kanister, Karton usw. oder unverpackt;

c) *Reiseweg,* wie Dauer, Beanspruchung, Verkehrsmittel, Verkehrsverhältnisse, Mentalität der Transportarbeiter in den verschiedenen Ländern, Hafenverhältnisse, Umladungen;

d) *Liefer- und Kostenklauseln,* zu denen gehandelt wird.

25 *Welche Güterarten sind in der WarenV zu unterscheiden?*

a) *Massengüter:* Sie werden unverpackt verladen;

b) *Stückgüter:* Sie sind meist in üblichen Behältnissen, wie Kisten, Säcken, Fässern usw., verpackt;

c) *Valoren:* Das sind Güter, die im Verhältnis zu ihrem Gewicht und ihrer Raumbeanspruchung einen großen Wert darstellen, z. B. Münzen, Banknoten, Schecks, Wechsel, Obligationen (Bankvaloren) und Perlen, Edelsteine, Schmucksachen u. a. (Bijouterievaloren).

26 *Welche international üblichen Vereinbarungen über Kosten- und Gefahrtragung bei Warentransporten gibt es?*

Die international üblichen Verkaufsbedingungen sind in den „Incoterms“ (Klauseln der „International Chamber of Commerce“) enthalten; sie regeln die Kosten- und Gefahrtragung zwischen Verkäufer und Käufer.

27 *Was bedeutet die Klausel ex works = ab Werk?*

Die Ware wird ab Werk gekauft, die Gefahrtragung geht also auf den Käufer bei Übernahme der Ware im Werk des Verkäufers über. Der Käufer trägt auch die Kosten des Transportes.

28 *Was besagt die Klausel free on rail = frei Waggon?*

Der Käufer übernimmt die Gefahr, wenn die Verladung durchgeführt ist, bzw. mit Übergabe des Waggons an die Bahn.

29 *Wann geht bei der Lieferklausel free alongside ship = frei längsseits des Schiffes die Gefahr auf den Empfänger über?*

Der Empfänger übernimmt die Gefahr, sobald die Ware längsseits Seeschiff im Verschiffungshafen steht.

30 *Wann geht bei den Lieferklauseln fob, c + f und cif die Gefahr auf den Empfänger über?*

Die Gefahr geht bei allen drei Lieferklauseln dann auf den Empfänger über, wenn die Ware im Verschiffungshafen die Reling des Schiffes überschritten hat. Nur die Kostentragung ist verschieden:

a) bei fob trägt der Verkäufer die Kosten, bis die Ware die Reling des Seeschiffes überschritten hat;

b) bei c + f hat der Versender die mit dem Transport zusammenhängenden Kosten und die Fracht zu zahlen;

c) bei cif sind vom Absender noch zusätzlich die Kosten für Versicherung zu tragen.

31 *Welches sind die Vertragsformen in der WarentransportV?*

a) *Einzelpolice* (einmaliges Risiko, z.B. Lieferung einer einzelnen Maschine);

b) *Abschreibepolice:* Für Risiken gleicher Art wird für eine Abschreibesumme die Prämie vorausbezahlt und dann jeder einzelne Transport „abgeschrieben", bis die ganze Summe erschöpft und zu erneuern ist;

c) *Generalpolice* (laufende Police), bei der sich der VR verpflichtet, jede Versendung nach den in der Police festgesetzten Prämien und Bedingungen zu decken. Die einzelnen Transporte müssen in ein „Anmeldebuch" eingetragen und dem VR – meist monatlich – gemeldet werden.

32 *Was versteht man unter der Elementardeckung, der Normaldeckung und der vollen Deckung?*

Die *Elementardeckung* ist praktisch Gegenstand jeder Transportversicherung; es werden Schäden durch Transportmittelunfall, Feuer, höhere Gewalt und Havarie – grosse – versichert. In der Seewaren-Versicherung spricht man von einer Strandungsfalldeckung (englisch: free from particular average = abgekürzt fpa-Deckung).

Die *Normaldeckung* umfaßt auch Schäden durch Eindringen von Seewasser, Diebstahl, Beraubung und Abhandenkommen. In der Seewaren-Versicherung heißt diese Deckungsform Mittlere Deckung (englisch: with average = abgekürzt wa-Deckung).

Bei der *vollen Deckung* leistet der VR Ersatz ohne Franchise für Verlust oder Beschädigung der versicherten Güter als Folge einer versicherten Gefahr (englisch: all-risks-Deckung).

Binnentransportversicherung

33 *Welche Transporte fallen unter die BinnentransportV?*

Alle Warenbeförderungen auf dem Festlande mit allen verkehrsüblichen Transportmitteln, wie Eisenbahn, Post, Flußschiff, Verkehrsflugzeug usw.

34 *Was wird nach § 1 ADB gedeckt?*

Alle Gefahren der Beförderung zu Lande, auf Binnengewässern oder mit Luftfahrzeugen, denen die Güter während der Dauer der V ausgesetzt sind.

35 *Was ersetzt der VR nach § 1 (2) ADB?*

a) Den Verlust oder die Beschädigung der versicherten Güter als Folge einer versicherten Gefahr;

b) bei Beförderung auf Binnengewässern den Beitrag des VNs oder Versicherten zur großen Haverei, sofern durch die Havereimaßregel ein dem VR zur Last fallender Schaden abgewendet werden sollte;

c) Aufwendungen, die bei Eintritt des Vsfalles gemacht werden, um den Schaden abzuwenden oder zu mindern und die Kosten der Schadenfeststellung durch Dritte (Havariekommissare, Sachverständige).

36 *Welche Gefahren sind ausgeschlossen?*

a) Krieg, Bürgerkrieg oder kriegsähnliche Unruhen;

b) Kernenergie und Radioaktivität;

c) Aufruhr, Plünderung, bürgerliche Unruhen, Streik, Sabotage, Beschlagnahme oder sonstige Eingriffe von hoher Hand;

d) Diebstahl, Unterschlagung oder Abhandenkommen bei Transporten auf Binnengewässern;

e) Gefahren, soweit die Güter gegen diese anderweitig versichert sind, z. B. Feuer.
(§ 2 (1) ADB).

37 *Welche Schäden sind ausgeschlossen?*

Ausgeschlossen sind u. a. Schäden:

a) durch die natürliche oder mangelhafte Beschaffenheit der Güter;
durch inneren Verderb, Schwinden, Untermaß, Leckage, Bruch, Verbiegen, Verbeulen, Verkratzen, Verschrammen, Ungeziefer, Ratten, Mäuse;
durch Frost, Hitze, Luftfeuchtigkeit oder Schiffsschweiß, durch Reißen oder Platzen der Säcke;

b) durch Konstruktions-, Fabrikations- oder Materialfehler;

c) durch Fehlen oder Mängel handelsüblicher Verpackung sowie bei Selbstverladung durch den VN, durch mangelhafte oder unsachgemäße Verladeweise;

d) durch Verladung der Güter in offenen, nicht ordnungsgemäß bedeckten Eisenbahnwagen oder sonstigen Landfahrzeugen,
in offenen Schiffen, auf Deck oder als Oberlast;

e) durch Verstöße gegen Zoll- und sonstige behördliche Vorschriften (§ 2 (2) ADB).

38 *In welchen besonderen Fällen haftet der VR nach § 3 ADB nicht?*

Beschädigungen oder Teilverlust von Gütern, wenn sie oder ihre Verpackung bei Beginn der versicherten Reise beschädigt sind; bei Totalverlust nur nach ihrem wirklichen Vswert bei Beginn der versicherten Reise.

Bei lose verladenen Gütern und Gütern, deren Vorreise nicht gedeckt ist, sind nur Transportmittelunfall, höhere Gewalt, Brand, Blitzschlag und Explosion versichert.

39 *Wovon hängt in der BinnentransportV im allgemeinen die Höhe der Prämie ab, und von welchen Faktoren wird die Prämienhöhe im einzelnen bestimmt?*

Feste Prämientarife bestehen nicht; deshalb hängt die Prämie im allgemeinen davon ab, wie der einzelne VR das Risiko einschätzt (Erfahrungsprämie). Anhaltspunkte bietet der Binnentarif des DTV.

Im einzelnen richtet sich die Prämie nach Art der Ware und deren Beschaffenheit, Verpackung, Verladung, Art und Beschaffenheit des Transportmittels, Dauer der Reise, Klima, wirtschaftliche und politische Zustände in den Ländern, die der Transport berührt und moralische Einstellung aller Erfüllungsgehilfen des Transporteurs.

Seetransportversicherung

40 *Welche Transporte fallen unter die SeetransportV?*

Güterbeförderungen mit Seeschiffen sowie Vor- und Nachreisen zu Lande und zu Wasser und Vor-, Zwischen- und Nachlagerungen in Verbindung mit der Hauptreise.

41 *Auf welche Transport-Ven werden die ADS angewendet?*

Auf Ven für reine Seetransporte, aber auch für zusammenhängende See-, Fluß-, Land- und Lufttransporte (§ 125 ADS).

42 *Welche Gefahren trägt der VR nach den ADS?*

Alle Gefahren, denen das Schiff oder die Güter während der Dauer der V ausgesetzt sind. Der VR haftet insbesondere für einen Schaden, der durch Eindringen von Seewasser, Schiffszusammenstoß, Strandung,

Schiffbruch, Brand, Explosion, Blitzschlag, Erdbeben, Eis oder Diebstahl, Seeraub, Plünderung oder andere Gewalttätigkeiten verursacht wird (§ 28 ADS).

43 *Welche Schäden sind ausgeschlossen?*

Der VR leistet keinen Ersatz für Schäden, verursacht durch

Verzögerung der Reise, inneren Verderb oder natürliche Beschaffenheit der Güter, handelsübliche Mengen-, Maß- und Gewichtsdifferenzen oder -verluste, normale Luftfeuchtigkeit oder gewöhnliche Temperaturschwankungen, Fehlen oder Mängel handelsüblicher Verpackung, mittelbare Schäden aller Art (ADS Güterversicherung 1973, Abschnitt 1.4.).

44 *Können Schäden durch Krieg, innere Unruhen und Streik mitversichert werden?*

Die unmittelbare Beschädigung der Ware durch diese Ereignisse kann bei Seetransporten und bei Lufttransporten von und nach dem Ausland eingeschlossen werden (Zulageprämie).

45 *Was versteht man unter Havarie-grosse?*

Große oder gemeinschaftliche Haverei (Havariegrosse) sind alle Schäden, die dem Schiff, der Ladung oder beiden zum Zwecke der Errettung aus einer gemeinsamen und gegenwärtig drohenden Gefahr durch den Schiffer oder auf dessen Geheiß *vorsätzlich* zugefügt werden und die hierfür aufgewendeten Kosten. Diese Aufwendungen werden gemeinsam von allen Beteiligten (Schiff, Fracht und Ladung) getragen (§ 700 HGB).

46 *In welchem Umfang gewährt der VR im Falle der großen Haverei Vsschutz?*

Die V umfaßt die von dem VN zu entrichtenden Beiträge und die zur großen Haverei gehörenden Aufopferungen des versicherten Gegenstandes. Der VN kann auch verlangen, daß der VR für die Entrichtung der Beiträge durch Übernahme der Bürgschaft Sicherheit leistet. Der VR haftet jedoch nur insoweit, als ein ihm zur Last fallender Schaden durch die Havereimaßregel abgewendet werden sollte (§ 29 ADS).

47 *Was ist eine besondere Haverei?*

Alle nicht zur großen Haverei gehörigen, durch einen Unfall verursachten Schäden und Kosten, z. B. Strandung oder Leckschlagen infolge eines Sturmes und Beschädigung der Ladung durch das eindringende Seewasser, sind besondere Haverei (Partikularhavarie), die von den Eigentümern des Schiffes und der Ladung, *von jedem für sich allein,* getragen wird (§ 701 HGB).

48 *Welche Kosten rechnen zur kleinen Haverei, und wer trägt diese?*

Die im gewöhnlichen Verlauf der Schiffahrt entstehenden Kosten, nämlich Lotsengeld, Hafengeld, Schlepplohn usw., fallen dem Verfrachter allein zur Last und werden vom TransportVR nicht übernommen (§ 621 HGB).

49 *Wer hat darüber zu entscheiden, ob ein Fall von Havarie-grosse oder ein Fall der besonderen Haverei vorliegt?*

Die Dispacheure (vereidigte Sachverständige) (vgl. § 729 HGB).

50 *Wer nimmt im Havarie-grosse Fall die Verteilung der Schäden und Kosten vor, und in welcher Weise geschieht das?*

Durch die Dispacheure wird – in der Regel am Bestimmungsort (vgl. § 727 HGB) – die Verteilungsurkunde (Dispache genannt) „aufgemacht".

51 *Was ist der Unterschied zwischen der Abzugs- und Integralfranchise?*

Die *Abzugsfranchise* (frei von den ersten 3 %) ist ein Abzug, der stets vorgenommen wird und der zum Ausschluß auf dem Transport unvermeidlicher Verluste dient. Die Abzugsfranchise ist als Selbstbehalt des VNs anzusehen.

Die *Integralfranchise* (frei von Beschädigung, wenn unter 3 %) soll den VR von Kleinschäden, die eigentlich ein kaufmännisches Risiko darstellen, freihalten. Ein Schaden wird also nicht ersetzt, wenn er geringer ist als 3 %, dagegen voll ersetzt, wenn er 3 % und mehr beträgt (§ 34 ADS).

Beispiel mit Schaubild:

Beträgt die Versicherungssumme 40 000,— DM, so würde nach der Klausel „frei von den ersten 3 %" ein Schaden von 2 000,— DM mit 800,— DM (2 000,— DM ÷ 1 200,— DM) entschädigt (Abzugsfranchise); nach der Klausel „frei von 3 %" würde ein Schaden von 2 000,— DM voll, ein Schaden von 1 000,— DM nicht ersetzt (Integralfranchise).

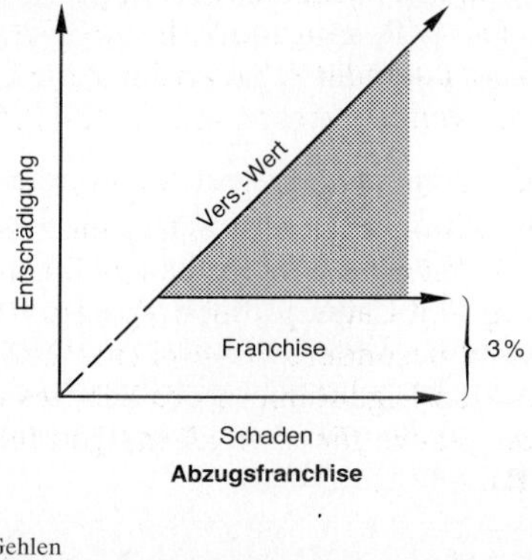

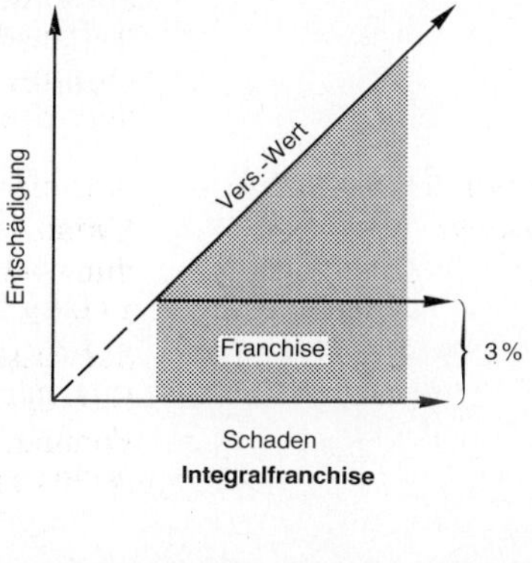

52 *Wie wird in der SeetransportV die Höhe der Prämie festgesetzt?*

Grundsätzlich wie bei Binnentransporten unter Berücksichtigung der Besonderheiten des Seetransportes.

53 *Welche Pflichten hat der VN im Schadenfall?*

a) Unverzügliche Vsfall-/Unfallanzeige (§ 40 ADS);
b) nach Möglichkeit für die Abwendung und Minderung des Schadens zu sorgen (§ 41 ADS);
c) einen Schaden, für den der VR haftet, diesem binnen 15 Monaten seit der Beendigung der V durch eine schriftliche Erklärung anzudienen (§ 42 ADS);
d) dem VR jede Auskunft zu erteilen, die zur Feststellung des Vsfalles oder des Umfanges der Leistungspflicht des VRs erforderlich ist (§ 43 ADS).

54 *Was ist ein Havariekommissar, und welche Aufgaben hat er?*

Der Havariekommissar ist ein erfahrener und zuverlässiger Gewährsmann des VRs. Havariekommissare sind an allen bedeutenden Hafenplätzen tätig. Sie stellen unter Vorbehalt der Zustimmung des VRs einen Schaden dem Umfang nach fest und bescheinigen ihn.

55 *Wann kann der VN die Zahlung des Entschädigungsanspruches verlangen?*

Sobald er dem VR eine Schadensregelung mitgeteilt, die von dem VR geforderten Belege beigebracht hat und seit der Erfüllung dieser Obliegenheiten ein Monat verstrichen ist.

Sind die Obliegenheiten bis zum Ablauf eines Monats seit der Andienung des Schadens infolge eines Umstandes, den der VN nicht zu vertreten hat, nicht erfüllt, kann der VN in Anrechnung auf die Gesamtforderung die Zahlung von drei Vierteln des Betrages verlangen, den der VR nach Lage der Sache mindestens zu zahlen hat (§ 44 (1) ADS).

56 *Was muß die dem VR vorzulegende Schadensrechnung enthalten, und von wem ist sie im Falle der besonderen Haverei auf Verlangen des VRs aufzustellen?*

Die Schadensrechnung muß eine geordnete Zusammenstellung der Beträge enthalten, die der VR für die einzelnen Schäden und Aufwendungen zu entrichten hat. Im Falle der besonderen Haverei ist sie auf Verlangen des VRs von einer nach dem Gesetz oder nach dem Ortsgebrauche dazu berufenen Person an dem Orte, wo die Entschädigung zu entrichten ist, aufzustellen. (§ 44 (2) ADS).

Wesentliche Bestandteile der Warentransportversicherung

Versicherte Gefahren und Kosten	
Elementar-Deckung Strandungsfalldeckung	Transportmittelunfall Einsturz von Lagergebäuden Feuer höhere Gewalt (Elementarereignisse) Havarie-grosse Schadenabwendungskosten, -minderungs- und -feststellungskosten
Mittlere Deckung	Beschädigung Diebstahl Beraubung Abhandenkommen
Volle Deckung (je nach Art des Gutes)	Gewöhnlicher Bruch Verbiegen Verbeulen Auslauf Rost Oxydation Vernässung Ratten Mäuse Ungeziefer Beiladung
Politicoho Gofahron	Streik Krieg (nur bei See- und Lufttransporten nach und von dem Ausland)

Nebenzweige

57 *Welches sind die versicherten Gefahren in der AusstellungsV?*

Die Gefahren des Hin- und Rücktransportes sowie in den Ausstellungsräumen die Brand-, Einbruchdiebstahl-, Diebstahl-, Bruch-, Leckagegefahr und höhere Gewalt am Ausstellungsgut.

58 *Welche Gegenstände sind in der AutomatenV versichert?*

Automaten und deren Inhalt (Ware oder Geld) und zwar auf dem Transport, bei der Lagerung sowie am Aufstellungsort.

59 *Was deckt die FilmapparateV?*

Filmapparate (Filmaufnahme- und Vorführgeräte) auf dem Transport sowie während der Verwendung und Lagerung.

60 *Welche Gegenstände werden durch eine MusterkollektionsV versichert?*

Musterkollektionen sowie deren Verpackung während der Mitführung auf der Reise durch den VN oder seine Vertreter und die üblicherweise damit verbundenen Aufenthalte und Lagerungen.

61 *Was wird durch eine ReisegepäckV versichert?*

Das Privatreisegepäck, das der VN und die zu seiner Begleitung gehörenden Mitglieder seines Haushaltes zu persönlichem Gebrauch auf der Reise mit sich führen, einschließlich der am Körper getragenen und lose mitgeführten Sachen, mit Ausnahme von Bargeld, Wertpapieren, Urkunden und Gegenständen mit Liebhaberwert.

62 *Was sind Valoren?*

Wertgegenstände und Wertsendungen, die meist im Verhältnis zu ihrer Größe einen außergewöhnlichen Wert darstellen.

63 *Welche Valoren können Gegenstand der Valoren-V sein?*

a) *Bankvaloren:*
   1. I. Klasse, nämlich solche Wertpapiere, die im Falle der Vernichtung oder des Abhandenkommens gerichtlich für kraftlos erklärt werden können, z.B. Aktien, Hypothekenbriefe, Konnossemente, Sparkassenbücher, Wechsel;
   2. II. Klasse, nämlich solche Wertgegenstände, bei denen eine Kraftloserklärung ausgeschlossen ist, z.B. Banknoten, Postwertzeichen, Gold, Silber;

b) *Bijouterievaloren,* eine Abart der Valoren II. Klasse, sind Gold- und Silberwaren, Edelsteine, Perlen, Armbanduhren und sonstige Artikel der Schmuckwarenindustrie.

64 *Gegen welche Gefahren können Valoren versichert werden?*

Verluste während des Gewahrsams der Sachen in einer Beförderungsanstalt, durch Transportmittelunfall, höhere Gewalt, Raub, Diebstahl, Unterschlagung, Abhandenkommen, Feuer und Nässe.

Die Beiträge zur großen Havarie und Aufwendungen zur Abwendung oder Minderung des Schadens sind eingeschlossen.

65 *Welche weiteren Nebenzweige gibt es in der TransportV?*

MusikinstrumentenV, Juwelen- und Schmucksachen-V, PelzV im Privatbesitz.

66 *Was deckt die KVO-Police?*

Die Haftung des Güterfernverkehrsunternehmers, die dieser nach dem Güterkraftverkehrsgesetz (GÜKG) und der Kraftverkehrsordnung (KVO) zu vertreten hat.

Versichert werden Transporte durch Frachtführer im gewerblichen Güterfernverkehr mit LKW im Umkreis von über 50 km.

67 *Was deckt die Güternahverkehrs V?*

Transporte durch Frachtführer im gewerblichen Güternahverkehr mit LKW im Umkreis bis 50 km. Der VR übernimmt Vsschutz für alle Schäden an den im gewerblichen Güternahverkehr beförderten Gütern und für solche Vermögensschäden, für die der Unternehmer nach den „Allgemeinen Beförderungsbedingungen für den gewerblichen Güternahverkehr mit Kraftfahrzeugen“ (AGNB) Ersatz zu leisten hat.

Einheitsversicherung

1 *Was deckt die Einheits V?*

Die Einheits V deckt für bestimmte Waren alle Beförderungen und Lagerungen vom Rohstofflieferer bis zum Abnehmer der Fertigwaren.

2 *Welche Wirtschaftszweige kommen für den Abschluß einer Einheits-V in Frage?*

a) Textilfabrikation und -handel;

b) Lederbekleidungsfabrikation;

c) Rauchwaren-(Pelz-)Handel und Rauchwarenkonservierung;

d) Tabakfabrikation;

e) Großbetriebe der Wasch- und chemischen Reinigungsanstalten sowie Färbereien.

3 *Welche Gefahren umfaßt der Vsschutz in der Einheits V?*

Nach den AVB für die Wareneinheits V

a) *bei der Lagerung* die Brand-, Blitz-, Explosions-, Einbruchdiebstahl- und Leitungswassergefahr;

b) *während des Transportes* die typischen Transportgefahren, wie Transportmittelunfall, Abhandenkommen, Diebstahl, Beraubung, Brand, Blitz, Explosion, höhere Gewalt usw.

4 *Für welche Schäden besteht in der Einheits V Vsschutz?*

Für Schäden an Rohstoffen, Halb- und Fertigfabrikaten, Zutaten und an Verpackungsmaterialien wie Kisten, Schachteln usw.

5 *Wie wird in der EinheitsV die Prämie berechnet?*

Nach dem Umsatz bzw. dem Gesamtwert der ausgehenden Waren oder nach dem Lagerhöchstbestand (bei stockendem Umsatz = Mindestprämie).

Kreditversicherung

1 *Auf welche Schäden erstreckt sich die Warenkredit-(Delkredere-)V?*

Auf Vermögensschäden, die ein Kaufmann, der Waren auf Kredit verkauft, dadurch erleiden kann, daß ihm aus der Kreditgewährung Verluste entstehen.

2 *Welche Verluste werden durch die WarenkreditV gedeckt?*

Nicht eintreibbare Forderungen aus Warenlieferungen, die im regelmäßigen Geschäftsbetrieb des VNs ausgeführt und vom Kunden endgültig abgenommen wurden.

3 *Was ist Gegenstand der Ausfuhrkreditsicherung durch Ausfuhrgarantien und -bürgschaften?*

a) Bei Ausfuhrgeschäften die im Kaufvertrag mit dem ausländischen Schuldner für Lieferungen und Leistungen als Preis vereinbarten Geldforderungen;

b) bei Fabrikationsrisiken die Selbstkosten der im Liefervertrag mit dem ausländischen Besteller vereinbarten Lieferungen und Leistungen.

Es wird das *wirtschaftliche* und *politische* Risiko gedeckt, soweit die Bundesrepublik auf Grund des Garantie-Ermächtigungsgesetzes vom 26. August 1949 Garantien bzw. Bürgschaften übernommen hat.

4 *Was deckt die AusfuhrkreditV?*

Nur das wirtschaftliche Risiko, das dem Exporteur dadurch entstehen kann, daß seine Forderungen aus Warenlieferungen oder anderen Leistungen durch Zahlungsunfähigkeit des ausländischen Kunden uneintreibbar sind.

5 *Was deckt die AusfuhrvorfinanzierungsV?*

Sie schützt ein Kreditinstitut dagegen, daß der VN als Darlehnsschuldner einen für die Vorfinanzierung eines Ausfuhrgeschäftes aufgenommenen Kredit nicht zurückzahlen kann.

6 *Was ist Gegenstand einer KautionsV?*

Übernahme einer selbstschuldnerischen Bürgschaft durch den VR für den VN gegenüber dem Gläubiger (Bürgschaftsempfänger), z. B. der Bundeskasse (Zollkaution).

7 *Was deckt die VertrauensschadenV?*

Unmittelbare Vermögensschäden, die dem VN durch von ihm wirtschaftlich abhängige Personen seines Vertrauens (Angestellte oder Handelsvertreter) entstehen können, und zwar

a) durch vorsätzliche Handlungen, wie Diebstahl, Unterschlagung, Veruntreuung, Urkundenfälschung (WagnisV);

b) durch fahrlässige Handlungen, die zum Schadenersatz verpflichten (Wagnis F);

c) durch Ereignisse, die ohne Verschulden der Vertrauensperson eintreten (Wagnis O), wie Verlieren anvertrauter Werte oder Raub, Erpressung, Betrug usw., begangen gegen die Vertrauensperson.

Lebensversicherung

1 *Zu welcher Vsart gehört die LebensV nach dem Vsgegenstand und der Vsleistung?*

Da der versicherte Gegenstand eine Person ist, gehört die LebensV zur PersonenV.

Da eine im voraus bestimmte Summe im Vsfall in der Regel geleistet wird, ist die LebensV eine SummenV (= abstrakte Bedarfsdeckung), im Gegensatz zur SchadenV, bei der die Vsleistung durch die im Vsfall nachzuweisende Schadenhöhe bestimmt wird (= konkrete Bedarfsdeckung).

2 *Wie unterscheiden sich Kapital- und RentenV?*

Nach der *Art* der fälligen Vsleistung. Bei der *KapitalV* wird im Vsfall die versicherte Summe (das Kapital) ausgezahlt; bei der *RentenV* ist an den Versicherten lebenslänglich eine bestimmte Rente ab einem vertraglich festgelegten Zeitpunkt, gewöhnlich monatlich, zu leisten.

Kapitalversicherung

3 *KapitalV auf den Todesfall*

a) Was bezweckt die TodesfallV?

Überwiegend die Familienangehörigen sicherzustellen, falls der Versorger frühzeitig stirbt.

b) Wann wird die Vssumme fällig?

Beim Tode des Versicherten; spätestens (nach den meisten Tarifen) beim Erreichen des 85. Lebensjahres.

c) Wie lange ist der Beitrag zu zahlen?	In der Regel bis zum Vsfall; vereinbarungsgemäß z. B. bis zum 60. oder 65. Lebensjahr.
d) Wie kann die Vsdauer geändert werden?	Sie kann durch freiwillige Zuzahlungen herabgesetzt werden; durch Nachzahlung von Beitragsteilen läßt sich eine lange in eine abgekürzte LebensV umwandeln.
4 *Kurzfristige KapitalV auf den Todesfall (RisikoV)*	
a) Wann wird die Vsleistung ausgezahlt?	Nur dann, wenn der Versicherte innerhalb der Vsdauer, meist höchstens zehn Jahre, stirbt.
b) Welcher Beitragsteil entfällt bei der RisikoV?	Der Sparbeitrag; es wird also außer dem Sicherheits- und Verwaltungskostenzuschlag nur der Risikobeitrag erhoben, der nach Vertragsablauf „verbraucht" ist, wodurch Ähnlichkeit mit der SchadenV besteht.
c) An welchem Überschußanteil ist der Versicherte beteiligt?	Am Risikoüberschußanteil. Im Vfall wird zusätzlich ein Todesfallbonus gezahlt.
d) Wie wird der Gesundheitszustand des Versicherten festgestellt?	In der Regel durch eine ärztliche Untersuchung.
e) Wozu dient die RisikoV?	Überwiegend zur Sicherstellung dritter Personen, z. B. während der Dauer eines Personalkredits (bei Bausparkassen) oder einer längeren Auslandsreise. Häufig wird auch ein Bezugsrecht für Familienangehörige gewährt.
f) Wann liegt eine echte RisikoV vor?	Wenn vereinbarungsgemäß nur geleistet zu werden braucht, falls der Vsfall innerhalb der Vertragslaufzeit eintritt und anderenfalls keine zusätzlichen Rechte aus dem Vertrag gewährt werden.
g) Was bezweckt eine RisikovorV?	Sie soll den *vollen* Vsschutz für den Todesfall bereits sicherstellen, bevor der VN finanziell imstande ist, eine normale LebensV abzuschließen.
h) Wann liegt eine RisikoumtauschV vor?	Wenn vereinbart worden ist, daß die V vor oder nach Ablauf der reinen RisikoV ohne nochmalige Gesundheitsuntersuchung des Versicherten in eine normale LebensV überführt werden kann.
i) Wonach richtet sich der Beitrag für die UmtauschV?	Nach der Beitragstafel, die für das *jetzige* Alter des Versicherten maßgebend ist.

j) Wie können Vsbeginn und Eintrittsalter des Versicherten für die UmtauschV geändert werden?	Beide können gegen Nachzahlung von Beiträgen zurückverlegt werden.
5 *KapitalV auf den Erlebensfall*	
a) Wann wird die Vsleistung fällig?	Wenn der Versicherte einen bei Vertragsabschluß festgesetzten Zeitpunkt erlebt.
b) Wie ist die Regelung beim vorzeitigen Tode des Versicherten?	Es kommt darauf an, ob eine ErlebensfallV *mit* oder *ohne* Beitragsrückgewähr abgeschlossen wurde; im ersteren Falle werden die bis zum vorzeitigen Tode gezahlten Beiträge (ohne Ratenzahlungsaufschläge) zurückerstattet, letzterenfalls bestehen keine Ansprüche aus dem Vertrag.
c) Wie lange sind die Beiträge zu entrichten?	Bis zum Tode des Versicherten, längstens bis zum Vertragsablauf.
d) Für wen ist die ErlebensfallV geeignet?	Für solche Personen, die nur für ihr *eigenes* Alter (nicht für die Hinterbliebenen) vorsorgen wollen oder die wegen ihres *schlechten Gesundheitszustandes* nur in diese LebensV, für die keine ärztliche Untersuchung üblich ist, aufgenommen werden können.
e) Was versteht man unter Rentenoption?	Im Vsfall kann der Versicherte zwischen einer einmaligen Kapital- und einer laufenden Rentenleistung wählen.
6 *KapitalV auf den Todes- und Erlebensfall (gemischte LebensV)*	
a) Wann wird die Vsleistung fällig?	Beim Tode des Versicherten, spätestens bei Vertragsablauf.
b) Wie lange ist der Beitrag zu zahlen?	Bis zum Ableben des Versicherten, längstens bis zum Vertragsablauf.
c) Woraus setzt sich der Nettobeitrag zusammen?	Aus dem Risikoanteil für den Todesfall und dem Sparanteil für den Erlebensfall.
d) Wird eine Gesundheitsprüfung des Versicherten gefordert?	Die aufsichtsamtlich zulässige HöchstVsumme für den Abschluß einer LebensV ohne ärztliche Untersuchung beträgt 250 000,– DM. Die Geschäftspläne der meisten LebensVr setzen eine niedrigere Summengrenze, insbesondere bei vorgeschrittenem Eintrittsalter der VP fest – (z. B. ab 50. Lebensjahr).

e) Was bezweckt die gemischte LebensV?

Die Hinterbliebenenversorgung bei vorzeitigem Ableben der versicherten Person und zugleich die eigene Altersvorsorge des Versicherten im Erlebensfalle.

f) Wie kann man eine höhere Hinterbliebenenversorgung bei vorzeitigem Tode des Versicherten erreichen?

Durch Abschluß einer gemischten LebensV mit *doppelter* Todesfalleistung, bei der die doppelte Vssumme fällig wird, falls der Versicherte während der Vertragsdauer stirbt.

g) Was kennzeichnet die KapitalV auf verbundene Leben?

a) Sie versichert zugleich zwei Personen;

b) die Vssumme wird beim Tode des zuerst Sterbenden oder spätestens bei Vertragsablauf fällig;

c) der Beitrag ist bis zum Tode der zuerst sterbenden Person, längstens bis Vertragsablauf zu zahlen;

d) sie wird in Form der Ehegatten- oder TeilhaberV abgeschlossen.

7 *KapitalV mit festem Auszahlungstermin (TerminfixV)*

a) Worin besteht die Eigenart dieser LebensV?

Daß die Vssumme bei vorzeitigem Tode des Versicherten erst zu dem vereinbarten festen Zeitpunkt fällig wird.

b) Wie lange ist der Beitrag zu entrichten?

Bis zum festgelegten Zeitpunkt; stirbt der Versicherte vorher, läuft die V beitragsfrei weiter, ohne daß die Vsleistung beim Ablauf gekürzt wird.

c) Auf wessen Leben und zu welchem Zweck wird diese LebensV abgeschlossen?

Auf das Leben des Beitragszahlers (meistens Versorgers) zur Beschaffung der Mittel für die Berufsausbildung der Kinder bzw. für die Zurückzahlung eines langfristigen Kredits zu einem bestimmten Zeitpunkt.

d) Was kennzeichnet die AussteuerV?

a) Das Eintrittshöchstalter für Mädchen beträgt 10, für Jungen 12 Lebensjahre;

b) die Vssumme wird bei Heirat des Kindes, spätestens jedoch an dem vereinbarten Zeitpunkt, gewöhnlich bei Vollendung des 25. Lebensjahres, ausgezahlt;

c) bei vorzeitigem Ableben des Kindes wird in der Regel das angesammelte Deckungskapital erstattet oder ein Sterbegeld gezahlt;

d) stirbt der VN (Versorger) während der Vsdauer, läuft die V beitragsfrei weiter, ohne daß die Leistung im Vsfall gekürzt wird.

8 *Welche ZusatzVen gibt es in der LebensV?*

a) *UnfallzusatzV,* die mit einer KapitalV auf den Todesfall gekoppelt ist und bei der bei Unfalltod neben der Todesfallsumme eine gleich hohe Unfallsumme gezahlt wird;

b) *Berufsunfähigkeits-ZusatzV,* die gegen einen zusätzlichen Beitrag auch das BUZ-Risiko gewöhnlich in der Form deckt, daß bei einer Berufsunfähigkeit von mindestens 50 % die V beitragsfrei weiterläuft und vom Beginn der Berufsunfähigkeit bis zum Vertragsablauf eine Rente gezahlt wird, deren jährliche Höhe bei Vertragsabschluß festgelegt wird. Die Höhe der maximal zulässigen Jahresrente bestimmt sich nach dem Geschäftsplan des LebensVRs unter Beachtung der aufsichtsamtlichen Höchstgrenze.

c) *Summen-ZusatzV* mit gleichbleibender, steigender oder fallender Vsumme. Es handelt sich dabei um den zusätzlichen Einschluß einer Risiko-Umtausch-V zu einer bestehenden LebensV als HauptV.

d) *Renten-ZusatzV:* Stirbt der Vte innerhalb der Vdauer, zahlt der VR eine vereinbarte Monatsrente an den Bezugsberechtigten.

9 *FamilienversorgungsV*

a) Worin besteht die Vsleistung?

Die Vssumme wird bei Vertragablauf fällig; bei vorzeitigem Tode des Versicherten wird die Vssumme teilweise (10 %, 33 % oder 50 %) und der Rest bei Ablauf der V gezahlt. Zudem erhalten die Hinterbliebenen vom Zeitpunkt des Todes bis zum Ablauf der V eine jährliche Rente, die etwa 10 % oder 12 % der Vssumme beträgt.

b) Was bezweckt diese V?

Sie verbindet mit der eigenen Altersvorsorge eine zweckmäßige Versorgung der Familie bei vorzeitigem Ableben des Versicherten, da die Leistungen im Todesfall für die dadurch entstandenen Kosten, die Rente für den Lebensunterhalt der Familie und die bei Ablauf zu zahlenden Beträge für die Altersversorgung der Hinterbliebenen verwendet werden können.

Rentenversicherung

10 *Was kennzeichnet die sofort beginnende und die aufgeschobene LeibrentenV?*

a) Bei der *sofort beginnenden* LeibrentenV verpflichtet sich der VR, dem Versicherten gegen Zahlung eines Einmalbeitrages in bestimmten Zeitabständen, gewöhnlich monatlich, vom Beginn der V bis ans Lebensende eine Rente zu zahlen, die gegen einen zusätzlichen Einmalbeitrag nach dem Tode des Mannes als Witwenrente weitergezahlt werden kann;

b) bei der *aufgeschobenen* LeibrentenV erhält der Versicherte die Rente in der Regel erst nach Vollendung des 65. Lebensjahres und zahlt dafür entweder bei Vertragsabschluß einen Einmalbeitrag oder jährlich Beiträge bis zu seinem Tode, längstens bis zum Beginn des Rentenbezuges. Wenn der Versicherte während der Aufschubzeit stirbt, ist je nach Tarif jeder Anspruch aus dem Vertrag erloschen oder der Einmalbeitrag bzw. die eingezahlte Beitragssumme zurückzuerstatten.

c) Die *PflegerentenV* gewährt Vschutz für den Fall, daß die VP während der Vdauer pflegebedürftig und deswegen täglich gepflegt wird.

11 *Wie kann bei frühzeitigem Tode des Versicherten ein Kapitalverlust aus dem Abschluß einer Renten V vermieden werden?*

Durch Abschluß einer RentenV mit *garantierter Rentenlaufzeit* oder mit *Beitragsrückerstattung*. Bei der erstgenannten wird die Rentenzahlung für eine von vornherein festgelegte Mindestdauer garantiert, bei der letztgenannten wird die Summe der entrichteten Beiträge abzüglich bereits gezahlter Renten zurückerstattet, falls der Versicherte während der Rentenlaufzeit stirbt.

12 *Worin besteht der Vsschutz bei der Pensions V?*

In einer Altersversorgung und in einer Invalidenrente für den Ehemann sowie in einer Hinterbliebenenversorgung für die Ehefrau durch eine Witwenrente, die in der Regel 50 oder 60 % der Altersrente des Mannes beträgt.

13 *Pensionskassen*

a) Welchen Zweck haben die Pensionskassen?

Den Betriebsangehörigen eine Invaliden-, Alters- und Hinterbliebenenversorgung zusätzlich zur Sozial-V sicherzustellen.

b) Wovon hängt die Rechtsform der Pensionskassen ab?

Von der Wirtschaftskraft des Unternehmens, der sozialen Einstellung der Unternehmensleitung, der Zusammensetzung der Belegschaft sowie von der Gesetzgebung und der Rechtsprechung (vor allem in steuerlicher Hinsicht).

c) Welche Arten von Pensionskassen gibt gibt es hinsichtlich ihrer Rechtsform?

Unselbständige Unterstützungseinrichtungen;
selbständige Pensionskassen.

d) Was kennzeichnet die unselbständigen Unterstützungseinrichtungen?

a) Sie sind betriebseigene Fonds zur Sicherung fester Versorgungszusagen oder zur freiwilligen Unterstützung von Mitarbeitern und deren Angehörigen im Alters- und Invaliditätsfalle;

b) sie besitzen kein eigenes Vermögen, sondern erhalten vom Unternehmen nur Darlehen, oder sie sind vertraglich verpflichtet, ihr Vermögen dem Betrieb zur Verfügung zu stellen;

c) meist besteht kein Rechtsanspruch auf Leistungen.

e) Welche Eigenarten weisen die selbständigen Pensionskassen auf?

a) Sie sind vom BAV (meist als VVaG) zugelassene VU;

b) die Mitglieder haben einen direkten Rechtsanspruch gegen die Pensionskasse auf Alters-, Invaliden-, Witwen- und Waisenversorgung, die als Witwenrente gewöhnlich 50 % der Mannesrente und als Waisenrente meist 1/6, bei Vollwaisen 1/3 der Vaterrente beträgt und bis zur Vollendung des 15., 18. oder 21. Lebensjahres der Waisen zu zahlen ist.

Besondere Lebensversicherungsarten

14 *Gruppen- und SammelV*

a) Wer kann Gruppen- oder SammelV abschließen?

Der Arbeitgeber, das Sozialwerk eines Arbeitgebers, die rechtsfähige Vereinigung von Arbeitgebern, das rechtsfähige Versorgungswerk einer rechtsfähigen Vereinigung von Arbeitgebern als FirmengruppenV.

Dieser Kreis von Rechtspersönlichkeiten kann stattdessen die Form der SammelV wählen. In diesem Fall kann VN der Arbeitgeber bzw. die ihm gleichgestellte Rechtspersönlichkeit sein oder der Arbeitnehmer.

Rechtsfähige oder nicht rechtsfähige Vereinigungen können ebenfalls VN werden. Die Höchstsumme ist auf 10 000,— DM beschränkt (Vereinsgruppen-V). VN können ferner werden rechtsfähige Berufsverbände (Verbandsgruppen-V) oder Bausparkassen (Bauspargruppen-V).

b) Worin bestehen die wichtigsten BAV-Vorschriften für Firmen-, Vereins-, Verbands- oder Bauspargruppen-V?

V-Leistungen sowie der vt. Personenkreis müssen nach objektiven Merkmalen bestimmt sein (mindestens 50 % des Personenkreises z. B. nach Maßgabe der Betriebszugehörigkeitsdauer und zugleich mindestens 10 Arbeitnehmer bei Firmen- oder mindestens 100 Mitglieder einer sonstigen Gruppen-V).

Die Beiträge sind gesammelt an den VR abzuführen.

c) Welche wesentlichen BAV-Auflagen bestehen für den Abschluß von Sammel-V?

Es müssen mindestens 10 Arbeitnehmer mit einer Gesamt-VSu von 300 000,— DM versichert werden.

Der Vertragspartner des VRs übernimmt ohne Kostenvergütung folgende Pflichten:

1. Abführung der gesammelten Beiträge an den VR;
2. Durchführung der Inkassokontrolle;
3. Bestandspflege und Auskunftserteilung.

Die Vorteile der Sammel-V entfallen, wenn drei Jahre entweder weniger als 10 Personen versichert waren oder die Gesamt-VSu von 200 000,— DM unterschritten wurde.

d) Welche Vorteile sind mit dem Abschluß einer Gruppen- oder Sammel-V verbunden?

Die Tarifbeitragsnachlässe betragen jeweils 3 %. In der Sammel-V wird der Nachlaß vom Tarifbeitrag des Einzeltarifes gewährt.

Bei einer Beteiligung von mindestens 90 % des in Betracht kommenden Versicherten-Personenkreises kann ein Sondertarif vereinbart werden, der gegenüber dem Einzeltarif um 5 bis 10 % niedriger ist. In der Regel wird dann auf eine Gesundheitsprüfung verzichtet.

Die Ratenzuschläge werden je nach Zahlungsweise ermäßigt, in der Sammel-V allerdings nur, wenn mindestens 100 Arbeitnehmer mit einer VSu von jeweils 30 000,— DM versichert sind.

e) Als Einzel-, Gruppen- oder Sammel-V können auch Direkt- oder Rückdeckungs-V abgeschlossen werden. Erklären Sie diese besonderen Lebensversicherungsarten!

1. Die *Direkt-V* ist eine V zur Alters- und Hinterbliebenenversorgung von vornehmlich Betriebsangehörigen.

   Der Arbeitgeber ist VN und Beitragszahler. Der versicherte Arbeitnehmer bzw. seine Angehörigen sind im Erlebens- oder Todesfall bezugsberechtigt. Sie haben einen direkten Anspruch gegen den VR.

   In der Regel wird die Form der Kapital-V auf den Erlebens- oder Todesfall mit einem Endalter zwischen 60 und 65 Lebensjahren gewählt.

2. Bei der *Rückdeckungs-V* handelt es sich um eine V zur Rückdeckung eines vom Arbeitgeber gegebenen Versorgungsversprechens (Pensionszusage).

Der Arbeitgeber ist VN, Beitragszahler und Bezugsberechtigter.

Die Tarifgestaltung hängt ab von dem rückzudeckenden Versorgungsversprechen.

15 *Was ist eine Restschuld-V?*

Eine Restschuld-V ist eine Risiko-V mit fallender Vssumme gegen Entrichtung eines einmaligen oder laufenden Beitrages.

Die V wird auf das Leben des Darlehensnehmers abgeschlossen, und zwar mit einer Laufzeit von höchstens 120 Monaten.

Beim Tode des Darlehensnehmers wird das Rest-Darlehen duch die Vsleistung abgedeckt.

16 *ErbschaftsteuerV*

a) Wovon hängt die Höhe der Erbschaftsteuer ab?

b) Welche Besonderheiten gelten für die ErbschaftsteuerV?

a) Nach § 19 Erbschaftsteuergesetz in der Fassung vom 1. April 1959 hängt die Höhe der Erbschaftsteuer von der Größenordnung der Erbmasse und dem Verwandschaftsgrad des Erben zum Erblasser ab.

b) Die künftigen Erben müssen der Steuerklasse 1 oder 2 nach dem Erbschaftsteuergesetz angehören. Zur Steuerklasse 1 gehören der Ehegatte des Erblassers und seine Kinder, zur Steuerklasse 2 die Abkömmlinge der Kinder des Erblassers.

Die Vssumme ist binnen 2 Monaten nach dem Tode des versicherten Erblassers vom VR zur Bezahlung der Erbschaftsteuer an das Finanzamt abzuführen.

Falls die Vsleistung schon vor dem Ableben des versicherten Erblassers fällig wird, verbleibt sie bis zu dessen Tode beim VR und ist dann innerhalb der vorgeschriebenen Frist an das Finanzamt zu entrichten.

Der zur Tilgung der Erbschaftsteuer erforderliche Teil der Vssumme ist erbschaftsteuerfrei, der überschüssige Betrag erbschaftsteuerpflichtig.

Im ErbStG vom 17. April 1974 ist die ErbschaftsteuerV nicht mehr enthalten. Eine Übergangsregelung (Art. 6 ErbStG) sieht vor, daß die vor dem 3. Oktober 1973 abgeschlossenen Erbschaftsteuer-Vsverträge noch bis zum 31. Dezember 1993 wirksam sein sollen. Die Summe solcher Verträge wird allerdings nach dieser gesetzlichen Regelung für jedes dem Kalenderjahr 1973 bis zum Eintritt des Vsfalles folgende Kalenderjahr um jeweils 5 % gemindert.

17 *Wie hat sich die vor und nach dem 1. Januar 1962 gültige Regelung der HandwerkerV auf die LebensV ausgewirkt?*

a) Nach der bis zum 31. Dezember 1961 gültigen Regelung (gemäß Handwerkerversorgungsgesetz vom 21. Dezember 1938) konnte sich der Handwerker von der Beitragsleistung zur Angestellten-V (AV), in der er unter bestimmten Voraussetzungen versicherungspflichtig war, durch Abschluß einer LebensV ganz oder zur Hälfte befreien, wenn er dafür mindestens soviel an Beiträgen leistete, wie er zur AV entsprechend seinem Einkommen hätte aufwenden müssen;

b) nach dem Handwerkerversicherungsgesetz (HVG) vom 1. Juli 1960, das am 1. Januar 1962 in Kraft getreten ist, können die in der RentenV für Arbeiter versicherungspflichtigen Handwerker durch Abschluß einer LebensV *nicht* mehr befreit werden, wodurch das Arbeitsgebiet der privaten LebensV weiter eingeschränkt wurde.

18 *Welche weiteren besonderen Arten der LebensV gibt es?*

a) *Kurze TodesfallV mit fallender Vssumme,* die bei Abzahlungskrediten die beim Tode des Darlehensnehmers noch vorhandene Schuld während einer Vsdauer von höchstens 24 Monaten abdeckt;

b) *AbonnentenV,* die eine UnfallV, eine kapitalgedeckte SterbegeldV und eine KindersterbegeldV auf Risikobasis umfaßt;

c) *PresseV:* Als Versorgungswerk der Presse GmbH von Verleger- und Journalistenverbänden gegründet, bezweckt sie eine Alters- und Hinterbliebenenversorgung für Redakteure, die zwischen einer KapitalV auf den Todes- und Erlebensfall und einer PensionsV wählen können;

d) *HypothekentilgungsV:* Sie bezweckt die Tilgung der Hypothek bis zum Ablauf der V mit den in bestimmten Zeitabständen fällig werdenden Teilbeträgen der Vssumme bzw. mit der Auszahlung der ganzen Vssumme, falls der Versicherte während der Vslaufzeit stirbt;

e) *Fondsgebundene LebensV:* Sie ist eine gemischte V auf den Todes- und Erbensfall, die Vsleistung wird an die Wertentwicklung eines besonderen Anlagestocks gebunden. Das Kapitalanlagerisiko trägt der VN. Einige VR bieten diese V als Modell A und B an;

f) *„Vermögenswirksame"* LebensVen im Rahmen des 5. Vermögensbildungsgesetzes, aus dem die Unterscheidungen zu den anderen Vertragsformen zu ersehen sind.

g) *Dynamische* LebensV: Es wird vereinbart, daß sich der Beitrag einschl. der UnfallzusatzV und/oder BUZ erhöht, und zwar entweder im selben Verhältnis wie der Höchstbeitrag in der gesetzlichen AV oder jeweils um den vereinbarten Prozentsatz des Vorjahresbeitrags. Entsprechend steigen die Vleistungen. Eine erneute Gesundheitsprüfung findet nicht statt.

Risikobewertung

19 *Welche Risikoarten sind zu unterscheiden?*

Das subjektive und das objektive Risiko.

20 *a) Was versteht man unter subjektivem Risiko?*

Die Umstände, die in der *Person* des Versicherten liegen.

b) Welche objektiven Gefahrenmerkmale sind zu unterscheiden?

1. Lebensdauer;
2. Gesundheitsverhältnisse;
3. Berufsstand.

21 *a) Wovon hängt die Lebensdauer ab?*

1. Vom *Geschlecht* (es besteht eine Übersterblichkeit der männlichen gegenüber den weiblichen Personen);
2. vom *Familienstand* (es besteht eine Übersterblichkeit von ledigen, verwitweten und geschiedenen gegenüber verheirateten Personen);
3. vom *Gesundheitszustand* (Übersterblichkeit von Kranken gegenüber Gesunden).

b) Worin besteht das Lebensdauerrisiko des VRs in den einzelnen Sparten?

1. In der *reinen TodesfallV* im frühen Tod des Versicherten, da wenig Beiträge bis zur Fälligkeit der Vssumme eingehen;
2. in der *RisikoV* darin, daß die Vssumme während der kurzen Vertragsdauer fällig wird;
3. in der *reinen ErlebensfallV* darin, daß die versicherte Person das vereinbarte Alter erlebt;
4. in der *TerminfixV* und in der *AussteuerV* im frühzeitigen Tode des Versicherten, da dann die V prämienfrei bis zum Vsfalle weiterläuft;
5. in der *RentenV* darin, daß der Versicherte lange lebt oder – in der PflegerentenV – lange pflegebedürftig wird.

Die Erfassung des Risikos erfolgt mit Hilfe von Statistiken über Todesursachen, Neuzugänge und Vsleistungen. Grundlage der Risikobemessung ist die *aktualisierte Ausscheideordnung 1986* für Männer und Frauen.

22 *a) Warum sind die Gesundheitsverhältnisse der zu versichernden Person zu prüfen?*

Weil die zu versichernde Person aufgrund des ausgefüllten Fragebogens oder der Gesundheitsprüfung kein Normalrisiko im Sinne der Ausscheideordnung zu sein braucht.

b) Welche Umstände können auf eine Anomalie (nicht normale Risiken) hinweisen?

a) Gewisse *Erbanlagen*, z. B. Geisteskrankheit von Blutsverwandten, lassen das Risiko ungünstig erscheinen;

b) *Vorgeschichte,* z.B. können frühere Krankheiten die Lebenserwartung beeinträchtigen;

c) *gegenwärtiger Befund,* z.B. erhöhter Blutdruck, Kreislaufstörungen vermindern die Lebensdauer;

d) *Lebensgewohnheiten,* z.B. übermäßiger Alkohol- und Rauschgiftgenuß verkürzen die Lebenserwartung.

c) Wie kann sich der VR einen Überblick über den Gesundheitszustand der zu versichernden Person verschaffen?

a) Bei LebensVen *ohne* ärztliche Untersuchung hat der zu Versichernde selbst alle vom VR im Gesundheitsfragebogen gestellten Fragen wahrheitsgemäß und erschöpfend zu beantworten. Außerdem fragt der VR nach der Anschrift des Hausarztes, um sich nötigenfalls bei ihm nach dem bisherigen Gesundheitsverlauf des zu Versichernden, der den Arzt durch seine Antragsunterschrift von der gesetzlichen Schweigepflicht entbindet, erkundigen zu können;

b) bei LebensVen *mit* ärztlicher Untersuchung füllt der untersuchende Arzt, der möglichst Hausarzt, aber nicht Verwandter des zu Versichernden sein soll, den Fragebogen aus, nachdem er bestimmte Messungen (Blutdruck, Gewicht), Beobachtungen (Reflexe) und Untersuchungen (Zucker) durchgeführt hat. – Allerdings kann niemand gezwungen werden, sich ärztlich untersuchen zu lassen (§ 160 VVG).

d) *Wer entscheidet über die Annahme zweifelhafter Risiken?*

Die gesundheitliche Beurteilung von zweifelhaften Risiken obliegt dem Gesellschaftsarzt. Ob sie abzulehnen oder mit „Erschwerungen", z.B. Beitragszuschlag oder Staffelung der Vssumme, anzunehmen sind, entscheidet der Vorstand des VUs.

e) *Wie kümmern sich die VR auch während der Vertragsdauer um die Gesundheitsverhältnisse der Versicherten?*

Da bei Gesundheitsverschlechterung der Versicherten keine Gefahrerhöhungen geltend gemacht werden können, haben einige VR einen Gesundheitsdienst eingeführt, der es den Versicherten ab einer Vssumme von 5 000,— DM ermöglicht, sich in bestimmten Zeitabständen, etwa alle 2–4 Jahre, auf Kosten des VUs (Gutschein) ärztlich untersuchen zu lassen, wobei der Arzt nur dem Versicherten, also nicht dem VR, das Untersuchungsergebnis mitteilen darf.

23 *Warum ist auch der Berufsstand des Versicherten ein Gefahrenmerkmal?*

Weil für einige gefährdete Berufe, wie z.B. Piloten, Rennfahrer, Bergleute, die erhöhte Berufsgefahr durch Beitragszuschläge zu berücksichtigen ist.

Tarifierung

24 *Wie ist der Jahresbeitrag im Falle einer gemischten LV zusammengesetzt?*

Der einzelne Jahresbeitrag enthält:

1. einen *Risikoanteil* zur Abdeckung der Todesfall-Leistungen des VRs und wird jährlich verbraucht;
2. einen *Sparanteil* zur Abdeckung der Erlebensfall-Leistungen des VRs;
3. einen *Kostenanteil,* um die Abschluß- sowie die jährlich anfallenden Verwaltungskosten des VRs zu decken.

Die jährlichen Sparanteile werden in dem Deckungskapital verzinslich angesammelt. Die Summe der Sparanteile je Vertrag ist bei vorzeitigem Tod der vP das in diesem Zeitpunkt vorhandene Deckungskapital. Im Erlebensfalle wächst es bis zur je Vertrag vereinbarten Vssumme an.

Die Summe der Sparanteile aller LebensVverträge eines LebensVU sind Verbindlichkeiten des VRs gegenüber seinen VN. Sie werden daher auf der Passiv-Seite der LebensVR-Bilanz zum Bilanzstichtagswert ausgewiesen.

25 *Welche drei Rechnungsgrundlagen sind für die Beitragskalkulation der LebensVU ab 1. Januar 1987 verbindlich?*

1. Die *aktualisierte Ausscheideordnung 1986,* getrennt für Männer und Frauen. Sie beruht ihrerseits auf den abgekürzten Sterbetafeln 1980/81 des Statistischen Bundesamtes.

   Die Ausscheideordnung, bislang auch Absterbeordnung, Mortalitäts- oder Dekremententafel genannt, geht aus von je 100 000 Neugeborenen männlichen und weiblichen Geschlechts und gibt für jedes Lebensjahr an, wieviel Personen versterben bzw. überleben. Aus diesen Angaben werden für jedes Lebensalter Häufigkeitsziffern errechnet. Die in der Vergangenheit beobachteten Häufigkeitsziffern werden – um geringfügige Sicherheitszuschläge erhöht – in die Zukunft projiziert und damit zu Wahrscheinlichkeiten.

   Wenn es darauf ankommt, Heiratswahrscheinlichkeiten zu kennen, wird auf die Heiratstafel 1960/62 für ledige weibliche Personen zurückgegriffen.

2. Der *Rechnungszins* von 3,5 (bislang: 3) % p. a. für Kapitalerträgnisse aus den Vermögensanlagen der Kapital- und Renten-Vgn.

3. Die *Vorauskalkulation der Kosten und Kostenzuschläge.*

26 *Wie teilt man die Betriebskosten eines LebensVU ein?*

1. *Einmalige Abschluß-(= Vertriebs-)kosten:* Aufwendungen der VR für Kundenberatung, Produktentwicklung, Werbung, Kosten für die Antrags- und Gesundheitsprüfung, Vertragsausfertigung und Provisionen.

2. *Laufende Verwaltungskosten:* Aufwendungen für Prämieneinzug, Bestandsbetreuung und Abwicklung der Vfälle.

Die Betriebskosten können auch danach unterschieden werden, ob sie der gesamten Laufzeit des Vertrages oder nur der Prämienzahlungsdauer zuzurechnen sind.

Es ist ferner zu unterscheiden zwischen:

1. *bruttobeitragsbezogenen Kosten und Kostensätzen in v. H.,*

2. *vsummenbezogenen Kosten und Kostensätzen in v. Tsd.* mit Vsummen-Rabatten oder -zuschlägen zwischen minus 2‰ bis plus 6‰ und

3. *einem Stückkostenzuschlag in DM.*

Die LebensVR können wählen, ob in ihre Zuschlagskalkulation für die laufenden Verwaltungskosten diese drei Bestandteile einfließen sollen oder nur der Stückkostenzuschlag pro Jahr nebst einem erhöhten bruttobeitragsbezogenen Kostenzuschlag, also die Bestandteile 1. + 3.

Die „rechnungsmäßigen" Abschlußkosten sind auf 35‰ der Vsumme begrenzt. Da das BAV eine Rückvergütung von mindestens 80 v. H. des nach dem ersten Vjahr gebildeten (ungezillmerten) Deckungskapitals im Falle der vorzeitigen Kündigung vorschreibt, ist ggfs. ein reduzierter Zillmersatz einzukalkulieren. Ist das gezillmerte und durch einen Stornoabzug verminderte Deckungskapital größer als die Mindestrückvergütung, hat der VN Anspruch auf das höhere Deckungskapital.

27 *Was versteht man unter „Zillmerung der Abschlußkosten"?*

Ein mathematisches Verfahren, durch das die rechnungsmäßigen Abschlußkosten zu Lasten des VNs mit dem Deckungskapital in der Weise verrechnet werden, daß sich zu Beginn der Vertragsdauer ein negativer Wert ergibt. Das Deckungskapital wird erst nach restloser Tilgung der rechnungsmäßigen Abschlußkosten positiv. Deshalb ist der Unterschiedsbetrag zwischen den tatsächlichen und den „rechnungsmäßigen" Abschlußkosten der Jahreserfolgsrechnung des LebensVU zu belasten, wenn den Auflagen des BAV Genüge getan werden soll. In der Mehrzahl der Fälle wird es auch künftig bei dem Zillmersatz von 35‰ verbleiben. Er kann sogar um 1‰ als zusätzlicher Amortisationszuschlag erhöht werden. Dieses ein Promille wird indessen nicht zusätzlich erhoben, sondern beim Ansatz der laufenden Verwaltungskosten gegengerechnet.
Hiervon abgesehen, werden die Zuschläge für die laufenden Verwaltungskosten um 0,15‰ der Vsumme ermäßigt, damit die Beitragszahler in den Genuß der bisher durchgeführten Kostensenkungsmaßnahmen der LebensVR gelangen.

28 *Erklären Sie die folgenden lebensvers'technischen Begriffe:*
a) Deckungskapital,
b) Gezillmertes Deckungskapital,
c) Risikiertes Kapital
d) Rückvergütung
e) Bilanzdeckungsrückstellung!

a) *Deckungskapital* (= Prämienreserve) ist die Summe der während der Prämienzahldauer verzinslich angesammelten Sparanteile (= ungezillmertes oder Netto-Deckungskapital).

b) *Gezillmertes Deckungskapital* ist der Barwert des Deckungskapitales im Zeitpunkt seiner Errechnung unter Abzug der in diesem Zeitpunkt noch nicht getilgten Abschlußkosten. Dieses „Geschäftsplanmäßiges Deckungskapital" ist die Grundlage für die Errechnung der

1. Rückvergütung,
2. beitragsfreien Vsumme und
3. Deckungsrückstellung.

c) *Riskiertes Kapital* ist der Unterschiedsbetrag zwischen Vsumme und Deckungskapital.

d) *Rückvergütung,* bislang und wahlweise auch künftig Rückkaufswert genannt, ist der Betrag, der dem VN bei freiwilliger vorzeitiger Aufgabe seiner LebensV zusteht, und zwar im allgemeinen ab Beginn des zweiten Vjahres.

e) *Bilanzdeckungsrückstellung* ist die Summe der Deckungskapitale aller am Ende eines Geschäftsjahres bestehenden Vgn.

29 *Tarifgestaltung*

a) Wie sind die LebensVstarife in der Regel aufgebaut?

a) Sie geben Männer- oder Frauenbeiträge für je 1000,– DM Vssumme an;
b) sie sind nach dem Eintrittsalter gestaffelt, für das maßgebend ist der dem vorgesehenen technischen Vsbeginn am nächsten liegende Geburtstag der zu versichernden Person;
c) sie gelten nur für normale Gesundheitsverhältnisse.

b) Unter welchen erschwerenden Bedingungen können auch anomale Risiken versichert werden?

a) Beitragserhöhung durch Annahme eines höheren Eintrittsalters;
b) Promillezuschlag zur Vssumme;
c) Staffelung der Vssumme, wenn das erhöhte Risiko voraussichtlich nur in den ersten Vsjahren bestehen wird.

c) In welchen Fällen werden Zuschläge erhoben und Rabatte gewährt?

a) Zuschläge erfordern die V von Angehörigen gefährdeter Berufe, der Einschluß der Unfall-ZusatzV und der BUZ;

b) Zuschläge werden für kleine Vssummen berechnet und Rabatte für höhere Vssummen gewährt, weil bestimmte, im Beitrag enthaltenen Kostenanteile von der Vssumme unabhängig sind;

c) bei unterjähriger Zahlungsweise werden Zinsverlust und zusätzliche Verwaltungskosten durch Ratenzuschläge ausgeglichen.

30 *Überschußbeteiligung*

a) Was ist Grundlage für die rechnerische Ermittlung der Überschußbeteiligung insgesamt?

Bereits während des Geschäftsjahres erhalten die VN bei Hauptfälligkeit der Beiträge zu überschußberechtigten Vgn eine Direktgutschrift zu Lasten des Ergebnisses des laufenden Geschäftsjahres des VRs. Daneben erhalten die VN eine Überschußbeteiligung aus dem am Ende des Geschäftsjahres festgestellten Rohüberschuß. Dieser ergibt sich aus dem Jahresüberschuß plus Zuführung zur RfB (= Rückstellung für die Beitragsrückerstattung) plus Direktgutschriften während des Geschäftsjahres.

Am Ende des Geschäftsjahres werden mindestens 90 % des so ermittelten Rohüberschusses abzüglich Direktgutschriften an die VN ausgekehrt.

b) Wie ist die RfB zusammengesetzt?

Aus einem gebundenen und ungebundenen Teil. Über letzteren Teil wird durch Vorstandsbeschluß verfügt. Den gebundenen Teil bilden laufende Überschüsse, Schlußüberschüsse, Schlußzahlungen sowie Rückstellungen zur Finanzierung des Schlußüberschußfonds.

Der ungebundene Teil der RfB dient zum Ausgleich etwaig auftretender Schwankungen.

Die RfB ist begrenzt auf einen Höchstbetrag. Die bisher aufgelaufene RfB ist bis 1988 insoweit aufzulösen, als die Höchstsumme ausgeschöpft ist.

c) Aus welchen Ergebnisquellen stammen die Überschüsse?

Aus den Unterschiedsbeträgen zwischen den kalkulierten und tatsächlich erwirtschafteten Risiko-, Spar- und Kostenanteilen der Beiträge sowie aus Zinserträgnissen der Vermögensanlagen und Gewinnen aus der Veräußerung von Vermögensanlagen. Deshalb wird der am Geschäftsjahresende ermittelte Rohüberschuß abzüglich der bereits erteilten Direktgutschriften mittels Zinsträger- und/oder VSummenschlüsseln nach Ergebnisquellen zerlegt und nach Maßgabe der ebenfalls in ihre Bestandteile zerlegten verdienten Bruttobeiträge auf Abrechnungsverbände und innerhalb der Abrechnungsverbände auf die einzelnen überschußberechtigten Vgn aufgeteilt.

d) Welche Abrechnungsverbände (= AV) kennen Sie?

Es gibt je einen AV für Einzel-Kapital-Vgn, Vermögensbildungs-Vgn, Gruppen-Kapital-Vgn, Renten-Vgn sowie BUZ-Vgn.

e) Wie gelangen die überschußberechtigten VN in den Genuß der am Geschäftsjahresende festgestellten Überschußbeteiligung?

Durch einkommensteuerlich unschädliche

1. Barauszahlung oder Anrechnung auf künftig fällige Beiträge (in jüngster Vergangenheit weniger übliche Formen!);
2. verzinsliche Ansammlung und Auszahlung bei Fälligkeit der Vleistungen;
3. Verwendung zur Abkürzung der Vdauer;
4. Erhöhung der bis dahin vereinbarten Vsumme: Der Überschußanteil wird als Einmalbeitrag für eine zusätzliche Vsumme angesehen.

Besonderheiten der Lebensversicherung

31 *Eigenarten des Antrages in der LebensV*

a) Wo findet die Prüfung und Annahme des Antrages statt?

Nur in der Direktion des VUs.

b) Wie lange ist der Antragsteller an seinen Antrag gebunden?

Die Antragsbindefrist beträgt 6 Wochen und beginnt bei einer V mit ärztlicher Untersuchung erst mit dem Untersuchungstage.

c) Wann beginnt die LebensV materiell?

Mit der Einlösung des Vsscheines, frühestens jedoch mit dem im Vsschein angegebenen Termin.

Vorläufiger Vschutz kann mit formellem Beginn durch eine Deckungszusage erteilt werden gemäß den „Bedingungen für den vorläufigen Vschutz in der LebensV". Er beginnt mit der Unterschriftsleistung im Antrag, bei eingeräumtem Widerrufsrecht mit dem 11. Tage danach (Beachte Summenbeschränkungen!).

d) Auf wessen Leben kann die V abgeschlossen werden?

Auf das Leben des VNs, der dann zugleich Prämienzahler und Versicherter ist, oder auf das Leben einer dritten Person (FremdV), die hierzu schriftlich ihr Einverständnis erklären muß, wenn die Vssumme die gewöhnlichen Beerdigungskosten übersteigt (§ 159 VVG).

Eintrittsmindestalter: 15 Jahre, *Eintrittshöchstalter:* 80 Jahre, praktisch jedoch 65 Jahre.

32 *Welche Folgen hat der Zahlungsverzug bei der Folgeprämie oder wegen eines sonstigen Betrages in der LebensV?*

Ist ein Folgebeitrag oder ein sonstiger Betrag nicht oder nicht rechtzeitig geleistet und gerät der VN nach Fälligkeit, Mahnung, Nachfristsetzung und Ablauf der Nachfrist trotz ausdrücklichen Hinweises auf die Vorschriften des § 175 Abs. 3 VVG somit in Zahlungsverzug, wird das vorhandene Deckungskapital als Einmalbeitrag für eine künftig beitragsfreigestellte Vsumme angesehen. Die Umwandlung in eine beitragsfreigestellte Versicherung entfällt, wenn der VN spätestens innerhalb von einem Monat nach der Kündigung oder, falls die Kündigung mit der Fristbestimmung verbunden war, innerhalb eines Monats nach Ablauf der Zahlungsfrist alle ausstehenden Zahlungen nachholt, ohne daß der Vfall inzwischen eingetreten ist.

Ist bereits im ersten V'jahr ein Folgebeitrag nicht geleistet, so werden außerdem die noch ausstehenden Raten des ersten Jahresbeitrages sofort fällig.

33 *Was versteht man unter Rückvergütung der LebensV?*

Sind Beiträge geleistet und ergibt das gezillmerte Deckungskapital einen positiven Wert, hat der Berechtigte einen Anspruch auf das am Schluß der laufenden Vperiode auf seine Vsumme entfallende gezillmerte Deckungskapital, das nach Anrechnung des geschäftsplanmäßig festgelegten Stornoabschlages verbleibt. Dieser Betrag ist die Rückvergütung der LebensV. – Erlischt der Vertrag durch Kündigung, Rücktritt oder Anfechtung wird die Rückvergütung an den Berechtigten ausgezahlt, und zwar vorbehaltlich einer ggfs. höheren Mindestrückvergütung lt. Geschäftsplan des LebensVRs.

34 *Wie kann der VR dem VN bei Prämienzahlungsschwierigkeiten helfen?*

Durch:

1. Gewährung einer unterjährigen Zahlungsweise;
2. Zahlungsfristverlängerung;
3. Verrechnung von Guthaben (z. B. Überschußanteile) gegen fällige Beiträge;

4. Verzicht auf Zahlung des Sparbeitrages;
5. Gewährung einer Vorauszahlung gegen Verrechnung des Jahresbeitrages;
6. Stundung des Beitrages gegen Verzinsung;
7. Verlängerung der Vslaufzeit unter entsprechender Herabsetzung des Jahresbeitrages;
8. Verringerung der Vssumme.
9. Umwandlung in eine beitragsfreie Vg;
10. Ausschluß von ZusatzV. (Er ist innerhalb der letzten fünf Jahre vor Vertragsablauf nicht mehr möglich!);
11. Kündigung der HauptV unter Einschluß etwaiger Zusatzversicherungen.

35 *Welche aufsichtsrechtlichen Grundsätze sind bei der Vermögensanlage der LebensVU zu beachten?*

1. Sicherheit – Ausschaltung gegenwärtiger und erkennbarer künftiger Risiken.
2. Rentabilität – Erwirtschaftung nachhaltig guter Erträge.
3. Liquidität – jederzeitige Zahlungsfähigkeit.
4. Mischung und Streuung – Anlage der Mittel in mehreren Anlagearten in ausgewogenem Verhältnis (Mischung). Dabei soll je Anlageart in Werte unterschiedlicher Wirtschaftsräume, -zweige, -rechtsformen und -größen investiert werden (Streuung). Eine Anlagehäufung bei einem einzelnen Schuldner darf nicht auftreten.

36 *Welche Anlagenwerte sind nach § 54 a Abs. 1 und 2 VAG für den Deckungsstock im wesentlichen zugelassen?*

1. Forderungen, für die Grundpfandrechte oder grundstücksgleiche Rechte bestehen;
2. Schiffshypothekenforderungen;
3. Im Inland ausgestellte Inhaberschuldverschreibungen, gedeckte Namensschuldverschreibungen, Orderschuldverschreibungen sowie im Ausland ausgestellte, auf DM lautende Schuldverschreibungen, die an einer inländischen Börse amtlich notiert sind;
4. Schuldbuchforderungen gegen Bund und Länder;
5. Aktien, die an einer inländischen Börse notiert werden (amtlicher Handel und geregelter Freiverkehr);
6. Investmentzertifikate einer inländischen Kapitalanlagegesellschaft mit überwiegend inländischen Wertpapieren;

7. Forderungen, für die Grundpfandrechte, Schiffshypotheken, im Inland ausgestellte Wertpapiere oder Namensschuldverschreibungen verpfändet oder zur Sicherung übertragen sind;
8. a) Darlehen an öffentliche inländische Körperschaften und Anstalten;
   b) Darlehen an inländische Unternehmen, gesichert durch erststellige Grundpfandrechte oder durch Negativerklärung (mit Zustimmung des BAV);
9. Guthaben bei der Deutschen Bundesbank oder bei einem geeigneten inländischen Kreditinstitut;
10. Bebaute, in Bebauung befindliche oder zur alsbaldigen Bebauung bestimmte inländische Grundstücke;
11. Investmentzertifikate einer inländischen Kapitalanlagegesellschaft mit überwiegend inländischen Grundstücken oder grundstücksgleichen Rechten;
12. Policendarlehen.

37 *Welche Werte bilden das „restliche Vermögen"?*

Die Werte, die nach Abzug des gebundenen Vermögens (Deckungsstock und übriges gebundenes Vermögen) vom Gesamtvermögen übrigbleiben. Diese können Beteiligungen, bestimmte Aktien, aber auch sonstige Aktivwerte sein.

Ihnen stehen auf der Passiv-Seite das Eigenkapital gegenüber, die nicht gebundenen versicherungstechnischen Passiva sowie die nicht versicherungstechnischen Passiva.

38 *Wer ist gesetzlich für die Überwachung des Deckungsstocks vorgesehen?*

Der Treuhänder für den Deckungsstock und sein Stellvertreter, die vom Aufsichtsrat und bei kleineren VVaG ohne Aufsichtsrat vom Vorstand zu bestellen sind (§§ 70–76 VAG).

39 *Welche Aufgaben hat der Treuhänder für den Deckungsstock?*

Der Treuhänder hat den Deckungsstock zu überwachen und unter der Bilanz zu bestätigen, daß die Werte des Deckungsstocks vorschriftsmäßig angelegt und aufbewahrt sind.

40 *Welche Steuern sind für die LebensV von Bedeutung?*

a) Nach § 10 EStG können laufende Beiträge für Kapital-LebensVgn mit einer Mindestlaufzeit von 12 Jahren als Sonderausgaben in bestimmter Höhe von den Einkünften abgesetzt werden. Dies gilt nicht für Einmalbeiträge zu KapitalVgn und für Beiträge zu Fondsgebundenen LebensVgn. Bei Einmalbeiträgen zu RentenVgn darf kein Kapitalwahlrecht ausbedungen, bei laufenden Beiträgen zu RentenVgn darf das Kapitalwahlrecht nicht vor Ablauf von 12 Jahren seit Vertragsabschluß ausgeübt werden.

b) Bei der Vermögensteuer bleiben noch nicht fällige Ansprüche aus RentenVgn meistens ganz, bei Kapital-LebensVgn insoweit unberücksichtigt, als sie die steuerlichen Freibeträge nicht übersteigen.

c) Vsleistungen, die nicht an den VN ausgezahlt werden, unterliegen der Erbschaftssteuer (hohe Freibeträge für Ehegatten und Kinder!);

d) Für Ven mit Beginn ab 1. Januar 1974 sind in bestimmten Fällen (Einmalbetrag; Laufzeit unter 12 Jahren) die rechnungsmäßigen und außerrechnungsmäßigen Zinsen einkommensteuerpflichtig.

Versicherungsfall

41 *Welche Unterlagen sind im Vsfalle dem VR einzureichen?*

Im Erlebensfalle: Vsschein, letzte Beitragsquittung und Altersnachweis. Bei falscher Angabe des Eintrittsalters wird die Vssumme entsprechend dem entrichteten Beitrag geändert (§ 162 VVG).

Im Todesfalle außerdem: eine amtliche, Alter und Geburtsort enthaltende Sterbeurkunde, ein ausführliches ärztliches oder amtliches Zeugnis über die Todesursache sowie über Beginn und Verlauf der Krankheit, die zum Tode der vP geführt hat.

Der Tod ist unverzüglich dem VR anzuzeigen, ein Unfalltod möglichst innerhalb von 48 Stunden.

Der VR wird notwendige weitere Nachweise (z. B. Erbschein) verlangen und erforderliche Erhebungen anstellen, und zwar beschränkt auf die Zeit vor Antragsannahme, die nächsten drei Jahre danach und das Jahr vor dem Tode der vP.

42 *Wie ist die Entschädigung bei Selbstmord geregelt?*

Die VR zahlen bei endgültig abgeschlossenen LebensVverträgen die ungeschmälerten Vleistungen, wenn der Vsschutz mindestens zwei Jahre bestanden hat. – Stützt sich der Leistungsanspruch auf die vorläufige Deckungszusage, wird die summenmäßig eingeschränkte Leistung nur erbracht, wenn die Selbsttötung nachweislich in einem die freie Willensbestimmung ausschließenden Zustand krankhafter Störung der Geistestätigkeit oder unter dem Druck schwerer körperlicher Leiden begangen worden ist.

43 *Welche Bestimmungen gelten bei Verletzung der vorvertraglichen Anzeigepflicht?*

a) Der VR kann grundsätzlich binnen drei Jahren zurücktreten, wenn Angaben des VN oder der vP bei Abschluß, Änderung oder Wiederherstellung der V unvollständig oder falsch sind. Tritt der Vfall binnen der ersten drei Jahre der Vdauer ein, kann der VR binnen weiterer drei Jahre zurücktreten.
Der Rücktritt ist unwirksam, wenn
   1. er nicht innerhalb eines Monats erklärt wird, nachdem der VR von der Verletzung der v. v. A. Kenntnis erhalten hat oder
   2. die gemachten Angaben nicht auf Verschulden des VN oder der vP beruhen oder
   3. die verschwiegenen Umstände nachweislich keinen Einfluß auf den Umfang der Vleistung gehabt haben.

b) Im Falle einer arglistigen Täuschung des VRs ist er berechtigt, den Vertrag anzufechten.
Hinweis: Trotz rechtswirksamer Rücktritts- oder Anfechtungserklärung des VRs hat der Berechtigte Anspruch auf Rückvergütung!

44 *Wie können dritte Personen Rechte an der LebensV erwerben?*

Durch Verpfändung, Pfandung, Abtretung und Bezugsberechtigung. In den Fällen der Verpfändung, Abtretung und Änderung der Bezugsberechtigung bedarf es zu ihrer Rechtswirksamkeit gegenüber dem VR der schriftlichen Anzeige des Berechtigten.

45 *Was versteht man unter Verpfändung einer LebensV?*

Die vertragliche Bestellung eines Pfandrechts an einer LebensV zur Sicherung einer Forderung. Die Verpfändung richtet sich nach den §§ 1273ff. BGB und wird demnach nur wirksam, wenn sie dem VR angezeigt worden ist. Der Pfandgläubiger steht außerhalb des Vsverhältnisses und kann die Ansprüche aus der V erst bei Pfandreife geltend machen, d. h. wenn seine Forderung gegen den Pfandschuldner fällig geworden ist. Der VN darf jedoch ohne Zustimmung des Pfandgläubigers keine Verfügungen treffen, die dessen Rechte beeinträchtigen. Besteht ein widerrufliches Bezugsrecht, gilt die Verpfändungsanzeige des VNs insoweit als Widerruf, als das Bezugsrecht die Pfandrechte des Gläubigers beeinträchtigen könnte.

46 *Wie erfolgt die Pfändung einer LebensV?*

Durch einen Pfändungs- und Überweisungsbeschluß des zuständigen Amtsgerichts, der dem VR verbietet, an den Schuldner zu zahlen, und dem Schuldner, über die Forderung zu verfügen. Hat der Gläubiger u. a. das Recht auf Widerruf einer Bezugsberechtigung und auf Rückvergütung gepfändet, kann er eine etwa ausgesprochene widerrufliche Bezugsberechtigung widerrufen und das Kündigungsrecht (§ 165 VVG) ausüben.

47 *Was bedeutet die Abtretung (Zession) einer LebensV?*

Der VN kann entweder alle Rechte (Forderungs- und Gestaltungsrechte) oder nur die Forderungsrechte abtreten. Das Forderungsrecht des Zessionars kann sich auf die gesamte Vssumme oder auf eine Teil-Vssumme erstrecken.

Kommt der VN seinen Verpflichtungen nicht nach, kann der Zessionar die LV kündigen, sie in eine beitragsfreie umwandeln lassen, die Rückvergütung beantragen oder ein neues Bezugsrecht begründen.

Der VN bleibt Prämienschuldner und Erklärungsempfänger für den VR.

48 *Was versteht man unter Bezugsberechtigung?*

Sie ist eine einseitige empfangsbedürftige Willenserklärung des VNs bei oder nach Vertragsschluß gegenüber dem VR, daß eine dritte Person die Vsleistung bei Fälligkeit erhalten soll.

a) Welche Arten der Bezugsberechtigung sind zu unterscheiden?

Die *widerrufliche* und die *unwiderrufliche* Bezugsberechtigung.

b) Was kennzeichnet die widerrufliche Bezugsberechtigung?

1. Dem VN verbleiben alle vertraglichen Rechte und Pflichten: er kann kündigen, Ansprüche verpfänden oder abtreten, die V zurückkaufen; er hat die Beiträge zu zahlen und die Obliegenheiten zu erfüllen;
2. der VN kann die Bezugsberechtigung ändern;
3. der Bezugsberechtigte erwirbt vor dem Vsfall noch keine Rechte;

c) Welches sind die besonderen Merkmale der unwiderruflichen Bezugsberechtigung?

Der VN kann über die Vsleistungen nur noch mit Zustimmung des Bezugsberechtigten verfügen, da der Begünstigte darauf einen sofort wirksamen Anspruch erworben hat, über den er verfügen (z.B. abtreten oder verpfänden) kann, und der als zu seinem Vermögen gehörend bei seinem Tode in der Regel auf seine Erben übergeht.

d) Wie wirkt sich eine Bezugsberechtigung aus, wenn der VN (= vte. Person) stirbt oder über sein Vermögen oder seinen Nachlaß der Konkurs eröffnet wird?

Stirbt der VN, so fällt die auf sein Leben abgeschlossene VSu. nicht in seinen Nachlaß. Der Anspruch des Bezugsberechtigten auf die Vsleistung richtet sich gegen den VR.

Dies gilt auch, wenn Konkurs über den Nachlaß eröffnet wird. Wird hingegen Konkurs über das Vermögen des VN eröffnet, ohne daß der Vsfall eingetreten ist, so gehört die Vsleistung zur Konkursmasse, sofern das Bezugsrecht widerruflich war.

Der Bezugsberechtigte oder, falls ein solcher nicht benannt ist, Ehegatte und Kinder des VN haben das Recht, in den L'vertrag einzutreten. Sie haften den Konkursgläubigern bis zur Höhe des Rückkaufswertes.

Bei unwiderruflicher Bezugsberechtigung fällt die Vsleistung in die Konkursmasse des Bezugsberechtigten, sofern über dessen Vermögen oder Nachlaß der Konkurs eröffnet wird.

Krankenversicherung

1 *Was ist Wesen und Zweck der Privaten KrankenV (PKV)?*

Die PKV ist eine PersonenV. Sie ersetzt in der KrankheitskostenV krankheits- oder unfallbedingte Heilbehandlungskosten (insoweit: konkrete Bedarfsdeckung); in der KrankentagegeldV Verdienstausfall als Folge von Krankheit oder Unfällen, soweit durch sie Arbeitsunfähigkeit verursacht wurde; in der KrankenhaustagegeldV durch stationäre Krankenhausaufenthalte verursachte private Mehraufwendungen. KT- und KHT-Versicherungen sind daher SummenV = abstrakte Bedarfsdeckung.

2 *Welche Bestimmungen liegen der PKV zugrunde?*

Da die PKV im VVG nicht besonders geregelt ist, wurden vom PKV-Verband für die einzelnen Vsarten „Musterbedingungen" geschaffen. Es sind dies die „Allgemeinen Versicherungsbedingungen für die Krankheitskosten- und Krankenhaustagegeld-Versicherung, Teil I, Musterbedingungen des Verbandes der privaten Krankenversicherung MB/KK", die „Allgemeinen Versicherungsbedingungen für die Krankentagegeld-Versicherung, Teil I, Musterbedingungen des Verbandes der privaten Krankenversicherung MB/KT", sowie die „Allgemeinen Versicherungsbedingungen für die Pflegekrankenversicherung, Teil I, Musterbedingungen des Verbandes der privaten Krankenversicherung (MB/PV)".

3 *Welche Vsarten sind in der PKV zu unterscheiden?*

a) KrankheitskostenV
b) selbständige TeilV
c) KrankenhaustagegeldV
d) KrankentagegeldV
e) Pflegekrankenversicherung

Eine besondere VForm ist die GruppenV.

Krankheitskostenversicherung

4 *Welche Leistungen gewährt die KrankheitskostenV?*

Ersatz von Aufwendungen für medizinisch notwendige Heilbehandlung und „sonstige" Leistungen.

Dies sind im einzelnen:

a) *Ambulante Arztbehandlung* (ggfs. auch durch zugelassene Heilpraktiker): Besuche, Beratungen, besondere Verrichtungen, Operationen, Untersuchungen einschl. Vorsorgeuntersuchungen.
b) *Stationäre Krankenhausbehandlung:* Unterbringungs- und Verpflegungskosten, Wahlleistungen: Ein- oder Zweibettzimmer und/oder privatärztliche Behandlung (Arzt- und Operationskosten), Transportkosten, Leistungen bei Entbindungen und Fehlgeburten.
c) *Arzneien und Verbandmittel* (nach ärztlicher Verordnung).
d) *Leistungen für Zahnbehandlung, Zahnersatz und Kieferregulierung:* im Regelfall prozentual und/oder summenmäßig begrenzte Erstattung.
e) *Heilmittel,* z. B. Bäder, Massagen, Inhalationen, Licht- und Wärmebehandlung, Strahlenbehandlung, z. B. Röntgen, Radium und Isotopen.
f) *Hilfsmittel,* z. B. Brillen, Kontaktlinsen, Bandagen, Prothesen.

In älteren Tarifen sind noch Sterbegeldleistungen vorgesehen.

5 *Welchen Zweck haben die Wartezeiten?*

Sie sollen für eine bestimmte Zeit nach dem technischen Beginn des Vsvertrages das Risiko einschränken, insbesondere das subjektive Risiko (anderenfalls würde V erst nach dem Auftreten einer Krankheit beantragt).

Durch die Wartezeiten wird eine gewisse Vorleistung des VN sichergestellt.

a) Welche Wartezeiten sind zu unterscheiden?

a) die *allgemeine* dreimonatige Wartezeit;
b) Die *besonderen* Wartezeiten von 8 Monaten für Entbindung, Psychotherapie, Zahnbehandlung, Zahnersatz und Kieferorthopädie.

b) Wann entfallen die allgemeinen Wartezeiten?	a) bei Unfällen. b) für Ehegatten eines seit mindestens drei Monaten versicherten VN, wenn die MitV innerhalb von 2 Monaten seit Eheschließung beantragt wird. c) Für Neugeborene beginnt der Vsschutz ab dem Tage der Geburt, wenn die MitV innerhalb von zwei Monaten nach der Geburt beantragt wird und ein Elternteil seit mindestens 3 Monaten versichert ist.
c) Welche weiteren Wartezeitregelungen gibt es?	a) Bei Übertritt aus der GKV, wenn die V innerhalb zweier Monate nach Ausscheiden aus der GKV beantragt wird und die V im unmittelbaren Anschluß daran beginnen soll, wird die nachweislich in der GKV ununterbrochene zurückgelegte Zeit angerechnet. Entsprechendes gilt für Personen, die Anspruch auf freie Heilfürsorge hatten (Beamte u. ä.). b) Bei Vorlage eines für die VP günstigen ärztlichen Zeugnisses können die Wartezeiten erlassen werden. c) Bei Einführung neuer Tarife kann seit 1991 generell auf eine Wartezeitregelung seitens des VU verzichtet werden.
6 *Wann beginnt der Vsschutz?*	Mit dem im Vsschein bezeichneten Zeitpunkt; nicht vor Abschluß des Vertrages, insbesondere Zugang des Vsscheins oder schriftl. Annahmeerklärung und Ablauf der Wartezeiten.
a) Welche Vsfälle sind nicht versichert?	Vsfälle, die vor Beginn des Vsschutzes eingetreten sind.
b) Wie sind Wartezeiterkrankungen zu behandeln?	Nach Abschluß des Vsvertrages eingetretene Vsfälle sind nur für den Teil von der Leistungspflicht ausgeschlossen, der in die Zeit vor Vsbeginn oder in die Wartezeiten fällt.
7 *Welche Selbstbeteiligungen des VNs unterscheidet man?*	a) *Prozentualsystem,* bei dem nur ein im Tarif festgelegter Prozentsatz der Kosten ersetzt wird (meist bei Beamtentarifen, ambulanten oder Zahnbehandlungstarifen); b) *Maximalsystem,* bei dem die EinzelVsleistungen, z.B. bei Arzneimitteln und Zahnbehandlung höchstens x DM, und auch die Gesamtleistungen je Vertrag oder je versicherte Person durch bestimmte Höchstsätze begrenzt werden;

c) *Prozentual-Maximalsystem,* das eine Verbindung von a) und b) darstellt, also die Vsleistung sowohl durch einen tariflich festgelegten Prozentsatz, z. B. 80 %, vom Rechnungsbetrag als auch zugleich durch einen bestimmten Höchstbetrag, z. B. nicht mehr als 3 000,— DM, begrenzt, und das häufig in Zahnbehandlungstarifen zu finden ist;

d) *Franchisen* (Freiteile), die Anzeigen von Bagatellschäden unterbinden und Verwaltungskosten ersparen sollen:

1. *Abzugsfranchise,* bei der von der tarifmäßigen Entschädigung (seltener vom Rechnungsbetrag) immer ein fester Betrag abgezogen wird;
2. *Integralfranchise,* bei der die vollen Kosten übernommen werden, wenn sie eine bestimmte Höhe übersteigen (z. B. alle Kosten über 300,— DM pro Kalenderjahr).

8 *Inwieweit bestehen in der PKV Beschränkungen der Leistungsdauer?*

Im allgemeinen gibt es eine zeitliche Leistungsbeschränkung nicht mehr. Summenmäßige Begrenzungen sind lediglich in Spezialtarifen oder bei einzelnen Leistungsarten üblich.

9 *Welche Leistungsausschlüsse enthalten die Muster- und Tarifbedingungen?*

a) Nach den Musterbedingungen (MB/KK) sind ausgeschlossen:

1. durch Krieg oder anerkannte Wehrdienstbeschädigung verursachte Krankheiten, Unfallfolgen oder Todesfälle (Einschluß durch bes. Vereinbarung jedoch möglich),
2. Krankheiten oder Unfälle, die durch Vorsatz herbeigeführt wurden,
3. Entziehungsmaßnahmen und -kuren, die durch Sucht (z. B. Mißbrauch von Rauschgiften) erforderlich werden,
4. Wissenschaftlich nicht allgemein anerkannte Behandlungen und Arzneimittel,
5. durch Pflegebedürftigkeit oder Verwahrung bedingte Unterbringungskosten,
6. Kur- und Sanatoriumsbehandlung, Rehabilitationsmaßnahmen der entsprechenden Träger (Bundesversicherungsanstalt, Landesversicherungsanstalten),
7. ambulante Heilbehandlungen in Kurorten, sofern die VP dort nicht ihren Wohnsitz hat, und die Erkrankung aufenthaltsbedingt ist,

8. Behandlung durch Ehegatten, Eltern oder Kinder. Ausnahme: nachgewiesene Sachkosten,
9. Behandlung durch Ärzte und Krankenanstalten, deren Rechnungen vom VR aus wichtigen Gründen von der Erstattung ausgeschlossen wurden (wegen unlauteren Verhaltens, Anwendung unwissenschaftlicher Methoden u. ä.) nach vorheriger Bekanntgabe,
10. über das medizinisch notwendige Maß hinausgehende Behandlung.

b) Nach den Tarifbedingungen (TB) können ausgeschlossen sein:

1. alle medizinisch nicht notwendigen Heilmaßnahmen und Hilfsmittel,
2. namentlich nicht aufgeführte Hilfsmittel,
3. Nähr- und Stärkungsmittel,
4. sanitäre Bedarfsartikel,
5. vereinzelt Aufenthaltskosten in Kur- und Badeorten,
6. kosmetische Artikel und Behandlungen sowie reine Schönheitsoperationen.

10 *Inwieweit ist die VP auch bei Auslandsaufenthalten geschützt?*

Nach den Musterbedingungen (MB/KK) gilt folgendes:

a) Der Versicherungsschutz erstreckt sich grundsätzlich auf Heilbehandlung in Europa. Ohne besondere Vereinbarung wird er für die Dauer eines Monats auch auf außereuropäische Länder ausgedehnt, wenn sich die VP dort vorübergehend aufhält. Bei krankheitsbedingtem längerem Aufenthalt in außereuropäischen Ländern besteht für 2 Monate voller Vsschutz bis zu dem Zeitpunkt, an dem die VP gefahrlos die Rückreise antreten kann.

b) Durch besondere Vereinbarung mit dem VR kann der Vsschutz – ggfs. gegen einen Prämienaufschlag – auch für die Dauer von mehr als einem Monat auf außereuropäische Länder ausgedehnt werden.

c) Der Vsschutz endet in jedem Fall mit dem Wegzug des VN/VP aus dem Tätigkeitsbereich des VR.

11 *Was bezweckt eine AnwartschaftsV?*

a) Sie soll die Anwartschaft auf das spätere Inkrafttreten eines *neuen* Vertrages schaffen, z.B. nach Beendigung der KrankenVspflicht, der Wehrpflicht oder nach Rückkehr aus dem Ausland;

b) sie soll die Anwartschaft auf die spätere Fortsetzung eines unterbrochenen Vertrages gewähren, wenn die Unterbrechungszeit, z.B. vorübergehende Vspflicht, beendet ist.

Damit sichert sich der VN Prämienvorteile.

Selbständige Teilversicherung

12 *Was ist Wesen und Zweck der selbständigen TeilV?*

a) Sie ist eine V nach Tarifen, die ohne Verbindung mit anderen, etwa einem Krankheitskostenvolltarif, abgeschlossen werden kann;

b) sie bietet den Personen Vsschutz, die ihre Leistungsansprüche aus einer bereits bestehenden KrankheitskostenV ergänzen möchten. Sie wendet sich auch an die Personen, die keine KrankheitskostenV abgeschlossen haben, sich aber wenigstens gegen Großschäden sichern wollen; schließlich noch an Personen, die in der GKV versichert sind, auf privatärztliche Behandlung oder bessere Unterkunft bei Krankenhausbehandlung jedoch nicht verzichten wollen.

13 *Worauf erstreckt sich die selbständige TeilV?*

Hauptsächlich auf Krankenhaustarife, die nach dem Kosten- und nach dem Tagegeldprinzip (konkrete und abstrakte Bedarfsdeckung) die Aufwendungen für Krankenhaus und Operation sowie ein vereinbartes Tagegeld ersetzen, aber auch auf ambulante Krankheitskosten – und Zahntarife.

Krankenhaustagegeldversicherung

14 *Was ist Gegenstand der KrankenhaustagegeldV?*

Die Gewährung eines vertraglich vereinbarten Tagegeldes für jeden Tag, den die VP zur medizinisch notwendigen stationären Heilbehandlung, Entbindung oder Fehlgeburt im Krankenhaus verbringt.

Das Krankenhaustagegeld wird ohne Kostennachweis gezahlt. Die KrankenhaustagegeldV ist damit reine SummenV.

15 *In welcher Höhe kann die KrankenhaustagegeldV abgeschlossen werden?*

In der Regel betragen die versicherten Summen zwischen 20,— DM und 200,— DM pro Tag; im Einzelfall können auch höhere Summen vereinbart werden.

16 *Welche Bedingungen gelten für die Krankenhaustagegeld V?*

Die Allgemeinen Versicherungsbedingungen für die Krankheitskosten- und Krankenhaustagegeldversicherung, Teil I, Musterbedingungen des Verbandes der privaten Krankenversicherung (MB/KK 76), sowie die jeweiligen Tarifbedingungen.

Insofern gilt das für die KrankheitskostenV Gesagte auch für die KrankenhaustagegeldV.

Krankentagegeldversicherung

17 *Wogegen schützt die Krankentagegeld V?*

Gegen einen durch Krankheit oder Unfall entstehenden Verdienstausfall des Versicherten, an den das Tagegeld, das sofort nach Beibringung einer Arbeitsunfähigkeitsbescheinigung des Arztes fällig wird, von einem vereinbarten Tage der Arbeitsunfähigkeit an zu zahlen ist.

18 *Welche Tarife kennt die Krankentagegeld V?*

a) Für *beruflich Selbständige* (Gewerbetreibende, Handwerker, Freiberufliche), für die je nach Höhe des Nettoeinkommens die Tarife ein Tagegeld bis zu i. d. R. 150,– DM vorsehen, das von einem festgelegten Tage der Arbeitsunfähigkeit an zu zahlen ist;

b) für *Arbeitnehmer,* bei denen vertraglich der Zahlungsbeginn in der Regel erst vom 43. Tage der Arbeitsunfähigkeit an festgelegt ist, da sie einen gesetzlichen Gehaltsfortzahlungsanspruch im Krankheitsfalle von mindestens sechs Wochen haben;

c) für *Ärzte,* denen wegen ihres geringen subjektiven Risikos durch Sondertarife ein niedriger Beitrag zugestanden wird.

19 *Wonach soll sich die Höhe des Tagegeldes richten?*

Das Tagegeld darf nicht höher sein als das durchschnittliche Nettoeinkommen des gesunden Versicherten; da das Bereicherungsverbot hier nicht gilt, mußten die VR besondere Regelungen treffen.

20 *Was ist über die Dauer der Tagegeldzahlung bestimmt?*

Die neueren Tarife sehen eine Leistungshöchstdauer nicht mehr vor.

Lediglich für den Fall des Eintritts der Berufsunfähigkeit, Arbeitslosigkeit oder Erreichen des Rentenalters ist eine Beendigung des Vsverhältnisses vorgesehen.

21 *Wie lange ist die Wartezeit bei der TagegeldV?*

a) Die allgemeine Wartezeit beträgt 3 Monate. Sie entfällt bei Unfällen. Bei ÜbertrittsV aus der GKV wird die dort ununterbrochen zurückgelegte Vszeit auf die Wartezeiten angerechnet. Voraussetzung ist, daß die V innerhalb von 2 Monaten nach Beendigung der VorV beantragt wird und der Vsschutz im unmittelbaren Anschluß beginnen soll.

b) Die besondere Wartezeit beträgt für Psychotherapie, Zahnbehandlung, Zahnersatz und Kieferorthopädie acht Monate.

c) Durch Vorlage eines ärztlichen Zeugnisses können die Wartezeiten erlassen werden.

Gruppenversicherung

22 *Welche GruppenVsverträge sind zulässig?*

a) In der KrankheitskostenV für kurzfristige Gemeinschaftsveranstaltungen (längstens ein Jahr) und für Ausbildungseinrichtungen (für Schüler usw.);

b) in der Krankheitskosten- und in der KrankentagegeldV für Firmen, vereinigte freiberufliche Personen mit Zwangszugehörigkeit und rechtsfähige Berufsvereinigungen von Selbständigen ohne Zwangszugehörigkeit (für Interessenverbände usw.).

23 *Woraus ergeben sich Vergünstigungen bei den GruppenVen?*

Aus der besonderen Risikolage und Risikostreuung in der Gruppe und aus der Verwaltungsvereinfachung, die auch mit dem Abschluß von Sammelinkassoverträgen mit Betrieben bezweckt.

Pflegekrankenversicherung

24 *Welche Arten der Pflegekrankenversicherung gibt es?*

a) die Pflegekostenversicherung,
b) die Pflegetagegeldversicherung.

25 *Was ist Gegenstand der Pflegekrankenversicherung?*

a) in der Pflegekostenversicherung Ersatz von durch Pflege von pflegebedürftigen Personen entstehende Kosten;

b) in der Pflegetagegeldversicherung Zahlung eines Tagegeldes ohne Kostennachweis und ohne zeitliche Begrenzung für jeden Tag der Pflegebedürftigkeit.

26 *Welche Pflegeformen werden unterschieden?*

1. die häusliche Pflege,
2. die stationäre Pflege,
3. die teilstationäre Pflege.

27 *Wie ist der Vsfall in der Pflegekrankenvs definiert?*

Versicherungsfall ist die Pflegebedürftigkeit einer versicherten Person. Pflegebedürftigkeit liegt vor, wenn die versicherte Person so hilflos ist, daß sie nach objektivem medizinischen Befund für bestimmte Verrichtungen im Ablauf des täglichen Lebens in erheblichem Umfang täglich der Hilfe einer anderen Person bedarf.

28 *Welche Kriterien werden für die Einstufung der Pflegebedürftigkeit herangezogen?*

Erfordernis der persönlichen Hilfe bei
- Aufstehen und Zubettgehen,
- An- und Auskleiden,
- Waschen, Kämmen, Rasieren,
- Einnehmen von Mahlzeiten und Getränken,
- Stuhlgang und Wasserlassen.

29 *Welche Bedingungen gelten für die Pflegekrankenversicherung?*

Die „Allgemeinen Versicherungsbedingungen für die Pflegekrankenversicherung, Teil I, Musterbedingungen des Verbandes der privaten Krankenversicherung (MB/PV)“ sowie als Teil II der AVB die jeweiligen „Tarifbedingungen für die Pflegekosten- und die Pflegetagegeldversicherung“.

Tarifierung

30 *Welche Arten des Risikos sind zu unterscheiden?*

Das objektive und das subjektive Risiko.

31 *Das objektive Risiko in der PKV.*

a) Was versteht man unter objektivem Risiko?

Die Erkrankungswahrscheinlichkeit (Häufigkeit und Höhe des Schadens), die sich aus entsprechenden Statistiken ermitteln läßt, und die damit verbundenen Aufwendungen.

b) Wonach läßt sich das objektive Risiko beurteilen?

Nach dem Einfluß, den Eintrittsalter, Lebensalter, Geschlecht, Gesundheitszustand, Vorerkrankungen, Vertragsdauer und Berufszugehörigkeit auf das Gesamtwagnis ausüben.

c) Welche Gebührenordnungen für die Bemessung des ärztlichen Honorars gibt es?

Gebührenordnung für Ärzte (GOÄ). Gebührenordnung für Zahnärzte (GO für Zahnärzte).

32 *Das subjektive Risiko in der PKV.*

a) Worin besteht das subjektive Risiko?

In einer Reihe von wichtigen Gefahrenumständen, die im Charakter und im Verhalten der am Vsfall aktiv und passiv beteiligten Personen begründet sind.

b) Welche natürlichen Gefahrenumstände können unmittelbar oder mittelbar das subjektive Risiko beeinflussen?

a) *unmittelbar,* vom Versicherten ausgehend, z. B.: Überempfindlichkeit; Übervorsichtigkeit; Unvorsichtigkeit; Einflußversuche auf Arzt, Apotheke, Krankenhaus; Vergeßlichkeit bei Obliegenheiten des Vsvertrages;

b) *mittelbar,* von Dritten ausgehend, z. B.: Unerfahrenheit beim Ausfüllen des Vsantrages; Übervorsichtigkeit in der Behandlung; leichte Beeinflußbarkeit durch Patienten.

c) Welche unnatürlichen Gefahrenumstände können unmittelbar oder mittelbar auf das subjektive Risiko einwirken?

a) *unmittelbar,* vom Versicherten ausgehend, z. B.: „Medikamentitis"; gefälschte Belege, z. B. hinsichtlich der Behandlungsdaten; Vortäuschung von Krankheiten, z. B. zwecks Verlängerung des Krankenhausaufenthaltes;

b) *mittelbar,* vom Dritten ausgehend, z. B.: Mithilfe beim Verschweigen von Vorkrankheiten; Vielgeschäftigkeit; falsche Berechnung; Tarnung, z. B. einer Erholungsstätte als Krankenhaus.

33 *Welche Rechnungsgrundlagen sind für die Ermittlung des Beitrages maßgebend?*

a) Die *Tafel der Kopfschäden,* die aufschlußreiche Gesetzmäßigkeiten des Risikoverlaufs nach Alter, Geschlecht, Leistungsart, Vertragsdauer und Tarif erkennen läßt. Unter Kopfschaden ist die durchschnittliche jährliche Ausgabe pro Kopf eines gegen Krankheitskosten Versicherten eines bestimmten Alters und Geschlechts zu verstehen;

b) der *Schadenparameter,* der berücksichtigt, daß die Häufigkeit der Leistungsinanspruchnahme mit der Höhenlage des Tarifs steigt;

c) die *Ausscheideordnung*, die die Sterbetafel, die Abgangswahrscheinlichkeit und die Invaliditätstafel umfaßt, sie dient vor allem zur Berechnung der Rückstellung für das mit dem Alter zunehmende Krankheitsrisiko (Alterungsrückstellung);

d) der *Rechnungszinsfuß*, der nach den Richtlinien 3 1/2 % nicht übersteigen darf, weil er dauernd erzielbar sein muß. Er ist in die Berechnung der Deckungsrückstellung einzubeziehen;

e) die *Zuschläge*, die zusammen mit der Nettoprämie den Bruttobeitrag bilden, gliedern sich in:
   1. Kostenzuschläge (Abschluß- oder Vertriebskosten, die meist „gezillmert" werden, und laufende Verwaltungskosten);
   2. Sicherheitszuschlag (bei Tarifen mit Beitragsanpassungsklausel mindestens 5% der Bruttoprämie; bei Tarifen ohne Beitragsanpassungsklausel mindestens 10% der Bruttoprämie), der erhebliche Schwankungen im Geschäftsverlauf auffangen und kalkulatorische Unsicherheiten ausschalten helfen soll;
   3. Ggf. Zuschlag für erfolgsunabhängige Beitragsrückerstattung, die nach Tarif bei leistungsfreiem Verlauf der V auszuzahlen ist.

34 *Wonach richten sich die Tarifbeiträge im einzelnen?*

a) *Nach dem Alter:* Die Beiträge sind meist nach Eintrittsaltersgruppen (5–10 Jahre) gestaffelt, wobei nachträgliche Beitragserhöhungen wegen Älterwerdens unzulässig sind. Deshalb müssen bei gleichbleibenden Beiträgen Alterungsrückstellungen gebildet werden;

b) *nach dem Geschlecht:* Da lt. Statistik die Frauen infolge öfterer und aufwendigerer Erkrankungen die V mehr beanspruchen als die Männer, müssen die Beiträge für sie höher sein als für männliche Versicherte.

35 *Unter welchen Voraussetzungen können Tarifänderungen vorgenommen werden?*

Wenn infolge einer wesentlichen Steigerung der Krankheitskosten oder medizinischer Fortschritte die Beiträge die Vsleistungen nicht mehr decken, können mit Genehmigung der Aufsichtsbehörde die Beiträge erhöht oder die Leistungen verringert oder Franchisen eingeführt werden. Die Tarifänderungen gelten auch für bestehende Verträge, die aber im Falle von Beitragserhöhungen und/oder Leistungseinschränkungen gekündigt werden können.

36 *Was ist der Zweck der Beitragsrückerstattung?*

Sie soll die VU von kleinen Krankheitskosten (Bagatellschäden) und damit auch von erheblichen Regulierungskosten entlasten.

37 *Welche Arten von Beitragsrückerstattungen gibt es?*

a) Die *erfolgsunabhängige,* die in den Beitrag einkalkuliert ist, und deren Auszahlung den leistungsfreien Verlauf der V voraussetzt;

b) die *erfolgsabhängige,* die eine Gewinnbeteiligung aller oder nur der VN darstellt, deren V leistungsfrei verlaufen ist. Diese Art ist die heute am weitesten verbreitete.

Besonderheiten der Privaten Krankenversicherung

38 *Welche Sonderregelungen gelten für den Vertragsabschluß?*

a) Der Antragsteller ist sechs Wochen an seinen Antrag gebunden (Antragsbindefrist), damit der VR während dieser Frist ggf. Rückfragen bei Ärzten usw. halten kann;

b) der Antrag kann nur vom VR selbst (Direktion) angenommen werden, da die Risiken einheitlich beurteilt werden müssen; es gibt also in der PKV nur Vermittlungs-, keine Abschlußvertreter (vgl. §§ 43 ff. VVG);

c) bei Antragsprüfung ist folgendes besonders zu berücksichtigen:
Gesundheitszustand bei Antragstellung; bereits überstandene Krankheiten und Operationen; Erbkrankheiten in der Familie; bereits bestehende gesetzliche oder private KrankenVen.

39 *Wann kann der Vsvertrag durch den VN gekündigt werden?*

a) Wenn der Versicherte krankenversicherungspflichtig wird, kann er innerhalb zweier Monate nach Eintritt der Vspflicht mit Wirkung zum Schluß des Monats kündigen, in dem er seine Vspflicht nachweist.

b) wenn der VR die Beiträge erhöht oder die Leistungen vermindert, kann der VN das Vsverhältnis innerhalb eines Monats zum Zeitpunkt der Änderung kündigen. Die Kündigung erstreckt sich nur auf die von der Änderung betroffenen versicherten Personen.

c) wenn der VR die Anfechtung, den Rücktritt, die Kündigung nur für einzelne versicherte Personen erklärt, kann der VN den gesamten Vertrag kündigen.

40 *Welche Nachteile können dem VN durch seine Kündigung entstehen?*

Der Abschluß eines neuen Vertrages bei einem anderen VR erfordert infolge des höheren Eintrittsalters höhere Beiträge und verlangt neue Wartezeiten.

41 *Welche Eigenheit weist der Vsfall in der PKV auf?*

Da die Krankheit ein Zustand mit Beginn und Ende ist, handelt es sich in der PKV – wie auch in der BUV – um einen „*gedehnten*" Vsfall, der „beginnt" mit der Heilbehandlung" und „endet, wenn nach medizinischem Befund Behandlungsbedürftigkeit nicht mehr besteht" (§ 1 Abs. 2 MB/KK).

42 *Welche Obliegenheiten hat der VN im Vsfalle zu erfüllen?*

a) *Auskunftspflicht* (§ 9 Abs. 2 MB/KK) gegenüber dem VR zur Feststellung und zum Umfang des gemeldeten Vsfalls;

b) *Anzeigepflicht,* die bei der KrankentagegeldV innerhalb der im Tarif festgelegten Frist und bei stationärer Krankenhausbehandlung innerhalb von zehn Tagen nach ihrem Beginn zu erfüllen ist;

c) *Belegpflicht,* die u. a. die Vorlage einer spezifizierten Arztrechnung fordert.

43 *Wie ist die Leistungspflicht bei Unfällen geregelt, wenn außer der KrankenV eine UnfallV besteht?*

Wenn ein Unfallversicherter den Anspruch auf Erstattung der Heilkosten gegenüber mehreren VRn geltend machen kann, sind diese nach aufsichtsamtlicher Anordnung in nachstehender Reihenfolge zu bedingungs- und tarifmäßigen Leistungen verpflichtet, wobei jeder nachfolgende VR nur ergänzend haftet: EinzelkrankenV, EinzelunfallV, GruppenkrankenV, GruppenunfallV.

44 *Wie ist zu verfahren, wenn bei Unfällen KrankenV und HaftpflichtV zusammentreffen?*

Soweit der KrankenVR die Heilbehandlungskosten des Geschädigten ersetzt, geht der Anspruch gegen den Schädiger auf Schaden- (nicht auch auf Tagegeld-) Ersatz nach § 67 VVG auf ihn über; der Abrechnungsverkehr zwischen den Beteiligten vollzieht sich nach den entsprechenden rechtlichen Bestimmungen, sofern ein Teilungsabkommen nicht besteht.

Unfallversicherung

Anwendungsbereich der AUB 88/Umfang des Versicherungsschutzes

1 *Was ist nach den AUB versicherbar?*

V'bar ist der Körper mit normaler körperlicher und geistiger Leistungsfähigkeit jeder natürlichen Person bis zur Vollendung des 75. Lebensjahres, die bei Antragstellung weder dauernd pflegebedürftig noch geisteskrank ist. – Pflegebedürftig ist, wer für die Verrichtungen des täglichen Lebens überwiegend fremder Hilfe bedarf.

2 *Wofür haftet der UVR im Vfall?*

Der UVR haftet für die wirtschaftlichen Folgen eines während der Wirksamkeit des Vertrages eingetretenen U'ereignisses bis zur Höhe der für die einzelne Leistungsart vereinbarten Summe nach Maßgabe des Antrages, des Vsscheines und den allgemeinen und besonderen Bedingungen. – Zu unterscheiden ist zwischen Unfall sowie Gesundheitsschädigungen und deren Folgen.

3 *Wann liegt ein ersatzpflichtiger Unfall vor?*

Wenn der Vte durch ein plötzliches (!) von außen (!) auf seinen Körper (!) wirkendes Ereignis (!) unfreiwillige (!) Gesundheitsschädigungen (!) erleidet. – Als U gilt auch, wenn durch erhöhte (!) Kraftanstrengung an Gliedmaßen oder Wirbelsäule
(1) ein Gelenk verrenkt wird oder
(2) Muskeln, Sehnen, Bänder oder Kapseln gezerrt oder gerissen werden.

4 *Ist der Eintritt eines ersatzpflichtigen U'Ereignisses auf ein geographisch bestimmbares Gebiet beschränkt?*

Nein! – Der Vsschutz umfaßt ersatzpflichtige U'Ereignis-Eintritte in der ganzen Welt.

5 *Welche U'ereignisse sind dennoch vom Vsschutz ausgeschlossen?*

1. Unfälle durch Geistes- oder Bewußtseinsstörungen (auch Trunkenheit – s. jedoch Frage 8) sowie durch Schlaganfälle, epileptische Anfälle oder andere, den ganzen Körper des Vtn ergreifende Krampfanfälle; es sei denn, sie sind durch das vte. U'ereignis verursacht;
2. Unfälle bei vorsätzlicher Begehung oder Versuch einer Straftat („Ordnungswidrigkeit" ist keine Straftat!);
3. Unfälle in unmittelbarem oder mittelbarem Zusammenhang mit Kriegs- oder Bürgerkriegsereignissen;
4. Unfälle durch innere Unruhen, wenn der Vte auf seiten der Unruhestifter teilgenommen hat;
5. Unfälle des Vten
   a) bei Benutzung von Luftfahrzeugen (Fluggeräten) ohne Motor, Motorseglern, Ultraleichtflugzeugen und Raumfahrzeugen sowie beim Fallschirmspringen;
   b) als Luftfahrzeugführer oder als sonstiges Besatzungsmitglied eines Luftfahrzeuges;
   c) bei einer mit Hilfe eines Luftfahrzeuges auszuübenden beruflichen Tätigkeit.

Merke: Der privatunfallvte Fluggast (!) genießt UVsschutz!

6. Unfälle bei aktiver Teilnahme an Motor-Rennveranstaltungen mit Land- und/oder Wasserfahrzeugen;
7. Unfälle in unmittelbarem oder mittelbarem Zusammenhang mit Kernenergie. Der Wiedereinschluß von Teilen des Kernenergierisikos kann besonders vereinbart werden.

6 *Welche Gesundheitsschädigungen und deren Folgen sind vom Vsschutz ausgeschlossen?*

a) Gesundheitsschädigungen durch Strahlen;
b) Gesundheitsschädigungen durch Heilmaßnahmen oder Eingriffe, die der Vte an seinem Körper vornimmt oder vornehmen läßt; es sei denn, sie sind unfallbedingt;
c) Infektionen; es sei denn, sie sind Unfallfolgen oder dienen der Tollwut- und Wundstarrkrampfbekämpfung, oder sie sind Heilmaßnahmen im Zusammenhang mit einem ersatzpflichtigen U'ereignis.
   An sich geringfügige Haut- oder Schleimhautverletzungen, durch die Krankheitserreger sofort oder später in den Körper gelangen, sind keine ersatzpflichtigen Unfallverletzungen (also keine Haftung für Aids-Erkrankungen!)!
d) Vergiftungen durch Einnehmen fester (!) oder flüssiger (!) Stoffe durch den Schlund (siehe jedoch Frage 8).
   Merke: Gasvergiftungen sowie Verätzungen sind vt!
e) Bauch- oder Unterleibsbrüche; es sei denn, sie sind verursacht durch direktgerichtete und von außen kommende Einwirkung;
f) Schädigungen an Bandscheiben sowie Blutungen aus inneren Organen und Gehirnblutungen; es sei denn, daß sie zu mehr als 50% durch das vte. U'ereignis bedingt sind;
g) Ohne Rücksicht auf die Verursachung sind krankhafte Störungen infolge psychischer Reaktionen vom Vsschutz ausgeschlossen. (Der Unfall-Schock ist als direkte Unfall-Folge vt!)

7 *Wodurch kann der Vsschutz nach den AUB 88 auf Antrag des VN (!) eingeschränkt werden?*

Durch Vereinbarung einer der folgenden Besonderen Bedingungen:
Deckungsumfang für die V gegen

a) berufliche (!) Unfälle ohne (!) Einschluß des Wegerisikos;

b) berufliche (!) Unfälle mit (!) Einschluß des Wegerisikos;

c) außerberufliche (!) Unfälle. *Merke:* Unfälle von gewerbsmäßig Sporttreibenden sind nicht gedeckt!

8 *Wodurch kann der Vsschutz nach den AUB 88 auf Antrag des VN (!) ausgedehnt werden?*

1. Durch Vereinbarung der Besonderen Bedingungen für den Einschluß von Bewußtseinsstörungen in die UV. Danach sind auch Unfälle infolge Trunkenheit versichert; bei Trunkenheit am Steuer eines Kfzs. jedoch nur, wenn der Blutalkoholgehalt geringer als 1,5‰ ist;
2. Durch Vereinbarung der Zusatzbedingungen für die Kinder-UV (Ki UV 90) mit Einschluß von Vergiftungen. Danach sind Kinder bis zur Vollendung des 18. Lebensjahres mitversichert.
   Mitversichert sind bis zur Vollendung des 10. Lebensjahres auch Vergiftungen infolge versehentlicher Einnahme von für Kinder schädlichen Stoffen (!) mit Ausnahme von Nahrungsmitteln. Zugleich wird mit diesen Zusatzbedingungen die Frist für erneute Invaliditätsgradbestimmung für Kinder von drei auf fünf Jahre verlängert, jedoch nicht über das 18. Lebensjahr hinaus;
3. Für Personen, die beruflich mit strahlenerzeugenden Stoffen und Geräten in Berührung kommen, enthalten die Besonderen Bedingungen für die Strahlen-UV Sonderregelungen für Änderungen und Ergänzungen der AUB 88. Wegen Einzelheiten muß auf den Bedingungswortlaut verwiesen werden;
4. Gesundheitsschädigungen durch Röntgenstrahlen und künstlich erzeugte ultraviolette Strahlen können durch Aufnahme der hierfür vorgesehenen Besonderen Bedingung eingeschlossen werden. Dessenungeachtet besteht kein Vsschutz z. B. für Röntgenschäden als Folge regelmäßigen Hantierens mit Röntgenapparaten sowie für Berufskrankheiten;
5. Für Angehörige von Heilberufen in der Human- und Tiermedizin sowie für Chemiker und Desinfektoren kann der Einschluß von Infektionen in die UV vereinbart werden. Einzelheiten sind den einschlägigen Besonderen Bedingungen zu entnehmen.

Leistungsarten

9 *Welche Leistungsarten werden als Summenversicherungen mit dem UVR vereinbart, für die der Grundsatz abstrakter Bedarfsdeckung gilt?*

1. Invaliditätsleistung,
2. Übergangsleistung,
3. Tagegeldleistung,
4. Krankenhaustagegeldleistung,
5. Genesungsgeldleistung,
6. Todesfalleistung.

10 *Welche Leistungsarten können mit dem UVR vereinbart werden, die er als Schaden- und zugleich Kosten-VR nach dem Grundsatz der konkreten Bedarfsdeckung erbringen soll?*

Schaden- und zugleich Kosten-VR ist der UVR, wenn mit ihm kraft besonderer Bedingungen folgende Einschlüsse vereinbart sind:

1. Mitversicherung der Kosten für kosmetische Operationen in der UV;
2. Einschluß von Bergungskosten in die Allgemeine UV für die Fälle unmittelbar drohender oder verwirklichter Gefahr, sofern die Kosten von privat- oder öffentlichrechtlich organisierten Rettungsdiensten berechnet werden;
3. Mitversicherung von Heilkosten in der UV.

11 *Welchen Grundsätzen muß der Anspruch auf Gewährung einer Invaliditätsleistung genügen, und wie wird ihre Höhe bemessen?*

Der Anspruch setzt den Eintritt eines ersatzpflichtigen U'Ereignisses voraus, das zu einer dauernden Beeinträchtigung der körperlichen und geistigen Leistungsfähigkeit des Vten geführt hat. Die Invaliditätsbemessung ist abstrakt, d. h., sie ist losgelöst von Berufszugehörigkeit, Berufstätigkeit und von den Einkommens- und Vermögensverhältnissen des verunfallten Vten; sie wird auf jeden Unfall-Vten gleichermaßen angewendet. Die Höchstgrenze der Vsleistung ist durch die versicherte Summe festgelegt. Die zu erbringende Leistung wird in Prozenten der Invaliditäts-Vssumme ausgedrückt.

Für feste Invaliditätsgrade gilt bei Verlust (!) oder Funktionsunfähigkeit (!) einzelner Körperteile oder Sinnesorgane die sogenannte Gliedertaxe in der Neufassung (vgl. § 7 I, 2 a AUB 88).

Bei Teilverlust oder Funktionsbeeinträchtigung (!) werden die versehrten Körperteile oder Sinnesorgane mit einem, pflichtgemäßen Ermessen entsprechenden Abschlag von den aufgeführten Prozentsätzen in Ansatz gebracht (sogen. Gliedertaxfälle).

Beispiel:

Funktionsverlust eines Armes im Schultergelenk, versichert mit maximal 70% aus 100 TDM vereinbarter Invaliditäts-Vssumme.

Tatsächlich ärztlich festgestellter Invaliditäts-Grad: 50% aus 70%.

Invaliditätsleistung des UVRs mithin: 50% aus 70% aus 100 TDM = 35 000 DM!

In Fällen, auf die die Gliedertaxe nicht angewendet werden kann (so z. B. bei inneren Verletzungen, Kopf- und/oder Wirbelsäulenverletzungen) ist maßgeblich, inwieweit die normale körperliche oder geistige Leistungsfähigkeit unter ausschließlicher Berücksichtigung medizinischer Gesichtspunkte beeinträchtigt ist (vgl. § 7 I 2 c AUB 88).

Alles in allem ist bei Bemessung des Invaliditäts-Grades zu würdigen, daß es sich handelt um die Abgeltung

- dauerhaft anhaltender Unfallfolgen
- dauernder Gesundheitsschädigungen
- dauernder Einengung der körperlichen Beweglichkeit
- dauernder Gebrauchsminderung sämtlicher Körperfunktionen
- dauernder körperlicher und/oder geistiger Funktionsstörungen
- und schließlich objektivierter Minderung der Daseinsqualität.

Entspricht der ärztliche Befund diesen Anforderungen, so entsteht der Anspruch des Vten auf die volle oder dem Invaliditäts-Grad entsprechend gekürzte Kapitalleistung aus der Inv.-Vssumme.

Hat der Vte bei Eintritt des U'Ereignisses bereits das 65. Lebensjahr vollendet, so tritt an die Stelle der Kapital- die Rentenleistung (vgl. § 7 I (1) in Verbindung mit § 14 AUB 88).

Die Invalidität muß innerhalb eines Jahres nach dem Unfall eingetreten sein sowie spätestens vor Ablauf von weiteren drei Monaten ärztlich festgestellt und geltend gemacht werden (vgl. § 7 I (1) Abs. 2 AUB 88).

Stirbt der Vte an den U'folgen binnen eines Jahres nach dem U'Eintritt, besteht kein Anspruch auf Gewährung der I.-Leistung, denn an ihre Stelle tritt die Todesfallleistung des UVRs.

Verstirbt der Vte aus unfallfremder Ursache innerhalb eines Jahres oder später als ein Jahr nach dem Unfall, so leistet der UVR entsprechend dem I.-Grad, mit dem aufgrund der zuletzt erhobenen Befunde zu rechnen gewesen wäre (vgl. § 7 I (4) und (5) AUB 88).

12 *Warum sieht die Rententabelle (§ 14 AUB 88) für Frauen geringere Rentenzahlungen bei Invalidität vor als für Männer?*

Grundlage der Rententabelle sind geschlechtsspezifische Sterbetafeln von 1970/72 bei einem Zinsfuß von 3,5%. – Die Rententabelle des UVRs stellt ab auf einen Rentenbeginn von spätestens (!) 75 Jahren und darüber.

Wegen der unterschiedlichen Lebenserwartungen von Männern sowie Frauen ergeben sich – gleicher Aufwand von eingesetztem Kapital vorausgesetzt – für weibliche Vte somit niedrigere Rentenzahlungsbeträge.

13 *Können von den AUB 88 abweichende höhere I.-Vleistungen versichert werden?*

Ja! – Durch Vereinbarung Besonderer Bedingungen für

a) die UV mit progressiver I.-Staffel (z. B. 200%, 225%, 300%),
b) Mehrleistungen bei einem I.-Grad ab 90%,
c) die Bemessung des Invaliditäts-Grades für Heilberufe.

Einzelheiten sind den entsprechenden Bedingungstexten zu entnehmen.

14 *Entscheiden Sie über die vom UVR zu erbringenden I.-Vleistungen unter Beachtung der Vorschriften des § 7 I 2 a) und 2 d) sowie (3) AUB 88 in folgenden Fällen:*

Vter A:
Vorschädigung des rechten Beines:
40% aus 70%.
Erneuter Unfall mit der Folge, daß das rechte Bein amputiert (= abgenommen) werden muß.

Vter B:
Vorschädigung des rechten Gehörganges:
30%.
Erneuter Unfall mit der Folge völliger Funktionsunfähigkeit des linken Gehörganges.

Vter C:
Verkehrsunfall führt zum Verlust eines Armes oberhalb des Ellenbogengelenkes und zum Verlust des rechten Auges!

Aus den jeweils vereinbarten Invaliditäts-Vssummen erhalten die Geschädigten
Vter A: 70% minus 28% = 42%,
Vter B: 30% minus 0% = 30%,
Vter C: 65% plus 50% = 100%. (!)

15 *In welchen Fällen zahlt der UVR eine Übergangsleistung?*

Für die Übergangsleistung wird im Vsschein eine gesonderte Positions-Vssumme ausgewiesen. Die vertraglich vereinbarte Ü'leistung wird spätestens (!) sieben Monate nach Unfallereigniseintritt erbracht, wenn eine unfallbedingte Beeinträchtigung der normalen körperlichen und geistigen Leistungsfähigkeit von mehr als 50 % seit Unfalleintritt ohne Mitwirkung von Krankheit oder Gebrechen ununterbrochen bestanden hat und noch besteht und (!) dies unter Vorlage des Arztattestes begründet und von dem Vten geltend gemacht wird (vgl. § 7 II in Verbindung mit § 9 VI AUB 88). Einige VR gewähren bei 100 %iger Beeinträchtigung bereits nach drei Monaten eine 25 %ige oder gar 50 %ige Übergangsleistung (erweiterte Übergangsleistung), und zwar ohne Rücksicht darauf, ob die 100 %ige Leistungsbeeinträchtigung der vP im beruflichen oder außerberuflichen Bereich aufgetreten ist.

Die Übergangs-Vleistung ist kein Vorschuß, sie wird daher auf die Invaliditäts-Vsleistung nicht angerechnet!

16 *Für welche Dauer wird die Tagegeldleistung gezahlt, und wie wird ihre Höhe bemessen?*

Im Falle vorübergehender (!) Arbeitsunfähigkeit (!) wird für die Dauer der ärztlichen Behandlung – längstens ein Jahr ab Unfalleintrittstag – gezahlt. Das Tagegeld wird nach dem Grade der Beeinträchtigung laut ärztlichem Attest und der Berufstätigkeit oder Beschäftigung bemessen.

17 *Für welche Dauer wird Krankenhaustagegeld gezahlt?*

Für jeden Kalendertag, an dem sich der Vte wegen des Unfalles in medizinisch notwendiger voll (!) stationärer (= 24 Stunden!) Heilbehandlung befindet, längstens für die Dauer von zwei Jahren.

Der Aufnahme- sowie der Entlassungstag bleibt bei der Tage-Berechnung außer Ansatz.

Bei Unterbringung des Vtn. in Sanatorien, Erholungsheimen und Kuranstalten entfällt der Krankenhaustagegeld-Anspruch.

18 *Wann entsteht und für welche Dauer besteht Anspruch auf Zahlung des vereinbarten Genesungsgeldes?*

Der Anspruch auf die Genesungsgeldleistung entsteht mit der Entlassung aus dem Krankenhaus. Das G.-Geld wird für die gleiche Anzahl von Kalendertagen geleistet, für die Krankenhaustagegeld gezahlt wird, längstens jedoch für 100 Kalendertage.

Mehrere vollstationäre Krankenhausaufenthalte wegen desselben Unfalls gelten als ein ununterbrochener Krankenhausaufenthalt.

19 *Wann besteht Anspruch auf die Todesfalleistung?*

Im Todesfall binnen einem Jahre nach U'Eintritt entsteht der Anspruch auf die für diesen Fall vereinbarte Kapitalleistung (= TodesfallVssumme) zugunsten des oder der Berechtigten. Der Tod ist innerhalb von 48 Stunden – tunlichst telegrafisch – dem UVR anzuzeigen, damit er ggf. eine Leichenöffnung durch einen von ihm beauftragten Arzt veranlassen kann (vgl. § 7 VI in Verbindung mit § 9 VII AUB 88).

20 *In welchen Fällen ersetzt der UVR mitversicherte Kosten für kosmetische Operationen?*

Wird durch einen Unfall die Körperoberfläche der vt. Person derart beschädigt oder verformt, daß nach Abschluß der Heilbehandlung das äußere Erscheinungsbild der vt. Person hierdurch dauernd beeinträchtigt ist und entschließt sich die vt. Person, sich einer kosmetischen Operation zum Zwecke der Beseitigung dieses Mangels zu unterziehen, so übernimmt der VR die mit der Operation und der klinischen Behandlung im Zusammenhang stehenden Kosten für Arzthonorare, Medikamente, Verbandszeug und sonstige ärztlich verordnete Heilmittel sowie die Kosten für die Unterbringung und Verpflegung in der Klinik bis zur Höhe der vereinbarten Vssumme.

Operation und klinische Behandlung der vt. Person müssen bis zum Ablauf des dritten Jahres nach dem Unfall erfolgt sein.

Nicht ersetzt werden Kosten für Nahrungs- und Genußmittel, für Bade- und Erholungsreisen sowie für die Krankenpflege, soweit nicht die Hinzuziehung von beruflichem Pflegepersonal ärztlich angeordnet wird.

21 *Welche Ausgaben schließt die Mitversicherung von Bergungskosten ein?*

Der UVR haftet bis zur Höhe des im Vsschein pro vter Person festgesetzten Betrages für die Kosten

a) (auch erfolgloser) Suchaktionen;
b) bei der Rettung von Unfallverletzten und deren Verbringung in das nächste Krankenhaus einschließlich der notwendigen zusätzlichen Kosten, die infolge des Unfalls für die Rückfahrt zum Heimatort entstehen;
c) für die Kosten des Transportes von Unfalltoten bis zum Heimatort.

Der UVR haftet subsidiär: Bei gleichzeitigem Bestehen einer Einzel-KrankheitskostenV wird Ersatz für Bergungskosten im Rahmen der UV nur insoweit gewährt, als der KrankenVR seine vertraglichen Leistungen voll erfüllt hat und diese zur Deckung der entstandenen Kosten nicht ausreichten.

Ist der KrankenVR leistungsfrei oder bestreitet er seine Leistungspflicht, so kann sich der VN unmittelbar an den UVR halten.

22 *Warum bedarf es Besonderer Bedingungen für die Mitversicherung von Heilkosten in der UV?*

Wegen der großen Verbreitung von GKV und PKV konnte auf die Verankerung des Heilkostenersatzes in den AUB 88 verzichtet werden. Wenn in Einzelfällen dennoch Bedarf für die V von Heilkosten besteht, hält der UVR folgenden Bedingungstext bereit:

Besondere Bedingungen für die MitV von Heilkosten in der UV

1. Für die Behebung der Unfallfolgen werden die innerhalb des ersten Jahres nach dem Unfall erwachsenen notwendigen Kosten des Heilverfahrens, für künstliche Glieder und anderweitige nach dem ärztlichen Ermessen erforderliche Anschaffungen bis zum vt.Betrag für jeden Vfall ersetzt. Als Kosten des Heilverfahrens gelten Arzthonorare, soweit sie nach einer amtlichen Gebührenordnung unter Berücksichtigung der Verhältnisse des Vtn begründet sind. Kosten für Arzneien und sonstige ärztlich verordnete Heilmittel, Verbandszeug, notwendige Krankentransporte, stationäre Behandlung und Verpflegung sowie für Röntgenaufnahmen.

2. Ausgeschlossen vom Ersatz sind die Kosten für Nahrungs- und Genußmittel, für Bade- und Erholungsreisen sowie für Krankenpflege, soweit nicht die Zuziehung von beruflichem Pflegepersonal ärztlich angeordnet wird.

3. a) Bei gleichzeitigem Bestehen einer Einzel-KrankheitskostenV und einer Einzel-UnfallheilkostenV wird Heilkostenersatz im Rahmen der UV nur insoweit gewährt, als der KrankenVR seine vertraglichen Leistungen voll erfüllt hat und diese zur Deckung der entstandenen Kosten nicht ausgereicht haben. Ist der KrankenVR leistungsfrei oder bestreitet er seine Leistungspflicht, so kann der VN sich unmittelbar an den UVR halten. Sobald der UVR von dem Zusammentreffen einer Einzel-Krankheitskosten- und einer Einzel-UnfallheilkostenV Kenntnis erhalten hat, wird der anteilige Beitrag für die UnfallheilkostenV vom nächsten Monatsersten an auf die Hälfte herabgesetzt. Der UVR hat den zuviel gezahlten Beitrag zurückzuerstatten. Bei Wegfall einer Einzel-KrankheitskostenV hat der VN vom nächsten Monatsersten an den vollen

Unfallheilkostenbeitrag zu zahlen und erwirbt damit Anspruch auf die vollen Leistungen.

b) Der VN hat einen Wegfall der Einzel-Krankheitskostenv dem UVR unverzüglich anzuzeigen. Unterläßt der VN die Anzeige des Wegfalls der Einzel-KrankheitskostenV oder ist er mit der erstmaligen Entrichtung des wegen des Wegfalls zu zahlenden weiteren Beitragsanteils länger als einen Monat im Verzug, so hat er aus der Einzel-UnfallheilkostenV nur Anspruch auf die halben Leistungen.

Nr. 3a Satz 1 und 2 haben also ebenfalls Subsidiär-Charakter. Die Sätze 3 und 4 enthalten die Verpflichtung zur Prämienkorrektur.

Nr. 3b enthält die Anzeigeobliegenheit für den VN nebst Rechtsfolge dieser evtl. Obliegenheitsverletzung.

23 *Welche Kombinationen sind zwischen den Leistungsarten zulässig?*

Kernbestandteil des UVsschutzes ist die V der Inv.-Leistung. Deshalb kann normalerweise nur sie allein beantragt werden. Die V aller übrigen Leistungsarten und Einschlüsse können nur im Verbund mit der V der I.-Leistung beantragt werden. Die Genesungsgeld-Vleistung muß ebenfalls im Verbund mit der V der Krankenhaustagegeld-Leistung beantragt werden.

24 *Welches Summenverhältnis zwischen der V der Invaliditäts- und Todesfalleistung ist empfehlenswert?*

Die gewählte I.-Vssumme sollte das Fünffache der TodesfallVssumme betragen, da im Invaliditäts-Vfall auch die Familienmitglieder des verunfallten Vten finanziell versorgt sein sollten.

25 *Welche Möglichkeiten bietet der UVR bereits bei Vertragsabschluß an, Beitrag und Leistung laufend dem künftigen Vbedarf anzupassen (sogen. dynamische UV)?*

Den Einschluß Besonderer Bedingungen für die UV mit

a) planmäßiger Erhöhung (z. B. um 5% oder um 7,5%),
b) Zuwachs

von Beitrag und Leistung.

Im Falle a) werden Vssummen und Beitrag jährlich ab zweitem Vjahr um einen festvereinbarten Prozentsatz erhöht.

Im Fall b) werden die Vssummen jeweils um den Prozentsatz erhöht, um den der Höchstbeitrag zur gesetzlichen AV angehoben wird. Der UBeitrag folgt der Vsummenentwicklung.

Wünscht der VN im nachhinein die Streichung der gewählten Besonderen Bedingungen, so kann er Widerrufsrechte gemäß Nrn. 4 und 5 unter Beachtung von Fristen und Terminen ausüben.

26 *Welche unfallversicherungsspezifischen Anzeigeobliegenheiten hat der VN ab Vertragsabschluß bei im übrigen schadenfreien Verlauf?*

1. Beginn und Ende der Militärdienstzeit in Kriegszeiten sind den VR anzuzeigen. Folgen: Während der Dienstzeit im Kriegsfalle ruht der UVsschutz, aber auch die Beitragsverpflichtung. Mit Beendigung des Militärdienstes in Kriegszeiten und Anzeigeneingang beim VR leben Vsschutz und Beitragspflicht wieder auf (vgl. §§ 4 IV, 5 IV AUB 88).

   Merke: In Friedenszeiten genießt der privat unfallvte. Militär- bzw. Zivil-Dienstleistende UVsschutz!

2. Anzuzeigen sind eintretende Änderungen der Berufstätigkeit oder Beschäftigung des Vten (vgl. § 6 AUB 88). Wird die unverzügliche Anzeige unterlassen und erfordert die neue Berufstätigkeit einen höheren Beitrag, werden die vertraglichen Vsleistungen im Verhältnis bisheriger zu erhöhtem Beitrag gekürzt.

   Merke: Wird der Militär-Dienstleistende in Friedenszeiten Berufssoldat, so kann dieser Umstand einen höheren Beitrag bedingen!

3. Anzeigepflichten enthalten ferner die Besonderen Bedingungen für die V gegen außerberufliche Unfälle, die Zusatzbedingungen für die Gruppen-UV und die Besonderen Bedingungen für die Mitversicherung von Heilkosten in der UV.

Versicherungsarten

27 *Nach welchen Gesichtspunkten kann man die UnfallV einteilen?*

a) Nach der *Art des Vertragsabschlusses* in

1. *EinzelunfallV*, die von Einzelpersonen abgeschlossen wird und bei der VN und Versicherter in der Regel personengleich sind;
2. *GruppenunfallV*, bei der durch einen VN und einen Vsschein eine Mehrheit von Personen versichert wird, bei der also VN und Versicherter nicht identisch sind;

b) nach dem *Umfang des Deckungsschutzes* in

1. *Gesamtdeckung = Allgemeine UnfallV*, die alle beruflichen und/oder außerberuflichen Unfälle deckt und sich gliedert in

Allgemeine UnfallV,
UnfallV mit Beitragsrückgewähr,
KinderunfallV (Ki UV 90),
V gegen außerberufliche Unfälle. Sie umfaßt nur Unfälle außerhalb des Berufes und des direkten Weges nach und von der Arbeitsstätte, d. h. solche Unfälle, die nicht als Unfälle im Sinne der RVO oder als Dienstunfälle im Sinne der beamtenrechtlichen Versorgungsvorschriften gelten.

2. *Teildeckung = AusschnittV,* die nur einen bestimmten Teil (Ausschnitt) aus dem allgemeinen Risiko (der beruflichen und außerberuflichen Unfälle) abdeckt und der die AUB in Verbindung mit *Zusatzbedingungen* zugrunde liegen; sie wird unterteilt in:
AusschnittVen der Sondertarife,
ReiseunfallV,
StrahlenunfallV.

Einzelunfallversicherung

28 *Wonach richten sich die Beiträge in der EinzelunfallV?*

Nach der Gefahrengruppe, in die der Antragsteller einzuordnen ist.

29 *Welche Gefahrengruppen kennt der Tarif?*

a) *Gefahrengruppe A:* Personen mit kaufmännischer oder verwaltender Tätigkeit im Innen- oder Außendienst, leitend oder aufsichtsführend im Betrieb oder auf Baustellen, tätig im Laden, Labor (mit ätzenden, giftigen, leicht entzündlichen oder explosiven Stoffen Gef.-Gr. B), im Gesundheitswesen oder in der Schönheitspflege, auch Fotografen, Hausfrauen (soweit nicht in der Landwirtschaft), Künstler, Optiker, Rechtsanwälte, Reporter, Schneider, Studenten und Uhrmacher.

b) *Gefahrengruppe B:* Personen mit körperlicher oder handwerklicher Berufsarbeit, oder tätig mit ätzenden, giftigen, leicht entzündlichen oder explosiven Stoffen, auch Angehörige der Bundeswehr und des Bundesgrenzschutzes sowie im Außendienst tätige Angehörige der Polizei, der Forst-, Steuer- und Zollverwaltung, Berufskraftfahrer, Hausfrauen in der Landwirtschaft, Landwirte, Tänzer, Tierärzte, Turn-, Sport- und Tanzlehrer.

Soweit Angehörige besonders gefährdeter Berufe, die nicht eingruppiert sind, versichert werden, sind die Beiträge besonders zu vereinbaren.

Wie sind die Beiträge im Tarif festgelegt?

Für jede Gruppe enthält der Tarif die Beiträge, die für je 1 000,— DM Leistung im Todes- und Invaliditätsfalle, je 1 000,— DM Übergangsentschädigung und für je 1,— DM Tagegeld bzw. Krankenhaustagegeld zu entrichten sind, während die nach der Höhe der Summe gestaffelten Beiträge für die Heilkosten bei allen Gruppen gleich hoch sind.

30 *Welche Vsarten der Gesamt- und Teildeckungsgruppe können als Sonderformen der EinezlV angesehen werden?*

a) *KinderunfallV* (vorwiegend Gesamtdeckung): sie deckt für Kinder ab Vollendung der Geburt bis zum vollendeten 18. Lebensjahr alle Unfälle des täglichen Lebens, auch Unfälle bei ihrer Betätigung oder Ausbildung in einem Beruf oder einem Gewerbe derart, daß im Falle des Todes innerhalb eines Jahres, vom Unfalltage an gerechnet, die vereinbarte Vssumme gezahlt wird.
Bei Tod des VN wird die KiUV beitragsfrei fortgesetzt.
Wird die vP volljährig, so kann sie den Vertrag mit
- unveränderten Vssummen zum Erwachsenenbeitrag oder
- mit verminderten Vssummen zum bisherigen Beitrag fortsetzen.

b) *ReiseunfallV* (Teildeckung): sie erstreckt sich nur auf die Reisedauer (vom Verlassen der Wohnung bis zur Rückkehr in diese) und kann auf das Risiko aus körperlicher Berufsarbeit sowie auf gewisse Sportarten ausgedehnt werden.

Gruppen-(Kollektiv-)Unfallversicherung

31 *a) In welcher Form ist die GruppenV zulässig?*

Mit und ohne Namensangabe der Versicherten.

b) Was ist zu beachten, wenn ohne Namensangabe versichert werden soll?

Der zu versichernde Personenkreis ist so genau zu bezeichnen, daß die auf ihn entfallende Vssumme zweifelsfrei zugeordnet werden kann. Dieser Personenkreis ist mit gleichen Vssummen zu versichern.

32 *Welche GruppenunfallVen sind zu unterscheiden?*

a) *V zugunsten der Arbeitnehmer* durch den Arbeitgeber dergestalt, daß sich die V beschränkt auf Berufsunfälle mit oder ohne Einschluß des direkten Wegerisikos,

nur auf Berufsunfälle oder nur auf außerberufliche Unfälle,
oder die V erstreckt sich auf sämtliche Unfälle (Berufsunfälle und Unfälle des täglichen Lebens);

b) *V von Vereinsmitgliedern* gegen die besonderen aus der Vereinszugehörigkeit erwachsenden Unfallgefahren;

c) *V mit Trägern von Gemeinschaftseinrichtungen* (z.B. Schulen) zugunsten von Personengruppen, die darin stattfindende Veranstaltungen besuchen (Beispiel: SchülerunfallV) gegen Unfälle während der Veranstaltungen, auf dem direkten Wege dahin und von dort nach Hause;

d) *V gegen alle Unfälle bei besonderen, vorübergehenden Veranstaltungen,* z.B. Besichtigungen, Ausstellungen.

33 *a) Wie errechnet sich der Beitrag für die ArbeitgebergruppenV?*

Beitrag = Summe der Beiträge der einzelnen UVen nach dem Gruppenunfalltarif aller versicherten Arbeitnehmer, wobei die Unterschiede in den Gefahrengruppen für jeden berücksichtigt werden müssen, abzüglich eines Mehrheitsnachlasses, der sich nach der Anzahl der jeweils Versicherten richtet. Statt der festen Vssumme kann auch eine Lohn- oder Gehaltssumme der Vsleistung zugrunde gelegt werden.

b) Wonach richten sich die Beitragssätze der übrigen GruppenunfallVen?

Nach dem versicherten Objekt (Art des Vereins) und nach der Anzahl der versicherten Personen (Mitgliederzahl); für gefahrerhöhende Umstände werden Zuschläge berechnet.

Unfallversicherung mit Beitragsrückgewähr

34 *Was bedeutet bei dieser UnfallV der Begriff „Beitragsrückgewähr“?*

Im Gegensatz zur Beitragsrückgewähr, wie sie laut Satzung von VVaG und öffentlich-rechtlichen Vsanstalten gewährt wird, bedeutet der Begriff Beitragsrückgewähr bei dieser UnfallV, daß die eingezahlten Beiträge entweder beim Tode des Versicherten zurückerstattet werden oder spätestens, nachdem der Versicherte ein vereinbartes Lebensjahr vollendet hat oder eine vereinbarte Reihe von Jahren (aus steuerlichen Gründen mindestens 12 Jahre) abgelaufen ist, und zwar ohne Rücksicht auf etwa gezahlte Unfallentschädigungen *in voller Höhe* (allerdings ohne etwaige Ratenzuschläge).

a) *Für welche Unfall-Vsarten kann Beitragsrückgewähr vereinbart werden?*

Für die EinzelunfallV, die KinderunfallV und die GruppenunfallV.

b) *Wie wird der Beitrag berechnet?*

Rückgewährsbeitrag = Risikobeitrag (Beitrag für gleiche V *ohne* Rückgewähr) mal Rückgewährsfaktor, der verhältnismäßig hoch ist, da der Risikobeitrag aus den Zinsen des Rückgewährbeitrags gedeckt werden muß. Die Größe des Rückgewährfaktors hängt ab von der Laufzeit des Vertrages.

Beurteilung des Risikos

35 *Welche Daten sind maßgebend für die Beurteilung des Risikos?*

a) *Lebensalter:* Versichert werden im allgemeinen Personen von 14–75 Jahren.
Ausnahme: KinderunfallV.

b) *Beruf:* Er bestimmt die Einordnung in eine der 2 Gefahrengruppen. Änderungen in der sich aus dem Antrag ergebenden Berufstätigkeit oder Beschäftigung des Versicherten sind ohne Einfluß auf den Fortbestand des Vertrages, sofern der VR für die neue Berufstätigkeit oder Beschäftigung überhaupt Vsschutz gewährt. – Ergibt sich für die neue Berufstätigkeit oder Beschäftigung nach dem zur Zeit der Veränderung gültigen Tarif des VRs ein niedrigerer Beitrag, so ist nach Ablauf eines Monats vom Zugang der Anzeige (§ 6 II AUB 88) an nur dieser zu zahlen. – Ergibt sich ein höherer Beitrag, so wird auf die Dauer eines Monats von dem Zeitpunkt an, an dem dem VR die Anzeige hätte zugehen müssen, auch für die erhöhte Gefahr der volle Vsschutz gewährt. Tritt ein auf die erhöhte Gefahr zurückzuführender Vsfall nach dem Ablauf dieses Monats ein, ohne daß inzwischen eine Einigung über den Mehrbeitrag erzielt worden ist, so bemessen sich die Leistungen des VRs nach den im Verhältnis des neuerdings erforderlichen zu dem bisherigen Beitrag herabgesetzten Vssummen. Die Ableistung von Pflichtwehrdienst oder Zivildienst sowie die Teilnahme an militärischen Reserveübungen gelten nicht als Änderung der Berufstätigkeit oder Beschäftigung;

c) *Gesundheitsverhältnisse:* Die Versicherbarkeit von Personen, die durch Krankheit, Unfall oder Gebrechen vorgeschädigt sind, bedarf besonders sorgfältiger Prüfung. Dabei ist von besonderer Bedeutung der Umstand, inwieweit ein künftiges Unfallereignis bestehende Grundleiden verschlimmern könnten. Nur bei Eintritt von Geisteskrankheit oder dauernder Pflegebedürftigkeit aus Anlaß eines nicht in die Wirksamkeit des geschlossenen Vertrages fallenden U'Ereignisses erlischt der Versicherungsschutz und endet gleichzeitig das Versicherungsverhältnis (vgl. § 3, I, II AUB 88).

Dem UVR ist es im übrigen unbenommen, erhöhte Gesundheitsrisiken zu vertraglich vereinbarten einschränkenden Bestimmungen in Deckung zu nehmen.

Bei der V mit Beitragsrückgewähr muß hiervon unabhängig das Sterblichkeitsrisiko wie in der LebensV beurteilt werden.

d) *Einkommensverhältnisse:* Die Vssummen sollen dem Einkommen des VNs angemessen sein, da zu hoch gewählte Summen zur Verschlechterung des subjektiven Risikos beitragen können.

Versicherungsfall

36 *Welche Obliegenheiten sind im Vfall zu erfüllen?*

1. Unverzügliche Hinzuziehung eines Arztes;
2. Unverzügliche Anzeige an den VR;
3. Pflicht zur Schadenminderung insbesondere durch Befolgung der ärztlichen Anordnungen;
4. Übersendung einer wahrheitsgemäßen Unfallanzeige an den VR und Erteilung aller zusätzlichen sachdienlichen Auskünfte;
5. Der Vte hat darauf hinzuwirken, daß die vom VR angeforderten Berichte und Gutachten alsbald erstellt werden;
6. Der Vte hat sich einer Untersuchung durch vom VR beauftragte Ärzte zu unterziehen. (Die Kosten hierfür trägt der VR, ebenso ersetzt er den Verdienstausfall des Vtn.);
7. Der Vte hat Ärzte, andere VR, V'träger und Behörden zu ermächtigen, alle erforderlichen Auskünfte zu erteilen;
8. Der Anspruch auf eine Übergangsleistung ist unter Vorlage eines Arztattestes zu begründen;
9. Unfalltod ist dem VR binnen 48 Stunden – tunlichst telegrafisch – anzuzeigen, damit der VR

evtl. eine Leichenöffnung durch von ihm beauftragte Ärzte veranlassen kann.

37 *Welche Rechtsfolgen ergeben sich aus einer Obliegenheitsverletzung?*

Wird eine nach Unfalleintritt zu erfüllende Obliegenheit verletzt, so ist der VR leistungsfrei; es sei denn, die Verletzung beruht weder auf Vorsatz noch auf grober Fahrlässigkeit. Bei grobfahrlässiger Verletzung bleibt er dennoch leistungspflichtig, soweit die Verletzung weder Einfluß auf die Feststellung des Unfalls noch auf die Leistungsbemessung gehabt hat (sogen. Relevanz – vgl. § 10 Satz 2 AUB 88).

38 *Wie werden Unfallschäden abgewickelt?*

1. *Prüfung des Deckungsverhältnisses*
   Mindestfragenkatalog: (1) Wann ist das Unfallereignis eingetreten? (2) Ersatzpflichtig? (3) War der Vte vor Unfalleintritt vers'fähig? (4) Welche Gesundheitsschädigungen werden behauptet? (5) Wer stellt welche Ansprüche und in welcher Eigenschaft? (6) Sind alle Obliegenheiten erfüllt? (7) War der zuletzt fällige Beitrag entrichtet? (8) Sind Vorschädigungen bekannt? (9) Welche Sonder-Ein- oder Ausschlüsse sind vereinbart?

2. *Feststellung des Schadens dem Grunde und der Höhe nach.*
   Handelt es sich um vorübergehende oder dauernde Gesundheitsschädigungen? – Bestehen keine Zweifel an der Schilderung des ersatzpflichtigen Unfallherganges und seiner Folgen und sind alle Unterlagen beigebracht, die die Bemessung des I-Grades gestatten, ist der VR verpflichtet, sich innerhalb eines Monats – bei Anspruch auf I.-Vsleistungen innerhalb von drei Monaten – zu erklären, ob er seine Leistungsverpflichtung dem Grunde und der Höhe nach anerkennt („Erklärungspflicht" des VRs).

   Die dem VN entstandenen Kosten der Leistungsfeststellung gehen zu Lasten des VRs (Einzelheiten s. § 11 I Abs. 2 AUB 88).

3. *Fälligkeit der Vsleistung*
   Besteht Einigkeit über die bezifferte Vleistung und steht der Empfangsberechtigte fest, so ist sie binnen zwei Wochen fällig.

   Vor Abschluß des Heilverfahrens kann eine I.-Leistung innerhalb eines Jahres nach U'eintritt nur beansprucht werden, wenn und soweit eine Todesfallsumme versichert ist (vgl. § 11 II AUB 88). Steht die

Leistungspflicht nur dem Grunde nach fest, zahlt der VR auf Verlangen des VN angemessene Vorschüsse.

39 *Wann verjähren nicht anerkannte Ansprüche?*

Sie verjähren sechs Monate ab Zugang der Erklärung des VRs, wenn sie nicht inzwischen gerichtlich geltend gemacht sind.

Über die Rechtsfolgen der nicht rechtzeitig abhängig gemachten Klage ist der VN zu belehren, andernfalls treten die Rechtsfolgen der Fristversäumnis nicht ein.

40 *Gilt ein erstmalig nach dem U'eintritt bemessener I.-Grad für eine unbegrenzte Zeit?*

Nein! – VN und VR sind berechtigt, den Grad der I. jährlich, längstens bis zu drei Jahren nach U'eintritt erneut ärztlich bemessen zu lassen (Ausnahme: Kinder-UV).

41 *An wen ist die Todesfalleistung zu entrichten?*

Grundsätzlich an den namentlich benannten Bezugsberechtigten, andernfalls an die gesetzlichen Erben.

Wenn der VN die UV auf eine andere Person abgeschlossen hat, bleibt der VN trotzdem verfügungsberechtigt.

Vor Fälligkeit können Vansprüche ohne Zustimmung des VRs weder übertragen noch verpfändet werden.

Haftpflichtversicherung

Haftpflichtrecht

1 *Was versteht man unter Haftpflicht?*

Wer Schaden anrichtet, muß dafür auf der Grundlage des Zivilrechts einstehen.

2 *In welchen Gesetzen befinden sich Bestimmungen über die Haftpflicht?*

Im BGB (vorwiegend in den §§ 823 ff.), im HPflG (§§ 1, 2, 3), in der RVO (§§ 636 ff., 640), im SGB (§ 116), im GG (Art. 34), im StVG (§§ 7 ff.), im WHG (§ 22), im LuftVG (§ 19), im AMG (§ 84) und im AtG (§ 25) sowie im Produkthaftungsgesetz (Prod HaftG) und ferner im Umwelthaftungsgesetz (VHG).

3 *Welche Arten der Haftpflicht sind zu unterscheiden?*

a) Die *gesetzliche* Haftpflicht;
b) die *(rein) vertragliche* Haftpflicht, die über den gesetzlichen Rahmen hinausgeht.

4 *Welche Haftungsarten gibt es?*

a) Die Verschuldenshaftung;
b) die verschuldensunabhängige Gefährdungshaftung.

5 *Welche Schuldformen sind zu unterscheiden?*

Vorsatz und Fahrlässigkeit (§ 276 BGB).

a) Was bedeutet Vorsatz?

Den Willen zum Handeln oder Unterlassen mit dem Bewußtsein eines für einen anderen schädlichen Erfolges (Schädigungsabsicht ist nicht erforderlich: Palandt, Anm. 3 zu § 276 BGB und Anm. 2 zu § 823 BGB).

Beispiel:

Ein auf dem Hause beschäftigter Dachdecker wirft mit Willen und Bewußtsein des schädlichen Erfolges einem Fußgänger einen Dachziegel auf den Kopf.

b) Was bedeutet bedingter Vorsatz?

Daß der Täter den als möglich vorgestellten Erfolg in seinen Willen aufgenommen und für den Fall seines Eintritts gebilligt hat.

Beispiel:

Der auf einem Gebäude tätige Dachdecker wirft, obwohl er einen vorübergehenden Fußgänger sieht, einen Dachziegel hinunter, zwar nicht in der Absicht, den Vorübergehenden zu verletzen, nimmt aber die Möglichkeit seiner Verletzung in Kauf.

c) Wer handelt fahrlässig?

Wer die im Verkehr erforderliche (nicht übliche) Sorgfalt außer acht läßt (§ 276 BGB). Eingerissene Verkehrsnachlässigkeiten entschuldigen daher nicht.

d) Welche Arten (Stufen, Grade) der Fahrlässigkeit sind im Einzelfalle zu unterscheiden?

a) *Leichte* Fahrlässigkeit, die bei geringfügiger Verletzung der verkehrserforderlichen Sorgfalt gegeben ist.

   Beispiel:

   Dem Dachdecker fällt ein Dachziegel aus der Hand, weil er ihn nicht fest genug angefaßt hat;

b) *grobe* Fahrlässigkeit, die vorliegt, wenn gegen die verkehrserforderliche Sorgfalt in besonders schwerem Maße verstoßen wird.

   Beispiel:

   Der Dachdecker läßt einen Dachziegel auf die Straße fallen, ohne sich vergewissert zu haben, ob die Straße frei ist.

e) Wann liegt die in der Rechtsprechung entwickelte bewußte Fahrlässigkeit vor?

Wenn der Täter zwar mit der Erfolgsmöglichkeit gerechnet, aber gehofft hat, daß die schädlichen Folgen nicht eintreten.

Beispiel:

Der Dachdecker hat beim Hinunterwerfen eines Dachziegels zwar damit gerechnet, daß ein Vorübergehender verletzt werden könnte, aber darauf gehofft, daß schädigende Folgen nicht eintreten.

6 *Welche Arten der Verschuldenshaftung sind zu unterscheiden?*

a) Die Haftung aus *unerlaubter Handlung* (für eigenes und fremdes Verschulden: §§ 823–853 BGB);

b) die Haftung aus *Vertrag kraft Gesetzes* (für eigenes und fremdes Verschulden: §§ 276, 278 BGB).

Haftung aus unerlaubter Handlung

7 *Wann liegt eine unerlaubte Handlung vor?*

Wenn eine dritte (fremde) Person rechtswidrig geschädigt wird, ohne daß sie mit dem Täter in einem besonderen Rechtsverhältnis stehen muß, z. B. Verletzen eines auf der Straße gehenden Fußgängers durch fahrlässiges Anfahren mit einem Fahrrad.

8 *Wo und wie ist die Haftung für eigenes Verschulden aus unerlaubter Handlung geregelt?*

In § 823 BGB, in dem es wörtlich heißt: „Wer vorsätzlich oder fahrlässig das Leben, den Körper, die Gesundheit, die Freiheit, das Eigentum oder ein sonstiges Recht eines anderen widerrechtlich verletzt, ist dem anderen zum Ersatz des daraus entstehenden Schadens verpflichtet.

Die gleiche Verpflichtung trifft denjenigen, welcher gegen ein den Schutz eines anderen bezweckendes Gesetz verstößt. Ist nach dem Inhalt des Gesetzes ein Verstoß gegen dieses auch ohne Verschulden möglich, tritt die Ersatzpflicht nur im Falle des Verschuldens ein."

9 *Wann handelt man widerrechtlich?*

Wenn man in einen fremden Rechtskreis ohne Befugnis oder durch Überschreiten der Befugnis eingreift.

Beispiel:

Rechtfertigungsgründe: z. B. Notwehr, Verteidigungsnotstand.

10 *Welche Verpflichtungen ergeben sich aus § 823 BGB ganz allgemein?*

Die allgemeine *Rechtspflicht,* durch Tun oder Unterlassen einem Dritten möglichst keinen Schaden zuzufügen, und die allgemeine *Verkehrspflicht,* zur Abwendung der einem Dritten drohenden Verkehrsgefahren die notwendigen Vorkehrungen zu treffen, z. B. Instandhaltung von Straßen, von Zugangswegen zu Grundstücken durch die dafür Verantwortlichen (= „Verkehrssicherungspflicht").

11 *Was ist unter „Schutzgesetz" i. S. von § 823, Abs. 2 BGB zu verstehen?*

Jede Vorschrift, die den Schutz eines bestimmten Personenkreises oder auch nur des einzelnen bezweckt, z. B. aus § 618 BGB, StVO, StVZO, StGB, Lebensmittelgesetz, Gerätesicherheitsgesetz.

12 *Welche Personen sind von der Haftungsverpflichtung ganz oder teilweise ausgenommen?*

a) Kinder unter 7 Jahren und unzurechnungsfähige Personen (Geisteskranke, Bewußtlose) sind *deliktsunfähig* (schuldunfähig), d. h. sie sind für ihre (objektiv gegebenen) Delikte (= unerlaubtes Tun oder Unterlassen) nicht verantwortlich (§§ 827, 828 BGB);

b) Jugendliche von 7–18 Jahre und Taubstumme sind *bedingt deliktsfähig*, d. h. sie haften nur, wenn sie bei Ausführung der schädigenden Handlung die zur Erkenntnis der Verantwortlichkeit erforderliche Einsicht gehabt haben können (§ 828 BGB);

c) Personen über 18 Jahre sind grundsätzlich *voll deliktsfähig*. (Deliktsfähigkeit der juristischen Personen: s. §§ 31, 89 BGB).

13 *Was versteht man unter der sog. Billigkeitshaftung?*

Die Haftung des an sich deliktsunfähigen Personenkreises aus Billigkeitsgründen gemäß § 829 BGB, z. B. reiches Kind verletzt armes Kind mutwillig am Auge.

14 *Wo und wie ist im Bereich der unerlaubten Handlung die Haftung für das Verhalten Dritter geregelt?*

Nach § 831 BGB haftet der Geschäftsherr für einen Schaden, den seine „Verrichtungsgehilfen" (Angestellte, Gesellen, Arbeiter) in Ausführung der Verrichtung einem Dritten widerrechtlich zufügen, wenn es ihm nicht gelingt nachzuweisen, daß er bei der Auswahl und der Überwachung der betreffenden Personen die im Verkehr erforderliche Sorgfalt beachtet hat.

Beispiel:
Ein Dachdeckergeselle stößt auf dem Wege zum Kunden mit seiner Leiter eine Schaufensterscheibe ein. Der Meister, der grundsätzlich für das rechtswidrige, nicht notwendigerweise schuldhafte Verhalten seines Gesellen (Verrichtungsgehilfen) haftet, kann sich aber von der Ersatzpflicht befreien (sich exkulpieren), wenn er nachweisen kann, daß es sich um einen sorgfältig ausgesuchten und als zuverlässig erwiesenen Gesellen handelt.

15 *Wer haftet für Dritte aus unerlaubten Handlungen?*

a) Der Geschäftsherr bzw. das Unternehmen für Verrichtungsgehilfen, sofern bei der Auswahl und Überwachung des Personals die Sorgfaltspflicht verletzt wurde (§ 831 BGB);

b) juristische Personen gemäß §§ 31, 89, 823 BGB für ihre „Repräsentanten", und zwar ohne Entlastungsmöglichkeit (z. B. Vorstand einer AG);

c) Personen, die zur Aufsichtsführung über andere verpflichtet sind (§ 832 BGB);

d) Bund, Länder, Gemeinden sowie andere Körperschaften des öffentlichen Rechtes für Beamte in Ausübung eines öffentlichen Amtes (§ 839 BGB, Art. 34 GG).

16 *Wen trifft in der Regel die Beweislast bei unerlaubter Handlung?*

Den Geschädigten. Er hat zu beweisen, daß den Schädiger ein Verschulden trifft und der Schaden durch dieses Verschulden eingetreten ist.

17 *Wann obliegt die Beweislast dem Verantwortlichen?*

a) Bei der Haftung des Grundeigentümers für Schäden, die durch Einsturz eines Gebäudes oder durch Ablösung von Teilen eines Gebäudes entstehen.

Beispiel:
Der durch einen vom Haus herabfallenden Dachziegel verletzte Straßenbenutzer braucht nicht zu beweisen, daß den Grundbesitzer ein Verschulden an seiner Beschädigung trifft, vielmehr muß dieser, der Verantwortliche, nachweisen, daß er zwecks Abwendung der Gefahr die verkehrserforderliche Sorgfalt beobachtet hat; kann er das nicht, ist er ersatzpflichtig: es wird (seine eigene) Fahrlässigkeit „vermutet" (= vermutetes Verschulden – §§ 836, 837, 838 BGB);

b) bei der Haftung der Aufsichtspersonen (§ 832 BGB);

c) bei der Haftung des Geschäftsherrn (Unternehmens) für Verrichtungsgehilfen (§ 831 BGB);

d) bei der Haftung des Tierhalters, falls das Tier dem Erwerb oder Unterhalt dient (§ 833 BGB);

e) bei der Haftung des Tierhüters (§ 834 BGB);

f) bei der Produzentenhaltung der Hersteller industrieller Produkte.

Haftung aus Vertrag kraft Gesetzes

18 *Wann ist Vertragshaftung gegeben?*

Wenn zwischen dem Verantwortlichen und dem Geschädigten ein Schaden anläßlich der Erfüllung des Vertrages entsteht.

19 *Wer haftet z. B. aus Vertrag?*

a) Der Vertragsschuldner dem Geschädigten für Verschulden seines Erfüllungsgehilfen (§ 278 BGB).

Beispiel:
Wenn ein Malergeselle in der Wohnung des Kunden seines Meisters bei Ausführung der ihm übertragenen

Arbeit durch Unvorsichtigkeit mit der Leiter eine Fensterscheibe zerbricht, hat der Meister für das Verschulden seines Gesellen (Erfüllungsgehilfen) genauso einzustehen, als ob er selbst den Schaden verschuldet hätte; eine Befreiung (Exkulpation) hierfür ist also ausgeschlossen;

b) der Verkäufer dem Käufer für Warenmängel (§ 459 BGB);

c) der Unternehmer dem Besteller für Werkmängel (§ 635 BGB);

d) der Vermieter dem Mieter für Fehler der vermieteten Sache (§§ 537, 538 BGB).

20 *Wie unterscheiden sich Vertragshaftung und Haftung aus unerlaubter Handlung?*

a) Die Haftung aus Vertrag ist gegenüber der aus unerlaubter Handlung einerseits *strenger,* weil
   1. der Entlastungsbeweis nach § 831 BGB ausgeschlossen ist.
      Für eigenes Verschulden wird aus § 276 BGB, für den Erfüllungsgehilfen aus § 278 BGB gehaftet;
   2. die Beweislast für den Geschädigten unter Umständen günstiger sein kann, da diese unter gewissen Voraussetzungen nach § 282 BGB den Schädiger treffen kann;
   3. die Verjährungsfrist grundsätzlich länger ist, da hier die normale Verjährungsfrist nach § 195 BGB von 30 Jahren gilt;

b) die Haftung aus Vertrag ist gegenüber der aus unerlaubter Handlung andererseits *enger,* weil
   1. nicht in jedem Fall Anspruch auf Schmerzensgeld besteht;
   2. keine Haftung für Beerdigungskosten und Unterhaltsrente gegeben ist;
   3. keine Haftung für entgangene Dienste gegenüber dem Dienstberechtigten besteht.

21 *Wann spricht man von konkurrierenden Ansprüchen?*

Wenn Anspruchsmöglichkeiten aus *verschiedenen* gesetzlichen Bestimmungen gegen eine oder mehrere Personen zum Schadenersatz nebeneinander bestehen (also konkurrieren).

Beispiel:
Ein Vertragspartner kann vom Geschädigten aus Vertragsverletzung (§§ 276, 278 BGB) oder aus dem vielleicht vorliegenden Tatbestand der unerlaubten Handlung (§ 823 BGB) zum Schadenersatz heangezogen werden. Dem Kunden des Malermeisters im Beispiel (Frage 19, Antwort a)

ist freigestellt, ob er Schadenersatz vom Meister (nach § 278 BGB) oder vom Gesellen (nach § 823 BGB) verlangen will.

Gefährdungshaftung

22 *Was versteht man unter Gefährdungshaftung?*

Eine Schadenersatzpflicht, die nicht auf Verschulden beruht, sondern darauf abstellt, daß der Verantwortliche bei bestimmten Handlungen unvermeidlich seine Umgebung außergewöhnlich gefährdet.

Der *Schädiger* kann sich von seiner Verantwortlichkeit durch den Nachweis entlasten, daß

a) der *Geschädigte* den Schaden selbst verursacht hat oder

b) der Schaden auf ein unabwendbares Ereignis oder höhere Gewalt zurückzuführen ist.

23 *Wer unterliegt außerhalb der Kfz-Haftpflicht der Gefährdungshaftung?*

a) Halter von Tieren, die nicht dem Erwerb oder Unterhalt des Tierhalters dienen (§ 833 BGB „Luxustiere“);

b) Bahnbetriebsunternehmer für Schäden, die beim Betrieb der Bahn entstehen (§ 1 HPflG);

c) Inhaber von Energieanlagen (HPflG);

d) Flugzeughalter (nach dem Luftverkehrsgesetz);

e) Inhaber von Anlagen nach dem WHG;

f) Betriebe von Atomanlagen nach dem Atomgesetz.

24 *Wann handelt es sich um eine „durch Vertrag übernommene gesetzliche Haftpflicht“?*

Wenn der gesetzlich Verantwortliche die Haftung für Verschulden und/oder Gefährdung durch Vertrag auf einen Dritten überträgt, z. B. die Haftung aus der Streupflicht des Hauseigentümers wird von einem Straßenreinigungsunternehmen übernommen.

Rein vertragliche Haftpflicht

25 *Wann ist eine rein vertragliche Haftpflicht gegeben?*

Wenn die vertraglich übernommene Haftung über die gesetzlich festgelegte Haftpflicht hinausgeht, z. B. ein Anschlußgleisinhaber vertraglich auch für den Schaden ohne weiteres zu haften hat, der an dem auf dem Gleis verkehrenden bahneigenen Wagen entsteht oder bei einem Kauf- oder Werkvertrag eine oft mehrfache Garantie geleistet wird.

26 *Was bedeutet adäquater Ursachen-Zusammenhang?*

Daß durch fahrlässige Handlung (Tun oder Unterlassen) auch tatsächlich der Schaden eingetreten ist und daß ferner dieser ursächliche Zusammenhang noch innerhalb des normalen Geschehensablaufs liegt (also adäquat ist), was aber dann nicht angenommen werden kann, wenn zu dem ersten Umstand der schädigenden Handlung noch ein zweiter Umstand hinzutritt, der nicht vorausgesehen werden konnte oder außerhalb der Lebenserfahrung lag (also inadäquat war).

Beispiel 1:

Wenn ein unachtsamer Radfahrer jemand anfährt und verletzt, haftet er, weil durch seine Fahrlässigkeit der Schaden entstanden ist, also ein unmittelbarer ursächlicher Zusammenhang zwischen seiner fahrlässigen Handlung und der Beschädigung besteht.

Beispiel 2:

Wenn ein vom Hund Gebissener auf dem Wege zum Krankenhaus vom Blitz erschlagen wird, ist zu dem schädigenden Vorgang ein zweiter Umstand hinzugekommen, der außerhalb der Lebenserfahrung liegt (also inadäquat ist), weshalb keine Ersatzpflicht besteht.

Umfang der Leistung

27 *In welchem Umfange ist Schadenersatz zu leisten?*

Der Ersatzpflichtige hat den Zustand herzustellen, der bestehen würde, wenn der zum Ersatz verpflichtende Umstand nicht eingetreten wäre (Naturalrestitution, § 249 BGB).

28 *Wann kann in Geld entschädigt werden?*

a) Soweit die Herstellung nicht möglich oder zur Entschädigung des Gläubigers nicht genügend ist (meist bei Personenschäden, vgl. § 251 Abs. 1 BGB);

b) wenn die Herstellung nur mit unverhältnismäßigen Aufwendungen möglich ist (vgl. § 251 Abs. 2 BGB).

29 *Was ist bei einem Personenschaden zu leisten?*

a) *Für den Geschädigten selbst:*
Heilkosten und Verdienstausfall (§ 249 BGB), Kosten für Nachteile im Erwerb und Fortkommen (§ 842 BGB), Geldrente und Aufwendungen für Pfleger, Schonkost usw. (§ 843 BGB);

b) *für Dritte:*
Beerdigungskosten bei Todesfall (§ 844 Abs. 1 BGB) und Unterhaltsrente für Hinterbliebene (§ 844 Abs. 2 BGB);

c) Schmerzensgeld (§ 847 BGB) kann nur verlangt werden, wenn eine unerlaubte Handlung vorliegt (nicht bei Vertrags- und grundsätzlich auch nicht bei Gefährdungshaftung – § 833 BGB).

30 *Was ist bei Sachschäden zu leisten?*

a) Reparaturkosten;
b) Wertersatz für die zerstörten, beschädigten und verlorenen Sachen;
c) Aufwendungen, die mit dem Sachschaden zusammenhängen, z. B. für Ersatzwagen, für Vorteilsverlust usw.

31 *Was ist bei reinen Vermögensschäden zu leisten?*

Aufwendungen, die weder auf einem Sach- noch Personenschaden beruhen, die bei einem Rechtsanwalt dadurch entstanden sind, daß er einen wichtigen Termin versäumte, weil er durch Fahrlässigkeit des Vermieters sein Auto nicht aus der gemieteten Garage fahren konnte, oder einem Hotelgast dadurch verursacht wurden, daß er ein Taxi benutzen mußte, weil er im Hotel nicht zur verlangten Zeit geweckt wurde und dadurch den Zug versäumte.

32 *Wodurch wird die Entschädigungsleistung gemindert?*

a) Durch *Summengrenzen bei Gefährdungshaftung* (im Einzelfall nach einschlägigen gesetzlichen Bestimmungen);
b) durch *mitwirkendes Verschulden* (§ 254 BGB) um den verhältnismäßigen Teil der Mitschuld, wenn z. B. festgestellt wurde, daß zwei Beteiligte in gleichem Umfange an einem Verkehrsunfall schuld sind, kann der Geschädigte nur die Hälfte seines Schadens ersetzt verlangen;
c) durch *Vorteilsausgleich,* z. B. muß sich der Ehemann bei Krankenhausaufenthalt seiner Frau auf den Kostenersatzanspruch für die dann erforderliche Haushaltshilfe den Betrag anrechnen lassen, der durch die verminderten Haushaltskosten entsteht.

33 *Wie haften Schadenstifter, wenn mehrere an einer unerlaubten Handlung beteiligt sind?*

Jeder Beteiligte haftet *gesamtschuldnerisch* (§ 840 BGB), d. h. jeder haftet voll für den Gesamtschaden; der Leistende kann aber anteilige Rückerstattung von den anderen fordern (§ 426 BGB).

34 *In welchem Falle kann der an sich zum Schadenersatz Verpflichtete die Leistung verweigern?*

Im Falle der Verjährung, sofern sich der Ersatzpflichtige auf sie beruft. Die Einrede der Verjährung ist ein Recht, kein Einwand. Die Verjährungsfristen sind in den einzelnen Gesetzen unterschiedlich geregelt. „Im Prozeßstreit ist die Verjährungseinrede auch dann „von Rechts wegen“ zu berücksichtigen, wenn die Verjährungsfrist selbst bereits vor Anhängigmachung der Klage verstrichen war.

Haftpflichtversicherung

35 *Welches sind die Wesensmerkmale der HaftpflichtV?*

a) Die HaftpflichtV ist eine SchadenV (PassivenV = V gegen die Entstehung von Verbindlichkeiten) und gewährt Vsschutz gegen gesetzliche Haftpflichtansprüche privatrechtlichen Inhalts Dritter;

b) sie ist weiterhin eine V auf erstes Risiko, d. h. eine V, die jeden haftpflichtberechtigten Anspruch in der Regel bis zur Höhe der Deckungssumme voll zu befriedigen hat, bei der also eine UnterV nicht geltend gemacht werden kann.

Schaubild über die Haftpflichtarten hinsichtlich der Haftpflichtversicherung

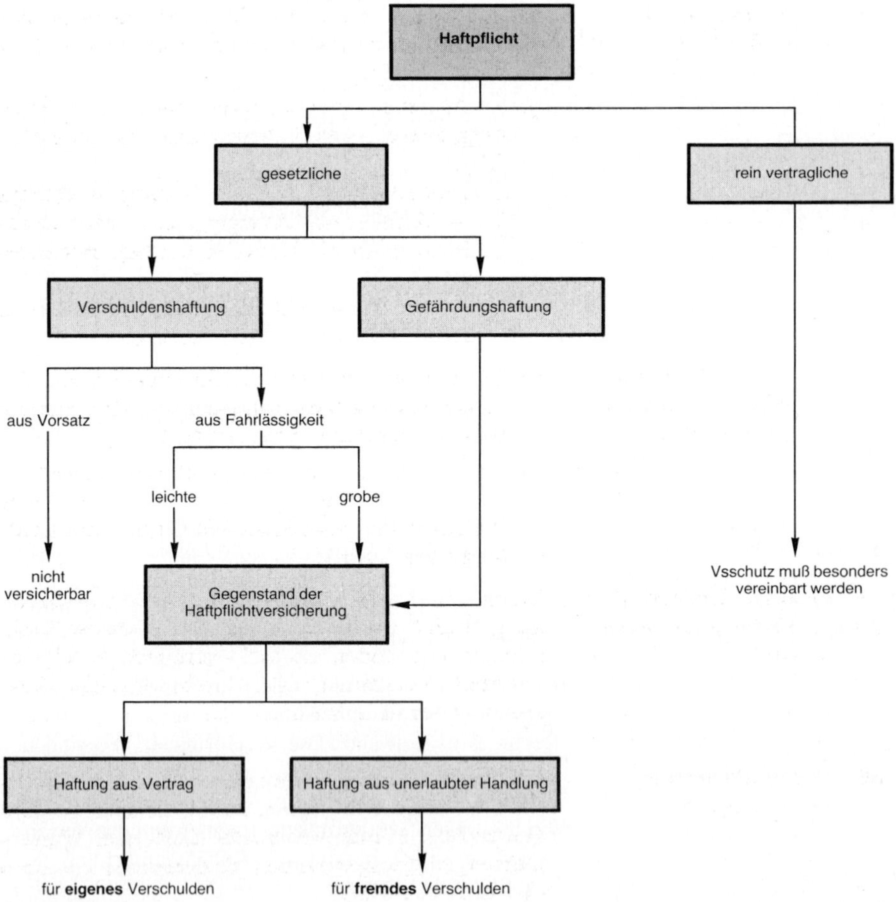

36 *Welche Ansprüche hat der VN gegen den VR zu stellen?*

Einen Rechtsschutzanspruch und einen Befreiungsanspruch.

a) Worin besteht der Rechtsschutzanspruch des VNs?

In der Verpflichtung des VRs unberechtigte Ansprüche des Geschädigten gegen den VN zurückzuweisen und ggf. die Kosten des Rechtsschutzes (auch über die Deckungssumme hinaus) zu tragen.

b) Worin besteht der Befreiungsanspruch des VNs?

In der Verpflichtung des VRs, berechtigte Ansprüche des Geschädigten gegen den VN anzuerkennen und zu befriedigen.

37 *Auf welche Ansprüche des geschädigten Dritten erstreckt sich der Vsschutz des VNs?*

a) Auf Ansprüche wegen eines Personenschadens (Tod, Verletzung, Gesundheitsschädigung von Menschen) und wegen eines Sachschadens (Beschädigung und Vernichtung von Sachen) (§ 1 Ziff. 1 AHB);

b) auf Ansprüche nur auf Grund besonderer Vereinbarung, also eines zusätzlichen Antrages (§ 1 Ziff. 3 AHB):
   1. wegen eines reinen Vermögensschadens (= Vermögensschädigung, die weder durch Personen- noch durch Sachschaden entstanden ist);
   2. wegen Abhandenkkommens von Sachen nach den Bestimmungen über Sachschaden.

a) Welche Entschädigungen fallen unter den Begriff Sachschaden?

a) Entschädigungen für den Sachminderwert, der durch die Beeinträchtigung der zweckbestimmten Brauchbarkeit der Sache entsteht;

b) Entschädigungen für den geldlichen Verlust als Folge der geringeren Verwendbarkeit der Sache (Folgeschaden, z. B. Kosten durch Ersatzbeschaffung eines Autos).

b) Wann liegt ein reiner Vermögensschaden vor?

Wenn die haftpflichtrechtliche Vermögensschädigung weder durch Personen- noch durch Sachschaden entstanden ist, z. B. verminderte Warenumsätze (Verkaufserträge) durch bauseitige Versperrung des Ladenzugangs.

38 *Was erfaßt die sogen. ErgänzungsV?*

Erhöhungen und Erweiterungen des versicherten Risikos im laufenden Vsjahr, soweit sie nicht in dem Halten oder Führen von Kraft-, Luft- oder Wasserfahrzeugen (ausgenommen Ruderboote) bestehen (§ 1 Ziff. 2b AHB).

a) *Was versteht man unter Erhöhung des versicherten Risikos?*

Vergrößerung der Schadenwahrscheinlichkeit = *qualitative* Veränderung des versicherten Risikos (z. B. gefährlichere Arbeitsweise durch Sprengungen).

b) *Was ist unter Erweiterung des versicherten Risikos zu verstehen?*

Mengenmäßige *(quantitative)* Veränderung des versicherten Risikos bei gleichbleibender Gefährdung des Einzelrisikos, z. B. Anschaffung eines zweiten Hundes

c) *Von welchem Zeitpunkt an sind Erhöhung und Erweiterung des Risikos versichert?*

Mit dem Eintritt der Gefahrenveränderung, während die Prämie am Ende des Vsjahres richtiggestellt wird.

39 *Welche Risiken erfaßt die VorsorgeV?*

Die nach Vertragsabschluß oder nach der letzten Wagnisanzeigeaufforderung *neu hinzukommenden,* also bisher nicht versicherten Risiken (§ 2 AHB), z. B. wird das Hunderisiko, das nach Abschluß einer PrivathaftpflichtV entsteht, aber bei dieser bedingungsgemäß ausgeschlossen ist, durch die VorsorgeV gedeckt, falls nach Aufforderung oder im Schadenfalle die Prämie dafür entrichtet wird.

a) *Welche Deckungssummen gelten für die VorsorgeV?*

Für Personenschäden 500 000,— DM, für Sachschäden 150 000,— DM (§ 2 Ziff. 2 AHB).

b) *Welche Risiken fallen nicht unter die VorsorgeV?*

Zum Beispiel Bahnen, Theater usw.; Tribünen; Luft- und Wasserfahrzeuge (ausgenommen Ruderboote); Jagd; Herstellung usw. von explosiven Stoffen; Führen und Halten von Kraftfahrzeugen (§ 2 Ziff. 3 AHB).

40 *Was fällt nicht unter den HaftpflichtVsschutz?*

a) Ohne ausdrückliche andere Vereinbarung besteht u. a. *kein* Vsschutz für Haftpflichtansprüche aus (§ 4, I Ziff. 1–7 AHB):

1. Schadenfällen im Ausland (örtliche Begrenzung); jedoch sind solche aus z. B. Montageunfällen der Arbeiter auch im Ausland (i. S. § 640 RVO) eingeschlossen;
2. Schäden der *reinen* vertraglichen Haftpflicht;
3. Schäden aus bestimmten gefährlichen Sportausübungen, z. B. Pferde- oder Kraftfahrzeugrennen (incl. Training);
4. Einwirkungsschäden; der Ausschluß bezieht sich nicht auf Personen-, sondern nur auf Sachschäden, die z. B. durch allmähliche Einwir-

kungen der Temperatur, von Gasen oder Feuchtigkeit; durch Abwässer, Erdrutschungen, Überschwemmungen entstehen;

5. Schäden an *fremden* Sachen, die der VN gemietet, gepachtet, geliehen oder vertraglich in besondere Verwahrung genommen hat;
6. Schäden, die an fremden Sachen durch gewerbliche oder berufliche Tätigkeit des VNs an oder mit diesen Sachen, z. B. Bearbeitung, Reparatur, Beförderung, Prüfung entstanden sind; bei *unbeweglichen* Sachen beschränkt sich dieser Ausschluß auf Sachen oder Teile der unmittelbaren Tätigkeit (sog. Bearbeitungsschäden, z. B. sind bei Arbeiten am Dachstuhl nur Schäden am Dachstuhl selbst, nicht aber an der Dachrinne von der V ausgeschlossen);
7. Schäden, die im Zusammenhang stehen mit energiereichen ionisierenden Strahlen, z. B. von radioaktiven Substanzen ausgehende Alpha-, Beta- und Gamma- sowie Laser- oder Maserstrahlen;

b) *Ausgeschlossen* von der V bleiben Haftpflichtansprüche aus (§ 4, II Ziff. 1–5 AHB):

1. Schäden, die vorsätzlich herbeigeführt wurden;
2. Schadenfällen von Angehörigen des VNs, die mit ihm in häuslicher Gemeinschaft leben oder zu den im Vertrag mitversicherten Personen gehören, von gesetzlichen Vertretern juristischer Personen gegen diese, von mehreren VNn des gleichen Vertrages usw.;
3. Schäden durch gefahrdrohende Umstände, deren Beseitigung der VR billigerweise verlangen konnte und verlangt hatte;
4. ansteckenden Krankheiten;
5. Schäden an vom VN hergestellten und gelieferten Sachen.

Prämienermittlung

41 *Woraus wird die Prämie ermittelt?*

Aus der Schadeneintrittswahrscheinlichkeit (-häufigkeit) und der Schadenausbreitungswahrscheinlichkeit (-umfang), aus denen sich die Schadenwahrscheinlichkeit ergibt.

42 *Wovon hängt die Schadenwahrscheinlichkeit in der HaftpflichtV ab?*

U.a. von der Art des Risikos (Privatmann, Handwerker, Industriebetrieb); von Veränderungen in der Industrie, in der Bautätigkeit, im Verkehr, im Preis- und Lohngefüge; von Auffassungen in der Rechtsprechung, z.B. über Schmerzensgeld.

43 *Wie ist der schnellen Änderungsmöglichkeit der Schadenwahrscheinlichkeit Rechnung getragen worden?*

Durch folgende sog. Prämienangleichungsklausel (§ 8 III AHB):

1. Ein unabhängiger Treuhänder ermittelt zum 1. Juli eines jeden Jahres, um welchen Prozentsatz sich der Durchschnitt der Schadenzahlungen, die die zum Betrieb der allgemeinen Haftpflichtversicherung zugelassenen Versicherer im vergangenen Kalenderjahr geleistet haben, gegenüber dem vorvergangenen Jahr erhöht oder vermindert hat. Den ermittelten Prozentsatz rundet er auf die nächst niedrigere durch fünf teilbare ganze Zahl ab.

2. Im Falle einer Erhöhung ist der Versicherer berechtigt, im Falle einer Verminderung verpflichtet, die Folgeprämie um den sich aus Nr. 1 ergebenden Prozentsatz zu verändern (Prämienangleichung).
   Hat sich der Durchschnitt der Schadenzahlungen des Versicherers in jedem der letzten fünf Kalenderjahre um einen geringeren Prozentsatz als denjenigen erhöht, den der Treuhänder jeweils für diese Jahre nach Nr. 1 ermittelt hat, so darf der Versicherer die Folgejahresprämie nur um den Prozentsatz erhöhen, um den sich der Durchschnitt seiner Schadenzahlungen nach seinen unternehmenseigenen Zahlen im letzten Kalenderjahr erhöht hat; diese Erhöhung darf diejenige nicht überschreiten, die sich nach dem vorstehenden Absatz ergeben würde.

3. Liegt die Veränderung nach Nr. 1 oder Nr. 2 Absatz 2 unter 5%, so entfällt eine Prämienangleichung; diese Veränderung ist jedoch in den folgenden Jahren zu berücksichtigen.

4. Die Prämienangleichung gilt für die vom 1. Juli an fälligen Folgejahresprämien. Sie wird dem Versicherungsnehmer mit der Prämienrechnung bekanntgegeben.

5. Soweit die Folgeprämie nach Lohn-, Bau- oder Umsatzsumme berechnet wird, findet keine Prämienangleichung statt.

44 *Warum eine Prämienangleichungsklausel?*

Sie berücksichtigt die Preisveränderungen, denn in der HaftpflichtV muß jeder Schaden, dessen Höhe insbesondere durch das jeweilige Preis- und Lohngefüge bestimmt wird, bis zur vollen Deckungssumme ersetzt werden.

Versicherungsfall

45 *Was gilt als Vsfall in der HaftpflichtV?*

a) Die AHB (§ 5 Nr. 1) erklären als den Vsfall das Schadenereignis, das Haftpflichtansprüche gegen den VN zur Folge haben könnte. Entscheidend ist hier der Zeitpunkt, in dem das äußere Ereignis eingetreten ist (Ereignistheorie).

   Beispiel:
   Die von einem Dekorateur am Fenster einer Neubauwohnung fehlerhaft befestigte Jalousieeinrichtung stürzt ein Jahr später wegen mangelhafter Befestigung herab und verletzt den Mieter (Ereignis). Es besteht Ersatzpflicht, falls Vsschutz beim Eintritt des Schadenereignisses (der Verletzung) gegeben war, wenn auch die V im Zeitpunkt der fehlerhaften Anbringung der Jalousie noch nicht bestand;

b) bei der VermögenschadenhaftpflichtV, bei der Berufs-VermögenshaftpflichtV der Richter und Anwälte sowie nach den Besonderen Bedingungen und Risikobeschreibungen für die BerufshaftpflichtV von Architekten und Bauingenieuren gilt für den Eintritt des Schadenereignisses der Zeitpunkt, in dem der Verstoß begangen wurde (Verstoßtheorie), d.h. der Schädiger muß im Augenblick der Schadenursache versichert gewesen sein.

   Beispiel:
   Einem Architekten, der nur bis zum Jahresende 1978 berufshaftpflichtversichert war, unterläuft bei einer Planung 1978 ein Fehler, der nachweislich 1 Jahr später zum Einsturz des geplanten Hauses führt. Obwohl das äußere Ereignis (Einsturz) nicht in die Vertragslaufzeit fällt, besteht Vsschutz, da der Architekt zur Zeit des Verstoßes, der hier den Vsfall auslöst, versichert gewesen ist.

46 *In welcher Höhe haftet der VR?*

Der Tarif 7/1989 sieht Deckungssummen von 2 000 000,– DM für Personenschäden und von 500 000,– DM für Sachschäden vor. Die Gesamtleistung des VRs für alle Schadenereignisse eines Vertrages ist auf das Doppelte der Deckungssummen innerhalb eines Vsjahres begrenzt. Die Vsleistung wird nach oben begrenzt durch die jeweils vereinbarte Deckungssumme, worauf allerdings die möglichen Kosten des Rechtsschutzes nicht angerechnet werden.

47 *Welche Obliegenheiten hat der VN im Vsfalle zu erfüllen?*

a) *Anzeigepflicht:* Jeder Vsfall ist dem VR unverzüglich, spätestens innerhalb einer Woche, schriftlich anzuzeigen. Außerdem hat der VN noch fristgemäß anzuzeigen: eingeleitete Ermittlungs- und Strafverfahren, gerichtlich und außergerichtlich geltend gemachte Ansprüche, erwirkte Mahnbescheide und einstweilige Verfügungen (§ 5 Nr. 2 AHB);
b) *Auskunfts- und Rettungspflicht;*
c) *Pflicht, die Prozeßführung dem VR zu überlassen,* und gegen Mahnbescheide und Verfügungen von Verwaltungsbehörden auf Schadenersatz, ohne die Weisung des VRs abzuwarten, fristgemäß Widerspruch zu erheben oder die erforderlichen Rechtsbehelfe zu ergreifen;
d) *Pflicht, ohne Zustimmung des VRs keinen Haftpflichtanspruch* ganz, teil- oder vergleichsweise *anzuerkennen* oder zu befriedigen, andernfalls ist der VR im allgemeinen von der Leistungsverpflichtung frei.

48 *Worauf erstreckt sich die Bearbeitung des Vsfalles (die Schadenbeurteilung)?*

Sie erstreckt sich auf

a) Prüfung des Vsschutzes in bezug auf das angezeigte Wagnis, Prämienzahlung, Obliegenheiten, Ausschlüsse, adäquaten Kausalzusammenhang, Verschulden, Verjährung;
b) Sicherung der Beweismöglichkeiten, evtl. durch Beweissicherungsverfahren (gerichtliche Beweisaufnahme nach §§ 485 ff. ZPO);
c) Umfang der Leistung (Feststellung evtl. durch Besichtigung oder Sachverständigengutachten);
d) Prüfung von Mitverschulden, Vorteilsausgleich und Selbstbeteiligung des VNs;

e) Prüfung der Regreßmöglichkeit nach Abfindung des Geschädigten, wenn z.B. mehrere Schadenersatzpflichtige an einem Vsfall beteiligt sind oder Teilungsabkommen bestehen.

Versicherungsarten

49 *Was umfaßt die PrivathaftpflichtV?*

Die gesetzliche Haftpflicht des VNs u.a. als

a) Privatperson aus den Gefahren des täglichen Lebens;

b) Haushaltungs- und Familienvorstand, z.B. aus der Aufsichtspflicht über Minderjährige;

c) Dienstherr gegenüber den Haushaltshilfen sowie für deren dienstliche Haushaltsverrichtungen;

d) Wohnungsinhaber, Wohnungseigentümer oder Inhaber eines von ihm allein bewohnten Einfamilienhauses im Inland, sofern Wohnung oder Haus nur zu Wohnzwecken verwendet werden;

e) Sportler aus der Ausübung jeder Art von Sport, ausgenommen Jagd, ferner als Teilnehmer an Pferde –, Rad – oder Kfz. – Rennen, Box- oder Ringkämpfen sowie an den Vorbereitungen hierzu (Training);

f) Tierhalter oder Tierhüter von zahmen Haustieren, gezähmten Kleintieren und Bienen, die nicht zu landwirtschaftlichen oder gewerblichen Zwecken gehalten werden. Ausgeschlossen sind Hunde, Rinder, Pferde, Reit- und Zugtiere, wilde Tiere.

a) Welche Personen sind mitversichert?

a) Der Ehegatte des VNs mit dem gleichartigen Risiko;

b) die unverheirateten Kinder des VNs und die volljährigen Kinder, solange sie sich in der Schul- oder sich unmittelbar anschließenden Berufsausbildung befinden;

c) die Hausangestellten gegenüber Dritten bei Ausübung dienstlicher Verrichtungen im Privathaushalt des VNs;

d) die als Mieter vertraglich übernommene, gesetzlich dem Hauseigentümer obliegende Streu- und Reinigungspflicht.

b) Welche Schäden sind mitversichert?

Mitversichert sind Auslands-(Urlaubs-), Mietsach- und Abwässerschäden.

50 *Welche Arten der BetriebshaftpflichtV sind zu unterscheiden?*

a) V für gewerbliche, industrielle Betriebe und Handelsbetriebe;

b) V für land- und forstwirtschaftliche Betriebe;

c) V für Gaststätten- und Beherbungsbetriebe;

d) V für Krankenhäuser.

51 *Was ist in die HaftpflichtV für gewerbliche und industrielle Betriebe eingeschlossen?*

a) Die gesetzliche Haftpflicht, die den gesetzlichen Vertretern des VNs, z. B. Teilhabern, und solchen Personen, die er zur Leitung oder Beaufsichtigung des versicherten Betriebes angestellt hat (sog. Repräsentanten), in Ausübung ihrer dienstlichen Verrichtung Dritten gegenüber persönlich erwächst (§ 151 Abs. 1 VVG);

b) die gesetzliche Haftpflicht sämtlicher *übrigen* Betriebsangehörigen für Schäden, die sie in Ausführung ihrer dienstlichen Verrichtungen verursachen (ausgenommen sind Arbeitsunfälle i. S. der RVO);

c) die gesetzliche Haftpflicht des VNs:
   1. als Eigentümer, Mieter usw. von Grundstücken, Gebäuden und Räumlichkeiten, die ausschließlich für den versicherten Betrieb und/oder für Wohnzwecke des VNs und seiner Betriebsangehörigen benutzt werden;
   2. aus Sozialeinrichtungen für Betriebsangehörige, z. B. Werkskantinen, Erholungsheime und dergleichen.

Die Prämie richtet sich nach der Art des Betriebes, Anzahl der beschäftigten Personen oder Höhe der Lohn- oder Umsatzsumme, Gefährlichkeitsgrad der auszuführenden Arbeiten, z. B. auswärtige Montagen, und dem Gefährdungsgrad der maschinellen Anlagen etc.

52 *Welche Besonderheiten kennzeichnen die Berufs-HaftpflichtV für Architekten und Bauingenieure?*

a) Es gelten besondere Bedingungen für Architekten, Bau-Ingenieure und Statiker;

b) der Vsfall ist statt auf das Schadenereignis (die Ereignistheorie) auf die Schadenursache (die Verstoßtheorie) abgestellt;

c) verschiedene, sonst ausgeschlossene Schäden sind mitversichert (insbes. Schäden an geplanten Bauwerken).

53 *Was umfaßt die HaftpflichtV für land- und forstwirtschaftliche Betriebe?*

a) Halten und Verwenden von Zug- und sonstigen Nutztieren im versicherten Betrieb (ausgenommen Hunde und Zuchtvieh, letzteres nur, wenn es zum Belegen fremder Tiere vorgesehen ist);

b) Besitz und Verwendung von nicht selbstfahrenden Geräten und Maschinen sowie nicht zulassungspflichtigen Anhängern, die den Zwecken des versicherten Betriebes dienen, soweit nicht eine besondere Prämie zu berechnen ist;

c) Verwendung von Pflanzenschutz- und Schädlingsbekämpfungsmitteln im versicherten Betrieb (Selbstbeteiligung des VNs 20 %, mindestens 100,— DM an jedem Sachschaden);

d) Besitz und Verwendung elektrisch geladener Weidezäune;

e) Nebenbetriebe der Land- und Forstwirtschaft.

Die Prämie richtet sich nach der Größe des Besitzes und ist hektarweise gestaffelt, sowie nach der Zahl der vorhandenen Hunde, Zuchttiere, Zugtiere, der selbstfahrenden Arbeitsmaschinen mit mehr als 20 km/Std. und der Nebenbetriebe.

54 *Was gilt für die HaftpflichtV der Gaststätten- und Beherbergungsbetriebe?*

Hier gelten sinngemäß die Ausführungen zur Frage 51 (HaftpflichtV für gewerbliche und industrielle Betriebe).

Für den Einschluß von Fremdenzimmern (strenge Haftung nach § 701 BGB), Sälen, Garderoben, Garagen usw. gelten Sonderbedingungen.

Die Prämie richtet sich nach der Anzahl der (dauernd und vorübergehend) beschäftigten Personen und im Beherbungsgewerbe auch nach der Anzahl der Fremdenzimmer. Für besondere Risiken werden Zuschläge erhoben.

55 *Was deckt die Gebäude- und GrundstückshaftpflichtV?*

a) Das Risiko des VNs als früherer Hausbesitzer aus der Nachhaftung § 836 Abs. 2 BGB, wenn die V bis zum Besitzwechsel in Kraft war;

b) das Streu- und Reinigungswagnis der beauftragten Personen.

a) Welche Risiken sind mitversichert?

a) Aus Personen- und Lastenfahrstühlen;

b) aus der Haftung als Bauherr bis zu 20 000,— DM für Reparaturen usw.;

c) aus häuslichen Abwässerschäden.

b) Wonach wird die Prämie berechnet?

Nach dem Bruttojahresmietwert einschließlich Garage, bei unbebauten Grundstücken nach Quadratmetern.

56 *Welche besonderen Wagnisse können auch haftpflichtversichert werden?*

a) Atom-(Kern-)Energie, deren Strahlenrisiko von der Deutschen Kernreaktor-Versicherungsgemeinschaft unter prozentualer Beteiligung der Mitglieder durch Sonderbedingungen und -prämien abgedeckt wird;

b) Luftfahrtrisiken (vgl. S. 195);

c) Gewässerschäden: die Gefährdungshaftung für das Öltankrisiko kann durch eine ZusatzV für Unternehmer, Hausbesitzer, Privathaushalte usw. gedeckt werden;

d) Arzneimittelhersteller (Pharma-Pool);

e) Umweltschäden.

57 *Welche weiteren Arten der Haftpflicht V gibt es?*

HaftpflichtV für

a) Heilwesen (Ärzte, Tierärzte, Krankenhäuser);
b) Vereine;
c) Lehrer, Schulen und Erziehungsanstalten;
d) politische und kirchliche Gemeinden;
e) Schausteller und Vergnügungseinrichtungen;
f) Wasserfahrzeuge;
g) Kraftfahrzeuge, soweit sie nicht unter die KraftfahrzeughaftpflichtV fallen (jedoch nur in Verbindung mit einem sonstigen Hauptrisiko);
h) Jäger;
i) Berufshaftpflicht von Anwälten, Wirtschaftsprüfern u. ä. wegen Vermögensschäden;
j) die Hersteller von industriellen Produkten (erweiterte ProdukthaftpflichtV);
k) Bewachungsunternehmen;
l) den Umgang mit und die Beförderung von Kernbrennstoffen oder sonstigen radioaktiven Stoffen.

Besonderheiten des Produkthaftungsgesetzes (ProdHaftG) und der Produkthaftung – eine in binnenstaatliches Recht umgesetzte EG-Richtlinie

58 *Was ist Produkt im Sinne des ProdHaftG?*

Produkt i.S. dieses Gesetzes ist jede bewegliche Sache, auch wenn sie Teil einer anderen beweglichen oder unbeweglichen Sache ist, sowie Elektrizität.

Handwerklich oder kunstgewerblich gefertigte Sachen werden industriellen Erzeugnissen gleichgestellt.

Ausgenommen sind landwirtschaftliche Erzeugnisse des Bodens und der Tierzucht, der Imkerei und der Fischerei (landwirtschaftliche Naturprodukte), die nicht einer ersten Verarbeitung unterzogen wurden. (In einigen EG-Ländern sind landwirtschaftliche Produkte in die Haftung eingeschlossen!).

Als landwirtschaftliche Produkte gelten auch Jagderzeugnisse.

59 *Wofür wird gehaftet?*

Gehaftet wird für Produktfehler. Fehlerhaft ist ein Erzeugnis, das nicht die Sicherheit aufweist, die ein Verbraucher berechtigterweise erwarten kann.

Maßgebliche Kriterien für die berechtigterweise unterstellte Sicherheit ist insbesondere die erklärte Zweckbestimmung, die Inhalte der Produktwerbung sowie der Zeitpunkt, in dem das Erzeugnis in den Verkehr gebracht wurde.

Gehaftet wird für Sach- und Personenschäden, sofern das fehlerhafte Produkt eine Sache zerstört oder beschädigt hat, die ihrer Art nach für den gewöhnlichen privaten Ge- oder Verbrauch bestimmt war und hierzu von dem Geschädigten auch hauptsächlich verwendet worden ist.

Schäden an Sachen mit gewerblichem Charakter fallen nicht unter den Schutz des ProdHaftG.

Dieser Umstand schließt nicht aus, daß auch solche Schäden wegen mangelhafter Erfüllung eines Kauf- oder Werkvertrages nach BGB- und HGB-Recht zu ersetzen sind!

Nicht ersetzt werden aufgrund des ProdHaftG

a) immaterielle Schäden wie z. B. Schmerzensgeldforderungen (der Schmerzensgeldanspruch nach § 847 BGB bleibt unberührt!);

b) Sachschäden, die den Betrag von DM 1 125,00 nicht überschreiten;

c) Personenschäden-Ersatz wird maximal auf 160 Mio. DM begrenzt;

d) Personen- und Sachschäden, von denen sich der in Anspruch genommene Beklagte entlasten kann.

60 *Welche Entlastungsgründe sieht das ProdHaftG vor?*

Die Schadensersatzpflicht nach dem ProdHaftG (!) tritt nicht ein, wenn

a) der in Anspruch Genommene das Produkt nicht in den Verkehr brachte (es war ihm beispielsweise entwendet worden);
b) nach den Umständen davon ausgegangen werden muß, daß das Produkt mit dem Schaden verursachenden Fehler nicht behaftet war, als der Hersteller das Erzeugnis in den Verkehr brachte;
c) der Hersteller das Produkt weder für den Verkauf oder eine andere Form des Vertriebs mit wirtschaftlichem Zweck hergestellt, noch im Rahmen seiner beruflichen Tätigkeit hergestellt oder vertrieben hat;
d) der Fehler darauf beruht, daß das Erzeugnis in dem Zeitpunkt, in dem der Hersteller es in den Verkehr brachte, dazu zwingenden Rechtsvorschriften entsprach oder
e) der Fehler nach dem Stand der Wissenschaft und Technik in dem Zeitpunkt nicht erkannt werden konnte, in dem der Hersteller das Erzeugnis in den Verkehr brachte (sogen. Entwicklungsrisiko). (Anmerkung zu d): Das deutsche Arzneimittel-Gesetz (AMG) schließt die Haftung für das Entwicklungsrisiko ein!)

61 *Wer muß was beweisen?*

Der Geschädigte muß beweisen, daß
a) ihm ein Sach- und / oder Personenschaden entstanden ist und (!)
b) zwischen der Fehlerhaftigkeit des Erzeugnisses und dem eingetretenen Schaden ein ursächlicher Zusammenhang besteht.

Den Anspruchsgegner trifft die Beweislast dafür, daß er zu Recht für sich Entlastungsgründe geltend machen kann.
Auf Verschulden des Anspruchgegners kommt es nicht an! Der Anspruchsgegner kann aber – haftungsmindernd – geltend machen, daß ein mitwirkendes Verschulden des Geschädigten bei Schadensentstehung vorgelegen hat.

62 *Wer haftet nach dem ProdHaftG?*

1. Der Hersteller eines Endproduktes, Grundstoffes oder Teilproduktes;
2. Neben dem Hersteller derjenige, der sich als Hersteller ausgibt („Quasi-Hersteller");

Quasi-Hersteller ist, wer seinen Namen, sein Warenzeichen oder ein anderes Erkennungszeichen an dem Produkt angebracht hat;

3. der EG – Importeur;
4. jeder Lieferant, sofern der Hersteller nicht ermittelt werden konnte oder der Lieferant dem Geschädigten auf dessen Verlangen den Hersteller oder den Vorlieferanten nicht innerhalb einer angemessenen Zeit benennt.
   Der Lieferant gilt ebenfalls als Hersteller, wenn sich der Importeur bei in die EG eingeführten Erzeugnissen nicht mehr benennen läßt.

63 *In welcher Weise wird gehaftet?*

Die Haftung nach dem ProdHaftG ist

1. verschuldensunabhängig;
2. unabdingbar, d. h. sie darf weder im voraus ausgeschlossen noch begrenzt werden;
3. subsidiär, d. h. sie tritt ergänzend neben das geltende übrige Haftungsrecht; (es besteht also „Anspruchskonkurrenz"!);
4. summenmäßig begrenzt.

64 *Wann verjähren Ansprüche nach § 1 ProdHaftG?*

Die Verjährungsfrist beträgt drei Jahre, gerechnet ab dem Zeitpunkt, in dem der Anspruchsberechtigte von dem Schaden, dem Fehler und von der Person des Ersatzpflichtigen Kenntnis erlangt oder hätte erlangen müssen.

65 *Wann erlischt die Haftung des Herstellers?*

Die Haftung des Herstellers erlischt zehn Jahre nach dem Zeitpunkt, in dem der Hersteller das schadenverursachende Erzeugnis in den Verkehr brachte.

66 *Wie verfahren die deutschen Haftpflicht-VR mit dem ab 1.1.1990 in Deutschland geltenden ProdHaftG?*

Die Mehrheit der deutschen Betriebs-Haftpflicht-VR sehen in den Haftungsnormen des ProdHaftG gesetzliche Haftpflichtbestimmungen privatrechtlichen Inhalts im Sinne § 1 AHB. Mithin besteht V'schutz im Rahmen der Betriebs-HVg. Es empfiehlt sich jedoch, bestehende Betriebs-H-Vgen auf ausreichende Deckungssummen, Vollständigkeit der Betriebsbeschreibung sowie – ggfs. – auf Absicherung des Auslands – Risikos zu untersuchen, damit evtl. vorhandene Deckungslücken geschlossen werden.

Rechtsschutzversicherung

1 *Wodurch unterscheiden sich HaftpflichtV und RechtsschutzV?*

Die *HaftpflichtV* hat die berechtigten Ansprüche Dritter gegen den eigenen VN zu befriedigen und unberechtigte Ansprüche abzuwehren (im Passivprozeß).

Die *RechtsschutzV* übernimmt die Kosten (Rechtsverfolgungs- und Rechtsverteidigungskosten) für Ansprüche des eigenen VNs gegen den schädigenden Dritten (im Aktivprozeß). Sie ist also gewissermaßen eine Umkehrung der HaftpflichtV.

2 *Zu welcher Vsart gehört die RechtsschutzV?*

Sie ist eine SchadenV (= konkrete Bedarfsdeckung) und ersetzt die im Vsfall entstandenen Kosten (Vermögensschaden = PassivenV).

3 *Welche gesetzlichen Vorschriften sind auf die RechtsschutzV anzuwenden?*

Da die RechtsschutzV im VVG nicht besonders geregelt ist, finden im *allgemeinen* die „Vorschriften für sämtliche Vszweige" (§§ 1–48 VVG) und die Bestimmungen über die „SchadenV" (§§ 49–80 VVG) Anwendung.

4 *Welche vertraglichen Bestimmungen liegen der RechtsschutzV zugrunde?*

Allgemeine Bedingungen für die RechtsschutzV (ARB), die Standardklauseln und die Zusatzbedingung zum Steuer-Rechtsschutz.

5 *Für welche Rechtsstreitigkeiten übernimmt die RechtsschutzV die Kosten?*

a) Wenn der Versicherte wegen eines erlittenen Personen-, Sach- oder Vermögenschadens einen Schadenersatzanspruch auf Grund gesetzlicher Haftpflichtbestimmungen gegen den Schadenstifter geltend macht (Schadenersatz-RS);

b) wenn gegen den Versicherten ein Bußgeldverfahren oder wegen der Verletzung von Strafvorschriften ein Strafverfahren anhängig gemacht wird. Bei Verletzung verkehrsrechtlicher (!) Vorschriften besteht nur dann kein Vsschutz, wenn rechtskräftig festgestellt wird, daß die Straftat vorsätzlich begangen wurde.
Im übrigen besteht Vsschutz, solange dem VN ein fahrlässiges Verhalten zur Last gelegt wird oder wenn keine rechtskräftige Verurteilung wegen Vorsatzes erfolgt (§ 4 Abs. 3 ARB) (Straf-Rechtsschutz);

c) bei Verfahren wegen Einschränkung, Entzuges oder Wiedererlangung der Fahrerlaubnis (Führerschein-Rechtsschutz);

d) wenn der Versicherte Ansprüche aus Arbeits- oder Dienstverhältnissen geltend machen oder abwehren will bzw. wenn er Ansprüche vor den Sozialgerichten durchsetzen will (Arbeits-Rechtsschutz, Sozialgerichts-Rechtsschutz);

e) bei gerichtlicher oder außergerichtlicher Geltendmachung und Abwehr von Ansprüchen aus schuldrechtlichen Verträgen über Kauf, Verkauf, Tausch und Finanzierung über Miete, Leihe und Verwahrung sowie über Reparatur und die Wahrnehmung rechtlicher Interessen aus dinglichen Rechten an beweglichen Sachen (Allgemeiner Vertrags-Rechtsschutz, Kfz-Vertrags-Rechtsschutz).
Versichert sind auch Streitigkeiten aus Versicherungsverträgen, wenn der Streitwert DM 300 übersteigt.

f) wenn der Versicherte nach Veränderung seiner Rechtslage in Fragen des Familien- und Erbrechts und der freiwilligen Gerichtsbarkeit einer Beratung durch einen Rechtsanwalt bedarf (Beratungs-Rechtsschutz).

g) im Rahmen des Steuer-Rechtsschutzes besteht Vsschutz für die gerichtliche Wahrnehmung rechtlicher Interessen aus dem Steuer- und sonstigen Abgaberecht (Steuer-Rechtsschutz).

6 *Welche Personen sind versichert?*

Neben dem VN sind jeweils nach dem Bedarf in den einzelnen Vsarten andere Personen mitversichert, so z. B.:

- in der Verkehrs-RSV und der Fahrzeug-RSV die berechtigten Fahrer und Insassen der versicherten Fahrzeuge;
- in der Familien-RSV der Ehegatte, die minderjährigen Kinder und die unverheirateten volljährigen Kinder bis zur erstmaligen Ausübung einer auf Dauer angelegten beruflichen Tätigkeit gegen leistungsbezogenes Entgelt, längstens jedoch bis zur Vollendung des 25. Lebensjahres;
- in der RechtsschutzV für Gewerbetreibende und freiberuflich Tätige die Familienangehörigen des VNs, soweit sie in dessen beruflichem Bereich tätig sind, und die Arbeitnehmer des VNs in Ausübung ihrer beruflichen Tätigkeit für den VN.

7 *Welche Risiken sind vom Vsschutz ausgeschlossen?*

Die in § 4 ARB aufgeführten Risiken, z. B. Streitigkeiten als Bauherr, aus Spiel- und Wettverträgen, aus dem Patent- und Urheberrecht sowie Streitigkeiten in Flurbereinigungs- und Planfeststellungsangelegenheiten.

8 *Auf welches Gebiet erstreckt sich der Vsschutz?*

Auf Europa und die außereuropäischen Anliegerstaaten des Mittelmeeres, im Sozialgerichts- und Steuer-Rechtsschutz jedoch nur auf die Bundesrepublik Deutschland. Im Beratungs-Rechtsschutz muß deutsches Recht anwendbar sein.

9 *Wie hoch ist die Vssumme?*

Die RegelVssumme beträgt DM 100 000 je Vsfall, davon für Strafkautionen darlehensweise DM 50 000. Ein VU bietet Deckung von DM 150 000 und ein anderes VU gar Deckung ohne Summengrenze an.

10 *Welchen Vsschutz gewähren die einzelnen Rechtsschutzarten?*

a) Der *Verkehrs-Rechtsschutz* (§ 21 ARB) bietet Vsschutz für alle (!) auf den Namen des VN zugelassenen Fahrzeuge, der *Fahrzeug-Rechtsschutz* (§ 22 ARB) gilt für das im Vsschein bezeichnete Fahrzeug.

b) Beim *Fahrer-Rechtsschutz* (§ 23 ARB) gewährt der VR dem VN Vsschutz im Rahmen von Schadenersatz- und Strafrechtsschutz sowie Führerschein-Rechtsschutz als Fahrer fremder Motorfahrzeuge aller Art sowie Anhänger. Unternehmen wird der Fahrer-Rechtsschutz auch für alle bei ihnen als Arbeitnehmer tätigen Kraftfahrer geboten;

c) beim *Familien-Rechtsschutz* (§ 25 ARB) umfaßt der Vsschutz neben dem Schadenersatz- und Strafrechtsschutz, abgestellt auf den privaten und beruflichen Lebensbereich,
   - Allgemeinen Vertrags-Rechtsschutz für die Wahrnehmung rechtlicher Interessen aus schuldrechtlichen Verträgen und an dinglichen Rechten an beweglichen Sachen,
   - den *Arbeits-Rechtsschutz* zur Wahrnehmung rechtlicher Interessen aus Arbeitsverhältnissen sowie aus öffentlich-rechtlichen Anstellungsverhältnissen hinsichtlich dienst- und versorgungsrechtlicher Ansprüche,
   - den *Sozialgerichts-Rechtsschutz* zur Wahrnehmung rechtlicher Interessen vor Sozialgerichten, z. B. in Angelegenheiten der gesetzlichen PflichtV bei der SozialV,

- den *Steuer-Rechtsschutz* für die Wahrnehmung rechtlicher Interessen vor Finanz- und Verwaltungsgerichten und für die Verteidigung in Bußgeldverfahren wegen Ordnungswidrigkeiten und
- den *Beratungs-Rechtsschutz* für Beratung durch einen Rechtsanwalt in Angelegenheiten des deutschen Familien- und Erbrechts sowie der freiwilligen Gerichtsbarkeit.

d) Beim *Rechtsschutz für Nichtselbständige* (§ 26 ARB) besteht Vsschutz im privaten und beruflichen sowie im Verkehrsbereich. Es handelt sich gewissermaßen um eine Kombination aus Verkehrs- und Familien-Rechtsschutz.

Besonders optimal ist die Kombination, wenn der antragstellende Haushaltsvorstand in seinen Vertrag **alle** Fahrzeuge einschließt, die auf seinen Namen, den Namen seines Ehegatten und auf die Namen der im gemeinsamen Haushalt lebenden minderjährigen Kinder zugelassen sind.

e) Beim *Rechtsschutz für Gewerbetreibende und freiberuflich Tätige* (§ 24 ARB) wird Vsschutz für den betrieblichen und freiberuflichen Bereich gewährt. Vertrags-Rechtsschutz wird hingegen von den VRn nicht mehr angeboten.

f) Beim *Landwirtschafts- und Verkehrs-Rechtsschutz* (§ 27 ARB) besteht umfassender Vsschutz für den land- oder forstwirtschaftlichen Betrieb.
Versichert sind der betriebliche Bereich, der private Bereich, die Fahrzeuge (Pkw, Kombi und alle Fahrzeuge mit grünem Kennzeichen) sowie der Rechtsschutz für Grundstückseigentum und Miete;

g) beim *Rechtsschutz für Vereine* wird Vereinen ein auf ihre Belange zugeschnittener Vsschutz geboten (vgl. § 28 ARB).

h) Beim *Rechtsschutz für Grundstückseigentum und Miete* besteht für den VN Vsschutz in seiner Eigenschaft als Eigentümer, Mieter, Vermieter, Pächter, Verpächter oder dinglich Nutzungsberechtigter eines Grundstückes, Gebäudes oder Gebäudeteiles.

11 *Welche Bestimmungen enthält die in Rechtsschutz-Verträgen vereinbarte Beitragsangleichungsklausel?*

a) Sie sehen vor, daß Leistungen und Beiträge jährlich einander angepaßt werden können;

b) die Beitragserhöhung ist zulässig, die Beitragsverminderung ist zwingend, wenn das Produkt aus Schadenhäufigkeit und gezahlten Durchschnittsschadenbetrag lt. Feststellung eines unabhängigen Treuhänders gegenüber dem Vorjahr um 5 % und mehr zu- oder abgenommen hat;

c) der VN hat ein außerordentliches Kündigungsrecht, wenn sich der Beitrag um mehr als 5 Prozent oder um mehr als 25 Prozent des Erstbeitrages steigt.

Versicherungsfall

12 *Wann ist der Vsfall eingetreten?*

a) Für gesetzliche Haftpflichtansprüche gilt als Vsfall der Eintritt des dem Anspruch zugrunde liegenden Schadenereignisses;

b) für die Strafrechtsschutzgewährung gilt der Vsfall in dem Zeitpunkt als eingetreten, in dem der VN begonnen hat oder begonnen haben soll, eine Vorschrift des Straf-, Ordnungswidrigkeiten-, Disziplinar- oder Standesrechts zu verletzen;

c) in sonstigen Fällen, z. B. Vertrags- und Sozialgerichtsrechtsschutz, gilt der Vsfall in dem Zeitraum als eingetreten, in dem der VN, der Gegner oder ein Dritter begonnen hat oder begonnen haben soll, gegen Rechtspflichtigen oder Rechtsvorschriften zu verstoßen (§ 14 ARB).
Keine Wartezeit besteht im Schadensersatz-, Straf- und Beratungs-Rechtsschutz. In den übrigen Leistungsarten beträgt die Wartezeit drei Monate ab Vsbeginn.

13 *Welche Obliegenheiten hat der VN im Vsfall zu erfüllen?*

a) Informations-, Aufklärungs- und Beweissicherungspflicht hinsichtlich des Schadenfalles;

b) dem VR unverzüglich alle ihm zugegangenen gerichtlichen und anwaltlichen Kostenrechnungen vorzulegen;

c) Schadenminderungspflicht.

14 *Welche Leistungen hat der VR zu erbringen?*

a) Dem VN auf dessen Wunsch (!) einen, am Gerichtsort ansässigen Anwalt zu empfehlen. Der VN hat grundsätzlich das Recht freier Anwaltswahl.

b) Die gesetzliche Vergütung eines für den VN tätigen Rechtsanwalts bzw. Angehörigen steuerberatender Berufe;

c) die Gerichtskosten einschließlich der Entschädigung für Zeugen und Sachverständige sowie die Kosten des Gerichtsvollziehers und Reise-, Tage- sowie Übernachtungsgelder versicherter Personen;

d) die Gebühren und Auslagen in Verfahren vor Verwaltungsbehörden;

e) die dem Gegner bei der Wahrnehmung seiner rechtlichen Interessen entstandenen Kosten, soweit der VN zu deren Erstattung verpflichtet ist (auch Nebenklagekosten).

Kraftfahrtversicherung

1 *Worauf erstreckt sich der Vsschutz in der KV?*

Auf alle Gefahren und Schäden, die mit dem Betrieb eines Kfz oder Anhängers insbesondere während der Teilnahme am öffentlichen Verkehr ursächlich zusammenhängen. Besondere Bedeutung hat der Schutz des Verkehrsopfers.

2 *Welche Arten der KV gibt es?*

Kfz-HaftpflichtV, FahrzeugV (Teil- oder Vollkasko-V), KraftfahrtunfallV.

Diese Bündelung rechtlich selbständiger Verträge wird unter der Bezeichnung Kraftfahrt-V. zusammengefaßt.

Sonderarten der KV sind daneben die K-StrafrechtsschutzV sowie die Kfz-Pannenversicherung.

3 *Nennen Sie die wichtigsten öffentlich-rechtlichen Spezial-Vorschriften, die die KV direkt berühren!*

a) Pflichtversicherungsgesetz für Kfz-Halter in der Fassung vom 1. Juli 1988 (PflVG);
b) Ausländer-Pflichtversicherungsgesetz;
c) Straßenverkehrszulassungsordnung (StVZO);
d) Verordnung über die Tarife in KHV vom 5. Dezember 1984 in der Fassung vom 16. Juli 1991;
e) Zusatzabkommen zum NATO-Truppen-Statut;
f) Vorschriften über die Höchstprovisionssätze.

4 *Nennen Sie Gemeinschaftsaufgaben der KVR sowie Selbsthilfe-Einrichtungen!*

a) Londoner Abkommen (Grüne Vers.-Karte);
b) Abkommen über Regulierungshilfe;
c) Teilungsabkommen;
d) Verein Verkehrsopferhilfe e. V.;

5 *Welche Bedingungswerke und Tarife gelten in der KV?*

a) Die Allgemeinen Bedingungen für die Kraftfahrtversicherung (AKB) nach dem Stand vom 1. Januar 1992;

b) die von Fall zu Fall zusätzlich zu vereinbarenden Zusatz-, Sonder- oder Besondere Bedingungen (vgl. hierzu etwa Fragen und Antworten Nr. 59 bis 63);

c) die vom jeweiligen VR erarbeiteten Unternehmens-Tarife und Tarifbestimmungen (= TB).

6 *Welche Einschränkungen des KVsschutzes ergeben sich aus § 2 AKB?*

a) Der KVsschutz ist grundsätzlich auf Europa beschränkt (§ 2, Abs. 1 AKB);

b) ausgeschlossen sind:
   1. in der Fahrzeug- und K-UnfallV Schäden durch Aufruhr, innere Unruhen, Kriegsereignisse, Verfügungen von hoher Hand oder Erdbeben;
   2. Schäden durch Kernenergie;
   3. Schäden, die bei Beteiligung an Renn- einschl. dazugehöriger Übungsfahrten entstehen. Hinsichtlich des Kfz-Haftpflicht-Vsschutzes handelt es sich nur dann um einen Ausschluß, wenn die Rennveranstaltung behördlich genehmigt war. War die Rennveranstaltung zwar behördlich genehmigungspflichtig, jedoch nicht genehmigt, so liegt eine Obliegenheitsverletzung vor;

c) Sind bestimmte Obliegenheiten vor Eintritt des Vsfalles verletzt, so ist der VR leistungsfrei. Gegenüber dem geschädigten Dritten kann sich der VR jedoch nicht auf Leistungsfreiheit berufen (§ 158c Abs. 1 VVG und § 3 Nr. 4 PflVG).

7 *In welchen Fällen ist der VR wegen Obliegenheitsverletzungen vor dem Eintritt des Vsfalles von seiner Leistungsverpflichtung frei?*

Wenn

a) das Kfz zu einem anderen als dem im Antrag angegebenen Zweck verwendet wird (§ 2 Abs. 2a AKB), es sei denn, daß mit der Änderung des Verwendungszweckes keine Gefahrerhöhung verbunden war;

b) ein unberechtigter Fahrer das Fahrzeug gebraucht (§ 2 Abs. 2b AKB). VN, Halter oder Eigentümer bleiben jedoch geschützt;

c) der Fahrer des Fahrzeugs bei Eintritt des Vsfalles nicht die vorgeschriebene Fahrerlaubnis (= Führerschein) hat. Dem VN, Halter oder Eigentümer gegenüber ist der VR leistungspflichtig, wenn diese das Vorliegen der Fahrerlaubnis bei dem berechtigten Fahrer ohne Verschulden annehmen durften oder wenn ein unberechtiger Fahrer das Fahrzeug gebraucht (Umfahrt!) (§ 2 Abs. 2 c AKB);

d) – in der Kfz-HaftpflichtV – das Fahrzeug zu behördlich genehmigungspflichtigen, aber nicht genehmigten Rennveranstaltungen einschl. dazugehöriger Übungsfahrten verwendet wird (§ 2 Abs. 2 d AKB);

e) das Fahrzeug während der vorübergehenden Stilllegung in den öffentlichen Verkehr gebracht wird, es sei denn, daß diese Obliegenheitsverletzung ohne Wissen und Willen des VN erfolgt und von ihm nicht grobfahrlässig ermöglicht worden ist (§ 5 Abs. 2 AKB).

Kraftfahrzeughaftpflichtversicherung

8 *Wen verpflichtet das PflVG, eine Kfz-HV abzuschließen und aufrechtzuerhalten?*

Den Halter eines Kfz oder Anhängers. Sie muß die Haftpflicht des Halters, Eigentümers und Fahrers für alle durch den Gebrauch des Fahrzeugs verursachten Sach-, Personen- und Vermögensschäden decken, wenn das Fahrzeug auf öffentlichen Wegen oder Plätzen verwendet wird (§ 1 PflVG). (Begriff des Kfz-Halters siehe Fragen 28 und 29, S. 191).

9 *Welches Fahrzeug gilt als Kfz?*

Jedes Landfahrzeug, das durch Maschinenkraft bewegt wird und nicht schienengebunden ist (§ 1 Abs. 2 StVG).

10 *Welche Halter unterliegen nicht der Vspflicht?*

a) Die Bundesrepublik Deutschland, die Länder, die Gemeinden mit mehr als 100 000 Einwohnern sowie die Gemeindeverbände;

b) die Zweckverbände, denen ausschließlich Körperschaften des öffentlichen Rechts angehören, z.B. Wasser- und Energieversorgungsunternehmen (§ 2 Abs. 1 PflVG);

c) die juristischen Personen, die aus dem von Gemeinden und Gemeindeverbänden eingerichteten Haftpflichtschadenausgleich Deckung erhalten (§ 2 Abs. 1 PflVG).

11 *Welche Fahrzeuge unterliegen nicht der Vspflicht?*

a) Kfz, deren Höchstgeschwindigkeit 6 km/h nicht überschreitet, wenn sie den Vorschriften über das Zulassungsverfahren nicht unterliegen (§§ 2 PflVG, 18 Abs. 2 StVZO);

b) selbstfahrende Arbeitsmaschinen, deren Höchstgeschwindigkeit 20 km/st nicht übersteigt;

c) nicht zulassungspflichtige Anhänger (§ 2 PflVG).

12 *Wie lange ist der Antragsteller an seinen Antrag gebunden?*

1 Monat.

13 *Wann gilt der Antrag als angenommen?*

Wenn er nicht binnen zwei Wochen, gerechnet vom Tage des Antragseingangs, vom VR schriftlich abgelehnt wird (§ 5 Abs. 3 PflVG).

14 *In welchen Fällen ist die Antragsablehnung zulässig?*

Wenn

a) die Annahme des Antrages geschäftsplanwidrig wäre;

b) der Antragsteller bei dem VR bereits versichert war und dieser VR wegen Verletzung der vorvertraglichen Anzeigepflicht vom Vertrag zurückgetreten oder ihn wegen Prämienverzuges oder nach Eintritt eines Vsfalles gekündigt hat;

c) der Antragsteller nicht bereit ist, den nach dem Unternehmens-Tarif möglichen Beitragszuschlag zu zahlen (§ 5 Abs. 4 PflVG).

15 *Wodurch wird das Bestehen einer ausreichenden HV nachgewiesen?*

Durch Vorlage einer „Versicherungsbestätigung" (§ 29a StVZO). Sie gilt als vorläufige Deckungszusage (§ 1 Abs. 2 S. 2 AKB).

16 *Wie erfährt der VR das amtliche Kfz-Kennzeichen?*

Durch die „Mitteilung" auf der Durchschrift der Bestätigungskarte (Muster 6 der StVZO), die die Zulassungsstelle dem VR zurücksendet.

17 *Wozu ist der VR bei Beendigung des Vsverhältnisses verpflichtet?*

Der VR muß dies der Zulassungsstelle auf vorgeschriebenem Formblatt – Muster 9 der StVZO – zur „Anzeige" bringen (§ 29c StVZO).

18 *Was veranlaßt die Zulassungsstelle nach Erhalt der „Anzeige"?*

Ist ein Neuabschluß nicht nachgewiesen, hat die Zulassungsstelle das Fahrzeug aus dem Verkehr zu ziehen und dem VR über ihre Maßnahmen „Bescheid" zu geben (§ 29c StVZO).

19 *Wie und wann haftet der VR zum Schutz des Dritten (Verkehrsopfers)?*

a) Das Verkehrsopfer hat auch einen eigenen, unmittelbaren, einklagbaren Anspruch gegen den VR (action directe); VR und VN haften als Gesamtschuldner (§ 3 Nr. 1,2 PflVG);

b) Wenn der VR dem VN gegenüber ganz oder teilweise von der Verpflichtung zur Leistung frei ist (§ 158c Abs. 1 VVG und § 3 Nr. 4 PflVG), bleibt das Verkehrsopfer u.a. auch dann geschützt, wenn der VR wegen Prämienverzugs (§§ 38 Abs. 2, 39 Abs. 2 VVG) leistungsfrei ist;

c) Bei Fahrzeugen mit regelmäßigem Standort im Inland: Der VR haftet gegenüber dem anspruchερhebenden Dritten, wenn das Schadenereignis oder die Beendigung des Vsverhältnisses früher (!) als einen Monat nach dem Zeitpunkt eingetreten ist, in dem der VR diesen Umstand der hierfür zuständigen Stelle angezeigt hat. War der Vertrag durch Kündigung oder Zeitablauf beendet, rechnet die Anzeigefrist erst ab Erlöschen, desgleichen bei Rücktritt nach § 38 Abs. 1 VVG.
Ist der für die Anzeige zuständigen Stelle die Bestätigung einer für das Fahrzeug neu abgeschlossenen V nach § 1 PflVG zugegangen, und zwar bereits vor Eintritt des Schadenereignisses (!), so kann dies dem Anspruchsteller entgegengehalten werden (§ 3 Nr. 5 PflVG). Bei Fahrzeugen ohne regelmäßigem Standort in der BRD: siehe § 6 II Pflvers.Ausl.

20 *Inwieweit haftet der VR nach § 158c VVG und § 3 Nr. 6 PflVG?*

Wäre der VR ganz oder teilweise leistungsfrei

1. gegenüber seinem VN (§ 3 Nr. 4 PflVG, s. auch Antwort 19 b) oder
2. gegenüber dem Drittgeschädigten (= Verkehrsopfer), weil das Schadenereignis oder die Vertragsbeendigung später als einen Monat angezeigt war, ohne daß ein neuer Vsvertrag geschlossen war (§ 3 Nr. 5 PflVG, siehe auch Antwort 19 c),

so greifen gemäß § 3 Nr. 6 PflVG die einschränkenden Schutzbestimmungen des § 158c Abs. III bis V VVG Platz zugunsten des Verkehrsopfers.

a) Der VR haftet nur ihm Rahmen der amtlich festgesetzten Mindestversicherungssummen (vgl. § 158c III VVG – siehe auch Antwort 24) und der übernommenen Gefahr (also z. B. nicht für ein Schadenereignis bei Rennveranstaltungen, § 2 Abs. 3b AKB).

b) Soweit die Leistungsfreiheit des VRs im Falle des § 3 Nr. 4 PflVG jedoch darauf beruht, daß das Fahrzeug den Bau- und Betriebsvorschriften der Straßenverkehrs-Zulassungs-Ordnung nicht
entsprach
oder
von einem unberechtigten Fahrer
oder
von einem Fahrer ohne die vorgeschriebene Fahrerlaubnis geführt wurde,
kann der VR den Dritten nicht auf die Möglichkeit verweisen, Ersatz seines Schadens von einem anderen Schaden-VR oder von einem Sozialversicherungsträger zu erlangen (§ 3 Nr. 6 PflVG). Nach § 158c IV VVG haftet der VR nicht, wenn und soweit der Dritte in der Lage ist, Ersatz seines Schadens von einem anderen Schadens-VR oder von einem Sozialversicherungsträger zu erlangen.

c) Die Leistungspflicht des VRs entfällt auch dann, wenn und soweit der Dritte in der Lage ist, von einem nach § 2 Abs. 1 Nr. 1 bis 5 (Bund, Länder, Gemeinden mit mehr als 100 000 Einwohnern, Gemeinde sowie Zweckverbände des öffentlichen Rechts und juristische Personen, die von einem nach § 1 Abs. 4 VAG von der Vsaufsicht freigestellten Haftpflichtschadenausgleich Deckung erhalten) von der Vspflicht befreiten Fahrzeughalter Ersatz seines Schadens zu erlangen.

d) Trifft die Leistungspflicht des VRs nach den Absätzen 1 oder 2 mit einer Ersatzpflicht aufgrund fahrlässiger Amtspflichtverletzung zusammen, so wird die Ersatzpflicht nach § 839 Abs. 1 BGB nicht dadurch ausgeschlossen, daß die Voraussetzungen für die Leistungspflicht des VRs vorliegen; es sei denn, daß der Beamte nach § 839 BGB persönlich haftet (vgl. § 158c V VVG).

21 *Wozu ist der Geschädigte nach dem PflVG nicht gezwungen?*

Obwohl § 3 PflVG eine Sonderregelung für das Rechtsverhältnis zwischen Geschädigtem und K-Haftpflicht-PflichtVR enthält unter Verweis auf § 158c–e VVG, bleibt es dem Geschädigten unbenommen, den VR unmittelbar in Anspruch zu nehmen. Der Geschädigte kann auch gegen den VN oder Vten vorgehen und aufgrund eines Haftpflichturteils den Anspruch gegen den VR pfänden und sich überweisen lassen. Er verliert in diesem Falle jedoch den Schutz von § 3 Nr. 4 und 5 PflVG, weil diese Vorschriften unter Ausschaltung des § 158 c VVG nur für den unmittelbaren Anspruch gegen den VR gelten (siehe Prölß-Martin: VVG, 24. Aufl., München 1988, S. 1078, Kommentar zu § 3 Nr. 1,2 PflVG, Anmerkung 5).

22 *Welche Verpflichtungen werden dem Dritten nach § 158 d VVG und § 3 Nr. 7 PflVG auferlegt?*

a) Seinen gegen den VN geltend gemachten Anspruch dem VR innerhalb von 2 Wochen schriftlich anzuzeigen (§ 3 Nr. 7 PflVG);
b) seinen gegen den VN *gerichtlich* geltend gemachten Anspruch dem VR *unverzüglich* anzuzeigen (§ 158 d II VVG);
c) dem VR über das Schadenereignis die erforderliche *Auskunft* zu geben (§ 158 d III VVG).

23 *Wie ist die KraftfahrthaftpflichtV bei Veräußerung der versicherten Sache geregelt?*

Die §§ 69 ff. VVG gelten sinngemäß, so daß die HaftpflichtV auf den Erwerber übergeht, wenn der VN das Fahrzeug veräußert (§ 6 Abs. 1 AKB).

24 *Welche Mindestsummen sind für die HaftpflichtV vorgeschrieben?*

Bei Kfz bis zu 9 Plätzen 1 000 000,— DM für Personenschäden, jedoch mindestens 1,5 Mio. DM bei Verletzungen oder Tötung von mehr als einer Person, 400 000,— DM für Sachschäden, 40 000,— DM für reine Vermögensschäden. Bei Kfz, die der Personenbeförderung dienen, ab 10. Platz und jeden weiteren bis zum 80. Platz Erhöhung zusätzlich je Platz um 15 000,— DM für Personenschäden, 1 000, DM für Sachschäden, 200,— DM für reine Vermögensschäden. Ab 81. und jeden weiteren Platz Erhöhung um 8 000,— DM für Personenschäden, 1 000,— DM für Sachschäden, 200,— DM für reine Vermögensschäden. (Weiteres siehe Anlage zu § 4 Abs. 2 PflVG). PauschalV mit einer Deckungssumme von 2 Millionen DM für Personen-, Sach- und Vermögensschäden ist möglich.

Unbegrenzte Haftpflichtdeckung bieten VR für Sach- und reine Vermögensschäden an. Lt. Verordnung des BWM beträgt die Höchstentschädigung bei Personenschäden 7,5 Mio. DM je geschädigte Person. Bei mehreren verletzten Personen erhöht sich die Summe entsprechend.

25 *Welche Sonderregelung gilt für Fahrräder mit Hilfsmotor (Mopeds)?*

a) Diese Fahrzeuge sind nicht zulassungs-, aber haftpflichtversicherungspflichtig;

b) die HaftpflichtV wird durch ein Vskennzeichen nachgewiesen, das vom VR bei Beginn der V ausgehändigt wird und vom VN am Moped zu befestigen ist;

c) der Mopedfahrer hat eine Vsbescheinigung stets bei sich zu führen (§ 29e StVZO);

d) Vskennzeichen und Vsbescheinigung werden zu Beginn eines neuen Vsjahres (jeweils am 1. März) mit wechselnden Farben neu ausgegeben;

e) einen der Durchschläge der Vsbescheinigung erhält das Kraftfahrt-Bundesamt in Flensburg (KBA-Durchschlag).

Versicherte Personen

26 *Welcher Personenkreis ist haftpflichtversichert?*

a) Der VN;

b) *mitversicherte* Personen:
Halter,
Eigentümer,
Fahrer,
Beifahrer,
Omnibusschaffner im Rahmen des Arbeitsverhältnisses zum VN oder Halter,
Arbeitgeber oder öffentlicher Dienstherr, wenn das Fahrzeug mit Zustimmung des VNs für dienstliche Zwecke gebraucht wird.

a) Inwiefern verbessert der § 158i VVG die rechtliche Stellung der mitversicherten Personen?

Insofern, als ein Rückgriff des VRs gegen einen Mitversicherten (z. B. den angestellten Fahrer) wegen einer Obliegenheitsverletzung nur noch zugelassen wird, wenn dieser Mitversicherte selbst die Obliegenheiten verletzt hat (siehe auch § 3 Abs. 3 AKB).

27 *Wessen Verhalten, Willens- oder Wissenserklärungen muß sich der VN vom VR entgegenhalten lassen?*

Des rechtsgeschäftlichen Vertreters,
des Wissensvertreters,
des Repräsentanten.

a) Wer ist rechtsgeschäftlicher Vertreter?

Wer vom VN als Vertreter bestellt ist (allgemein z. B. der Prokurist).

	b) Wer ist Wissensvertreter?	Wer vom VN dazu bestimmt ist, Tatsachen, deren Kenntnis rechtserheblich ist, für ihn entgegenzunehmen.
	c) Wer ist Repräsentant?	Wer in dem Geschäftsbereich, zu dem die versicherte Person gehört, auf Grund eines Vertretungs- oder eines ähnlichen Verhältnisses an die Stelle des VNs getreten ist (BGH).
28	*Wer gilt als Fahrzeughalter?*	Wer das Fahrzeug für eigene Rechnung im Gebrauch hat, die Nutzungen aus seinem Betrieb zieht, die Lasten trägt und die sich aus dem Gebrauch ergebende Verfügungsgewalt darüber besitzt.
29	*Wer ist Fahrzeughalter?*	„Wer eine nach der Verkehrsauffassung in seinen Aufgabenkreis als Kraftfahrer hineinfallende Tätigkeit im Zusammenhang mit einer von ihm als Lenker des Fahrzeugs durchzuführenden oder durchgeführten Fahrt vornimmt" (Stiefel-Wussow, Anm. zu § 10 AKB).
	a) Ist jeder Fahrer mitversichert?	Nach § 10 Abs. 2 c AKB und § 1 PflVG ist *jeder* Fahrer mitversichert, also auch der *unberechtigte* Fahrer, dessen Vsschutz allerdings in § 2 Abs. 2 b AKB praktisch wieder aufgehoben wird, da der VR gegenüber dem unberechtigten Fahrer in Höhe der erbrachten Leistungen Rückgriff nehmen kann (§ 2 Abs. 2 b AKB i. V. m. § 3 Nr. 9 PflVG), eine Maßnahme, die praktisch meist erfolglos sein wird.
	b) Wer ist unberechtigter Fahrer (Schwarzfahrer)?	Wer mit dem Kraftfahrzeug eine Fahrt gegen den Willen des Halters oder eine von ihm gestattete Fahrt anders als zeit- oder streckenmäßig befohlen ausführt.
	c) Inwieweit hat der VR für den Schwarzfahrer dem Dritten gegenüber einzutreten?	Im Rahmen der gesetzlichen Bestimmungen des § 3 Nr. 6 PflVG i. V. m. 158 c Abs. 3–5 VVG.
30	*Wer ist als Beifahrer anzusehen?*	Wer im Rahmen des Arbeitsverhältnisses zum VN oder Halter den berechtigten Fahrer zu seiner Ablösung oder zur Vornahme von Lade- und Hilfsarbeiten nicht nur gelegentlich begleitet (§ 10 Abs. 2 d AKB).

Umfang des Versicherungsschutzes

31 *Was umfaßt der Vsschutz in der HaftpflichtV?*

Die Befriedigung begründeter und die Abwehr unbegründeter Schadenersatzansprüche, die aufgrund gesetzlicher Haftpflichtbestimmungen privatrechtlichen Inhalts gegen VN oder mitversicherte Personen erhoben werden, wenn durch den Gebrauch des im Vertrag bezeichneten Fahrzeugs

a) Personen verletzt oder getötet werden;

b) Sachen beschädigt oder zerstört werden oder abhanden kommen;

c) Vermögensschäden herbeigeführt werden, die weder mit einem Personen- noch mit einem Sachschaden mittelbar oder unmittelbar zusammenhängen (§ 10 Abs. 1 AKB und § 1 PflVG).

a) Inwieweit erweitert § 158k VVG den Geltungsbereich der PflichtV?

Insofern, als er bestimmt und nunmehr klarstellt, daß die Vorschriften über die PflichtV auch insoweit anzuwenden sind, als der Vsvertrag über die gesetzlichen Mindestanforderungen hinausgeht, was bedeutet, daß die Vorschriften des PflVG auch gelten, soweit z. B. höhere als die Mindestdeckungssummen vereinbart wurden oder weitere Mitversicherte in den Vsschutz einbezogen sind.

32 *Wo sind die wichtigsten Haftpflichtbestimmungen zu finden?*

In den Bestimmungen über unerlaubte Handlungen (§§ 823ff. BGB), die ein Verschulden voraussetzen, die Haftung nicht summenmäßig beschränken und im StVG (§§ 7ff. StVG), dem die Gefährdungshaftung zugrunde liegt (Näheres siehe HaftpflichtV).

33 *Wodurch muß ein ersatzpflichtiger Schaden entstanden sein?*

Durch den Gebrauch des Fahrzeuges, der z. B. vorliegt, wenn das Fahrzeug gefahren, beladen und entladen, repariert, gewaschen oder nach dem Verlassen nicht ausreichend gesichert wird, z. B. durch nicht genügendes Anziehen der Handbremse.

34 *In welchem Falle kann sich der Halter eines Kraftfahrzeuges von der Gefährdungshaftpflicht befreien?*

Wenn er nachweist, daß der Unfall auf ein unabwendbares Ereignis zurückzuführen ist (§ 7 Abs. 2 StVG).

35 *Wann liegt ein unabwendbares Ereignis vor?*

Wenn der Unfall auch bei äußerster Sorgfalt des Halters und des Führers eingetreten wäre, wenn das Ereignis z. B. auf das Verhalten des Verletzten selbst oder von Tieren zurückzuführen ist.

36 *Was gilt nicht als unabwendbares Ereignis?*

Ein Fehler in der Beschaffenheit des Fahrzeugs oder ein Versagen, z. B. der Bremse.

37 *Auf welche Summen begrenzt das StVG die Ansprüche des Geschädigten?*

Im Falle der Tötung oder Verletzung eines Menschen auf einen Kapitalbetrag von 500 000,— DM oder einen Rentenbetrag von jährlich 30 000,— DM; im Falle der Sachbeschädigung, auch wenn durch dasselbe Ereignis mehrere Sachen beschädigt werden, auf einen Betrag von 100 000,— DM (Weiteres siehe § 12 StVG).

38 *Wofür wird aus dem StVG nicht gehaftet?*

Für Schmerzensgeld, das nur bei Verschulden aus unerlaubter Handlung gefordert werden kann.

Ausschlüsse

39 *Welche Haftpflichtansprüche sind u. a. vom Vsschutz ausgeschlossen?*

a) Soweit sie auf Grund eines Vertrages oder besonderer Zusage über den Umfang der gesetzlichen Haftpflicht hinausgehen;

b) aus Schäden, die der VN *vorsätzlich* und *widerrechtlich* herbeiführt (§ 152 VVG); für grobfahrlässiges Verhalten (z. B. Trunkenheit am Steuer) wird gehaftet;

c) des VNs, Halters oder Eigentümers gegenüber mitversicherten Personen wegen Sach- oder Vermögensschäden (§ 11 Ziff. 2 AKB);

d) wegen Beschädigung, Zerstörung oder Abhandenkommens des Fahrzeuges, auf das sich die V bezieht, oder der mit diesem beförderten Sachen, ausgenommen Abschleppen betriebsunfähiger Fahrzeuge im Rahmen der „ersten Hilfe" (§ 11 Ziff. 3 AKB).

Versicherungsfall

40 *Was wird als Vsfall bezeichnet?*

„Das Ereignis, das einen unter die V fallenden Schaden verursacht oder – bei der HaftpflichtV – Ansprüche gegen den VN zur Folge haben könnte" (§ 7 I Abs. 1 AKB).

41 *Welche Obliegenheiten hat der VN im Vsfalle zu erfüllen (§ 7 I Abs. 2 und II AKB)?*

a) *Anzeigepflicht:* Der Vsfall ist dem VR vom VN innerhalb einer Woche schriftlich anzuzeigen (ausgenommen ein geringer Sachschaden bis 500,— DM, den der VN selbst regulieren kann, um sich den SFR zu erhalten; der VN kann diesen Schaden innerhalb eines Kalenderjahres nachmelden, falls während dieser Zeit durch einen weiteren Schaden die Anwartschaft auf den SFR verlorengegangen sein sollte);

b) *Aufklärungspflicht:* Sie erstreckt sich auf wahre und vollständige Angaben über den Schadenfall; Fahrerflucht führt wegen Obliegenheitsverletzung zum Verlust des Vsschutzes;

c) *Schadenminderungspflicht:* Z. B. hat der VN sich an der Unfallstelle um die verletzten Personen zu kümmern.

42 *In welchen Fällen können Ersatzansprüche gegen den Entschädigungsfonds geltend gemacht werden?*

a) Der haftende Halter bzw. Fahrer bleibt wegen Fahrerflucht unbekannt;

b) der Schaden ist durch ein nicht versichertes Kfz verursacht worden;

c) der Vsfall wurde durch Gebrauch des Kfz vorsätzlich herbeigeführt;

d) der zur Regulierung verpflichtete VR ist in Konkurs gegangen.

Fahrzeug-(Kasko-)Versicherung

43 *Welche Sachen sind durch die FahrzeugV versichert?*

Das Fahrzeug und seine unter Verschluß verwahrten oder an ihm befestigten Teile; welche als solche gelten, richtet sich nach der Liste der mitversicherten Fahrzeug- und Zubehörteile. (KaskoV ist eine Sach-V).

44 *Welche Schäden sind gedeckt?*

Die Beschädigung, Zerstörung und der Verlust der versicherten Sachen.

45 *Welche Gefahren und Schäden deckt die TeilkaskoV?*

a) *Brand und Explosion* (Begriffsbestimmungen wie in der FeuerV);

b) *Entwendung* (Diebstahl, unbefugter Gebrauch, Raub und Unterschlagung) sowie dabei durch Beschädigung und Zerstörung entstehende Schäden (auch Folgeschäden nach der Praxis der Schadenregulierung);

c) *Elementarereignisse,* die als Sturm, Hagel, Blitzschlag oder Überschwemmung unmittelbar auf das Fahrzeug einwirken, sowie dadurch Schäden verursachen, daß durch sie Gegenstände auf oder gegen das Fahrzeug geworfen werden;

d) *Glasbruchschäden* – ohne Rücksicht auf die Schadenursache – an der Verglasung des Fahrzeugs, wozu auch Scheinwerfer- und Schlußlichtscheiben gehören;

e) *Wildschäden*, durch Zusammenstoß des in Bewegung befindlichen Fahrzeugs mit Haarwild;

f) *Schäden der Verkabelung* des Fahrzeuges *durch Kurzschluß*.

Hinweis: Brand-, Explosions-, Entwendungs- sowie Wildschadenfälle, die den Betrag von 300,– DM übersteigen, müssen unverzüglich auch der Polizeibehörde angezeigt werden!

46 *Welche Gefahren und Schäden deckt zusätzlich die VollkaskoV?*

Außer den unter die TeilV fallenden Gefahren und Schäden sind versichert

a) *Unfall,* der ein unmittelbar von außen her plötzlich mit mechanischer Gewalt auf das Fahrzeug einwirkendes Ereignis ist;

b) *mut- oder böswillige Handlungen* betriebsfremder Personen.

47 *Was ist von der FahrzeugV ausgeschlossen?*

a) *Schäden,* die *durch Vorsatz oder grobe Fahrlässigkeit* des VNs, z. B. Trunkenheit am Steuer, herbeigeführt werden (§ 61 VVG);

b) *Unterschlagung* durch denjenigen, an dem der VN das Fahrzeug unter Eigentumsvorbehalt veräußert hat, oder durch denjenigen, dem es zum Gebrauch oder zur Veräußerung überlassen wurde (§ 12 Abs. 1 Ib AKB).

48 *Welche Selbstbeteiligungen können in der Fahrzeug-Voll- oder TeilkaskoV laut Tarif vereinbart werden?*

In der *Fahrzeug-Vollversicherung* kann eine Selbstbeteiligung in Höhe von 300,– DM, 650,– DM, 1000,– DM oder 2000,– DM vereinbart werden, im gewerblichen Güterkraftverkehr eine solche von 5000,– DM.

In der *TeilV* beträgt die Selbstbeteiligung grundsätzlich 300,– DM.

Der Antragsteller kann sich aber für den Abschluß einer Voll- oder TeilV ohne Selbstbeteiligung gegen erhöhtes Prämienentgelt entscheiden.

Beachte Sonderfallregelung für die VollV in § 13 Abs. 9, letzter Satz AKB!

49 *Welchem Zweck dient das vom BAV geführte Typklassenverzeichnis?*

Die einzelnen Pkw-Fahrzeugtypen werden jeweils von 31 Typklassen zugeordnet. Für jede Typklasse werden Schadenbedarfs-Indexwerte ermittelt, die das Verhältnis des Schadensbedarfs eines Fahrzeugtyps zum vergleichbaren Schadenbedarf aller Fahrzeuge wiedergeben. Jeder Typklasse entspricht eine Beitragsklasse. Das vom BAV geführte, an den Reparaturkostenentwicklungen orientierte Typklassenverzeichnis dient somit der wagnisgerechten Beitragsermittlung.

50 *Wie erfolgt die Beitragsangleichung in der Fahrzeugversicherung?*

Ein unabhängiger Treuhänder ermittelt jeweils zum 1. Oktober eines jeden Jahres den Schadenszahlungsbedarf des laufenden Jahres und dessen prozentuale Veränderung gegenüber dem Vorjahr, und zwar getrennt für die

1. Fahrzeugvoll- sowie -teilV
2. einzelnen Wagnisgruppen innerhalb der Voll- sowie TeilV. In der TeilV ist wiederum zwischen Vverträgen mit oder ohne Selbstbeteiligung zu unterscheiden.

Im Falle der Erhöhung seines Zahlungsbedarfes ist der VR berechtigt, im Falle der Verminderung verpflichtet, den Folgejahresbeitrag ab Beginn der nächsten, auf den 30. September eines jeden Jahres folgenden Vsperiode zu verändern.

Beträgt die Veränderung weniger als 3 Prozentpunkte, so entfällt die Beitragsangleichung für das Ermittlungsjahr. Die vom VR nicht ausgenutzte Veränderung kann jedoch in den folgenden Jahren berücksichtigt werden.

In der Fahrzeug-V kann sich der Beitrag für Vsverträge von Pkws nach der dem Wohnort des VN zugeordneten Region richten. Dabei werden die Regionen nach Maßgabe der TB nach den Indexwerten ihres Schadenbedarfs zu Regionalklassen zusammengefaßt, denen Beiträge zuzuordnen sind.

Ein unabhängiger Treuhänder ermittelt zum 1. Oktober eines jeden Jahres durch Zusammenfassung einer genügend großen Zahl von Übersichten der zum Betrieb der FahrzeugV zugelassenen VU die Indexwerte des Schadenbedarfs der Zulassungsbezirke. Dabei wird der Schadenverlauf der letzten erfaßten fünf Kalenderjahre zugrundegelegt. Die Indexwerte des Schadenbedarfs der Zulassungsbezirke werden nach den vom

VR im Tarif verwendeten Regionen zusammengefaßt (Regionalstatistik).

Die Zuordnung einer Region zu einer Regionalklasse wird geändert, wenn nach der jeweils letzten Regionalstatistik der Indexwert des Schadenbedarfs der Region die im Tarif festgelegten Grenzen der Regionalklasse, der die Region bisher angehörte, über- oder unterschritten hat. Die bei Vertragsabschluß geltenden Regionen sowie die Einteilungen der Regionalklassen nach den Indexwerten (Klassengrenzen) werden dem VN im Vsschein bekanntgegeben.

Verändert sich die Zuordnung einer Region zu den Regionalklassen, bewirkt diese Änderung den Übergang des Vertrages in die entsprechende Regionalklasse ab Beginn der nächsten auf den 30. September folgenden Vsperiode. Der neue Beitrag ergibt sich aus den Beitragsklassen des Tarifs, der bei Vertragsabschluß zugrundegelegt wurde. Veränderungen der Typklassen für Pkws und die Beitragsangleichung in der FahrzeugV werden dabei berücksichtigt.

Bewirkt eine Änderung der Zuordnung eines Fahrzeugtyps zu einer der 31 Typklassen
oder
eine Beitragsangleichung in der FahrzeugV
oder
eine Änderung der Zuordnung einer Region zu einer Regionalklasse für Pkws eine Beitragserhöhung für eine FahrzeugV, kann der VN zu dem Zeitpunkt, zu dem sie wirksam wird,

- die FahrzeugV kündigen oder
- verlangen, daß eine FahrzeugvollV mit einer Selbstbeteiligung oder mit einer höheren (!) Selbstbeteiligung fortgesetzt oder
  in eine FahrzeugteilV mit (!) oder ohne (!) Selbstbeteiligung umgewandelt wird o d e r eine FahrzeugteilV ohne (!) Selbstbeteiligung in eine FahrzeugteilV mit (!) Selbstbeteiligung umgewandelt wird.

Beitragsveränderungen durch die Zuordnung zu einer neuen Typklasse, durch eine Beitragsangleichung und durch Zuordnung zu einer neuen Regionalklasse werden zusammengefaßt, wenn sie gleichzeitig in Kraft treten (§§ 12a bis d AKB).

Wegen Bedingungs- und Tarifänderungen in der KHV sei auf § 9 a Abs. 1 und 2 AKB verwiesen. Dem VN wird ein außerordentliches Kündigungsrecht eingeräumt für den Fall, daß die Beitragserhöhung pro Jahr mehr als 5 v.H. des zuletzt gezahlten Beitrags oder mehr als 25. v.H. des Erstbeitrages beträgt, ohne daß sich der V'umfang änderte.

Bei der Berechnung des Vomhundertsatzes der Beitragserhöhung werden Änderungen der Einstufung in Schaden- und Schadenfreiheitsklassen berücksichtigt.

Die Kündigung kann sich nur auf die KHV oder auf den gesamten Vertrag beziehen. Fällt dabei ein Teil der V'zeit in die Zeit nach Wirksamwerden der Tarifänderung, so wird der Beitrag für die KHV für diese Zeit nach dem neuen Tarif anteilig (!) berechnet.

Versicherungsleistung

51 *Welche Ersatzwertbestimmungen gelten in der FahrzeugV?*

a) Grundsätzlich wird ein Schaden bis zur Höhe des Wiederbeschaffungswertes des Fahrzeugs oder seiner Teile am Schadentage ersetzt. Wiederbeschaffungswert ist der Kaufpreis für ein gleichwertiges gebrauchtes Fahrzeug oder gleichwertige Teile.

b) Für Schäden an Pkws i. S. der TB – ausgenommen Droschken, Mietwagen, Selbstfahrervermietwagen und Campingfahrzeuge bzw. Wohnmobile – wird der Neupreis ersetzt, sofern:

   1. der Schaden innerhalb der ersten zwei Jahre nach Erstzulassung eintritt,
   2. sich das vte. Fahrzeug bei Schadeneintritt im Eigentum dessen befindet, der es als Neufahrzeug unmittelbar vom Kfz-Händler oder -Hersteller erworben hat.

Dies gilt auch für alle Fahrzeuge im Falle ihrer Zerstörung oder Verlustes. Restwerte werden dem VN auf die Ersatzleistung angerechnet.

Beschädige Pkws i. S. der TB – siehe oben – werden ebenfalls zum Neupreis ersetzt, wenn

1. sie sich im Zeitpunkt des Schadeneintritts im Eigentum dessen befinden, der sie als Neufahrzeuge unmittelbar vom Kfz-Händler oder -Hersteller erworben hat und

2. die Kosten der Wiederherstellung
   im 1. Jahr nach der Erstzulassung 80 v. H.
   im 2. Jahr nach der Erstzulassung 70 v. H.
   des Neupreises erreichen oder übersteigen.

Neupreis ist der aufzuwendende Kaufpreis für ein neues Fahrzeug in der vt-Ausführung oder – falls der Fahrzeugtyp nicht mehr hergestellt wird – eines gleichartigen Typs in gleicher Ausführung. Der VN erhält in jedem Fall jedoch nicht mehr als den vom Hersteller unverbindlich empfohlenen Preis am Schadentage.

c) In allen sonstigen Fällen der Beschädigung des Fahrzeugs ersetzt der VR bis zur Höchstentschädigung die erforderlichen Kosten der Wiederherstellung und die hierfür notwendigen einfachen Fracht- und sonstigen Transportkosten, z. B. für Abschleppen in die nächste Fachwerkstatt. Von den Kosten der Ersatzteile und der Lackierung wird ein der Wertminderung entsprechender Abzug (neu für alt) gemacht, der sich auf Bereifung, Batterie und Lackierung beschränkt bei Krafträdern-, Personen-, Kombinationswagen und Omnibussen bis zum Schluß des 4., bei allen übrigen Fahrzeugen bis zum Schluß des 3. auf die Erstzulassung des Fahrzeuges folgenden Kalenderjahres.

Einen Anspruch auf Zahlung des Teiles der Entschädigung, der über a) hinausgeht, erwirbt der VN nur insoweit, als die Verwendung der Entschädigung zur Wiederherstellung oder zur Wiederbeschaffung eines anderen Fahrzeuges innerhalb von zwei Jahren nach Feststellung der Entschädigung sichergestellt ist (§ 13 Abs. 10 AKB).

52 *Wann entscheidet ein Sachverständigenausschuß?*

Bei Meinungsverschiedenheiten über die Höhe des Schadens oder über den Umfang der erforderlichen Wiederherstellungsarbeiten (siehe § 14 AKB).

Kraftfahrtunfallversicherung

Versicherungsarten

53 *Welche Arten der UnfallV sind zu unterscheiden?*

a) *InsassenV,* die alle berechtigten Insassen (auch den Halter und den selbst lenkenden Eigentümer) umfaßt, nicht aber den „Berufsfahrer" (angestellten Lenker) oder Beifahrer;

b) *BerufsfahrerV,* die als eigene Vsart geschaffen wurde, weil der Berufsfahrer meist besonders gefährdet ist und die KraftverkehrsunfallV keine Risikogruppen kennt.

54 *Welche Systeme der InsassenV gibt es?*

a) *Das Pauschalsystem,* bei dem die Vssumme auf die zur Zeit des Unfalls im Kraftfahrzeug befindlichen „berechtigten Insassen" verteilt wird; bei mehr als einem berechtigten Insassen erhöhen sich die Vssummen um 50 %;

b) das *Platzsystem,* bei dem jeder Platz des Fahrzeugs mit der *gleichen* Summe versichert wird; für Omnibusse mit über neun Plätzen und für LKW (außer Führerhaus) kann nur dieses System angewendet werden.

55 *Welche Systeme der BerufsfahrerV unterscheidet man?*

a) *Mit Namensangabe* der versicherten Person im Vsschein, die im Vsfalle ihre Ansprüche selbst geltend machen kann (personengebundene V);

b) *ohne Namensangabe,* die nur für die Fahrer eines bestimmten Kraftfahrzeuges oder für sämtliche Fahrer des Betriebes abgeschlossen werden kann; Ansprüche im Vsfall können nur vom VN erhoben werden (fahrzeug- oder betriebsgebundene V).

Umfang des Versicherungsschutzes

56 *Welche Gefahren deckt die KraftfahrtunfallV?*

Die Unfälle, die in ursächlichem Zusammenhang mit dem Lenken, Benutzen, Behandeln, Be- und Entladen sowie dem Abstellen des Kraftfahrzeuges oder Anhängers stehen; Unfälle beim Ein- und Aussteigen sind mitversichert (vgl. § 18 I (1) AKB).

Der Unfall-Begriff ist derselbe, wie er in den AUB 88 verwendet wird (vgl. § 18 II AKB und § 1 AUB 88).

57 *Welche Unfälle sind vom Vsschutz ausgeschlossen?*

1. Unfälle durch Geistesstörungen oder schwere Nervenleiden, Schlaganfälle, epileptische oder andere Krampfanfälle, die den ganzen Körper des Vten ergreifen, sowie Unfälle des Fahrers infolge Bewußtseinsstörungen, auch soweit diese durch Trunkenheit verursacht sind. Vsschutz besteht jedoch, wenn diese Störungen oder Unfälle durch ein Unfallereignis verursacht waren, das unter diesen Vertrag oder unter eine für das Vorfahrzeug bestehende Insassen-UV fällt.

2. Unfälle, die dem Vten dadurch zustoßen, daß er vorsätzlich eine Straftat ausführt oder versucht.

3. Unfälle bei Fahrten, die ohne Wissen und Willen der über die Verwendung des Fahrzeugs Verfügungsberechtigten vorbereitet, ausgeführt oder ausgedehnt werden.

4. Infektionen.

   Vsschutz besteht jedoch, wenn die Krankheitserreger durch eine Unfallverletzung im Sinne von § 18 II in den Körper gelangt sind.

   Nicht als Unfallverletzungen gelten dabei Haut- oder Schleimhautverletzungen, die als solche geringfügig sind und durch die Krankheitserreger sofort oder später in den Körper gelangen; für Tollwut und Wundstarrkrampf entfällt diese Einschränkung.

   Für Infektionen, die durch Heilmaßnahmen verursacht sind, besteht Vsschutz, wenn die Heilmaßnahmen durch einen unter diesen Vertrag fallenden Unfall veranlaßt waren.

5. Bauch- oder Unterleibsbrüche; es sei denn, sie sind durch eine unter diesen Vertrag fallende gewaltsame, von außen kommende Einwirkung entstanden.

6. Schädigungen an Bandscheiben sowie Blutungen aus inneren Organen und Gehirnblutungen.

   Vsschutz besteht jedoch, wenn ein unter diesen Vertrag fallendes Unfallereignis die überwiegende Ursache ist.

7. Krankhafte Störungen infolge psychischer Reaktionen, gleichgültig, wodurch diese verursacht sind.

8. Unfallschäden, die durch Aufruhr, innere Unruhen, Kriegsereignisse, Verfügungen von hoher Hand oder Erdbeben unmittelbar oder mittelbar verursacht werden.

9. Unfallschäden, die bei Beteiligung an Rennveranstaltungen oder bei den dazugehörigen Übungsfahrten entstehen.

10. Unfallschäden durch Kernenergie.

Versicherungsleistungen

58 *Welche Leistungsarten können versichert werden?*

Die Leistungsarten, die versichert werden können, sind aus Antrag und Vsschein ersichtlich.
Die Leistungen des VRs richten sich nach den Vssummen, die im Vertrag für die einzelne Leistungsart vereinbart sind:

a) Invaliditätsleistung für den Fall der dauernden Beeinträchtigung der körperlichen oder geistigen Leistungsfähigkeit. Die Höhe der Leistung wird bestimmt durch den Invaliditätsgrad anhand der Gliedertaxe.
Die Grundsätze für die Bemessung der Invalidität in der Kfz-UV stimmen mit denen aus der Allgemeinen UV nach den AUB 88 überein.

b) Tagegeldleistung: Im Falle einer vorübergehenden Beeinträchtigung der Arbeitsfähigkeit wird für die Dauer der ärztlichen Behandlung Tagegeld gezahlt. Es wird nach dem Grad der Beeinträchtigung abgestuft. Die Bemessung des Beeinträchtigungsgrades hängt ab von der Berufstätigkeit oder Beschäftigung des Vten.
Bei Vten unter 16 Jahren wird das Tagegeld für jeden Kalendertag gezahlt, an dem sich der Vte wegen eines Unfalls aus medizinischen Gründen in stationärer Krankenhausbehandlung befindet.
Findet keine stationäre Behandlung statt, werden anstelle des Tagesgeldes die notwendigen Kosten des Heilverfahrens bis zur Höhe des vt. Tagegeldes ersetzt.
Das Tagegeld wird längstens für ein Jahr gezahlt – gerechnet vom Unfalltage an.

c) Krankenhaustagegeld mit Genesungsgeld: Es wird für jeden Kalendertag gezahlt, an dem sich der Vte wegen des Unfalls in medizinisch notwendiger vollstationärer Heilbehandlung befindet, längstens jedoch für zwei Jahre vom Unfalltag an.
Genesungsgeld wird – wie in der Allgemeinen UV – je nach Dauer prozentual abgestuft für die gleiche Anzahl von Kalendertagen gezahlt, längstens jedoch für 100 Tage.

d) Todesfalleistung: Führt der Unfall innerhalb eines Jahres zum Tode, so entsteht Anspruch auf Leistung der für den Todesfall vtn. Summe.

Bei Vten unter 14 Jahren beträgt die Leistung für den Todesfall höchstens DM 10 000. Bei V nach dem Pauschalsystem wird der auf andere Vte entfallende Teilbetrag aus der vt. Todesfallsumme um den durch diese Summenbegrenzung frei werdenden Betrag verhältnismäßig erhöht, jedoch ist der Anteil des einzelnen Vten auf die im Vertrag vereinbarte Vssumme beschränkt. Eine Erhöhung der Vssummen bei zwei oder mehr Vten um 50% unterbleibt.

Voraussetzungen und Umfang der Vsleistungen in der Kraftfahrt-UV entsprechen denen der Allgemeinen UV nach den AUB 88. In der Kraftfahrt-UV sind allerdings Übergangs-Vleistungen nicht vorgesehen.

Im übrigen ist wegen Einzelheiten auf die §§ 16–23, 7 IV, 7 V Nr. 4 AKB zu verweisen.

Versicherung von Sonderrisiken

59 *Worauf erstreckt sich die HaftpflichtV und FahrzeugV für Kraftfahrzeughandel und Kraftfahrzeughandwerk?*

Auf sämtliche eigenen und fremden Fahrzeuge, solange sie sich im Verantwortungs- bzw. Interessenbereich des Händlers oder des Inhabers einer Kraftfahrzeugwerkstatt befinden.

60 *Welche Bedingungen liegen dieser V zugrunde?*

Die AKB und die „Sonderbedingung zur Haftpflicht- und Fahrzeugversicherung für Kraftfahrzeug-Handel und -Handwerk" (Näheres siehe „Sonderbedingung 5").

61 *Sind Ausschnittsdeckungen aus den AKB für sonstige Sonderrisiken möglich?*

Ja! Der Deckungsumfang ergibt sich aus den jeweiligen Inhalten der Sonderbedingungen 1–4, 6–11, den Zusatzbedingungen sowie den Besonderen Bedingungen.

62 *Welche Kosten ersetzt die Kraftfahrzeug-Pannen-VR?*

Der VR ersetzt die Kosten des Abschleppens, der Übernachtung, der Weiter- oder Rückfahrt, wenn das versicherte Kfz von Brems-, Betriebs- oder echten Bruchschäden betroffen wird.

63 *Was ist Gegenstand der Kraftfahrzeug-StrafrechtsschutzV?*

Sie deckt das Kosten-Risiko, das dem VN oder den mitversicherten Personen dadurch entsteht, daß wegen eines Straßenverkehrsunfalles gegen sie ein Straf- oder Ordnungswidrigkeitsverfahren eingeleitet wird.

Unternehmenstarife und Tarifbestimmungen

64 *Welche Rechtsgrundlage haben die Unternehmenstarife?*

Die §§ 8 - 11 PflVG enthalten Tarifvorschriften für die KHV wie eigens die auf S. 180 unter Nr. 3 d) zitierte Rechtsverordnung für die Tarife in der KHV.

§ 4 PflVG verankert gesetzlich die Geltung der genehmigten AKB sowie die Höhe der Mindest-Vsummen.

Spätestens 1993 entfallen Genehmigungszwang für die AKB, Annahmezwang des VRs sowie Preisbindungen.

Hinweis:
Bei Redaktionsschluß für diese Auflage stand der Neudruck der AKB sowie der künftig hauseigenen Unternehmenstarife und Tarifbestimmungen aus. Im Interesse der Vergleichbarkeit der TB behalten wir die bisher geltenden Numerierungen bei.

65 *Wovon hängt die Höhe der Haftpflicht- sowie FahrzeugV-Beiträge ab?*

Von objektiven und subjektiven Risikomerkmalen. *Objektive Risikomerkmale* sind:

1. Art und Stärke der Fahrzeuge, ausgedrückt für
   - Klein- und Leichtkrafträdern in ccm des Hubraums,
   - übrige Kräder, Pkw und Zugmaschinen in KW,
   - Güterfahrzeuge über 1 t Nutzlast sowie Anhänger in t der Nutzlast,
   - Omnibusse in der Platzzahl.
2. der Verwendungszweck
3. die Einwohnerzahl des Wohnortes des VN.
   Sie ist maßgeblich dafür, ob die Prämie nach dem Land- oder Stadttarif erhoben wird (z.B. RL oder RS).

Subjektive Risikomerkmale bestimmen die Zuordnung des Fahrzeuges zu den Tarifgruppen (TG)

1. TG R – Normalrisiken von Pkw/Kombi mit den Regionalklassen RS 1–4 für Stadt- und RL 1–4 für Landrisiken (TB 8);
2. TG A – Agrarier als landwirtschaftliche Unternehmer usw. für Vsverträge von Pkw/Kombi in der HaftpflV (TB 9 a);
3. TG B – Behörden oder deren Bedienstete usw. (auch Pensionäre) für Vsverträge von Pkw/Kombi in der Haftpflicht bzw. FahrzeugvollV (TB 9 b); Tarif BS 1 und BS 2 für Stadt- und Tarif BL 1 und BL 2 für Landrisiken;

4. TG N für Kfz oder Anhänger, die nicht unter die vorstehenden Tarifgruppen fallen (TB 10).

66 *Wie werden Bedingungs-, Tarifs- und Vsummenänderungen in der KraftfahrtV behandelt?*

Nach § 9 a AKB sind Änderungen der AKB selbst sowie Änderungen in der KHV und der gesetzlichen Mindest-Vsummen Vertragsbestandteil, ebenso Änderungen der Allgemeinen Bestimmungen für die Fahrzeug- und KraftfahrtunfallV.

Spezialvorschriften für die Typklassenzuordnung, Regionalklasseneinteilung für Pkws und Beitragsangleichung in der Fahrzeug-V enthalten die §§ 12 a, 12 b, 12 c und 12 d AKB.

Änderungen der AKB sowie der Tarife in der KHV und Fahrzeug- und KraftfahrtunfallV finden auf die zu diesem Zeitpunkt bestehenden Vsverhältnisse spätestens vom Beginn der nächsten Vsperiode ab Anwendung, Änderungen der Vssummen mit Inkrafttreten der gesetzlichen Vorschrift.

Erhöht sich der KH-Beitrag um mehr als 5 Prozent des zuletzt gezahlten Beitrages oder um mehr als 25 Prozent des Erstbeitrages, so hat der VN ein außerordentliches Kündigungsrecht, das er innerhalb von zwei Wochen nach Eingang der Mitteilung des VRs mit sofortiger Wirkung, jedoch frühestens zum Zeitpunkt des Wirksamwerdens der Beitragserhöhung mittels eingeschriebenen Briefes ausüben muß.

Die Kündigung kann sich sowohl auf den geänderten Teil des Vertrages als auch auf den gesamten Vertrag beziehen.

Sonderkündigungs- und Umwandlungsrechte in der FahrzeugV werden dem VN in § 12 d AKB eingeräumt.

67 *Wonach richten sich die Beiträge in der UnfallV?*

Nach je Versicherungs- sowie Leistungsart versicherten Beträgen.

68 *Welche Bedeutung hat die vorübergehende Stillegung des Kfz für das Bestehen des Vsverhältnisses?*

Die Laufzeit des Vertrages wird um die Dauer der Abmeldung bei der Zulassungsstelle verlängert. Haftpflicht- und FahrzeugV bestehen während dieser Zeit nach Ziff. 29 TB beitragsfrei weiter, längstens jedoch ein Jahr (§ 5 AKB).

69 *Was versteht man unter Schadenfreiheitsrabatt (SFR)?*

Eine feste, vom Geschäftsergebnis unabhängige Ermäßigung des Beitrages bei schadenfreiem und ununterbrochenen Verlauf der HaftpflichtV und FahrzeugvollV.

a) *Wann gilt ein Vertrag als schadenfrei verlaufen?*

Wenn im Kalenderjahr kein Schadenfall gemeldet worden ist, für den das VU Aufwendungen oder Rückstellungen machen mußte; die letzteren beeinflussen die Schadenfreiheit nicht, wenn sie in den drei auf die Schadenmeldung folgenden Kalenderjahren nicht zu einer Leistungserbringung führten oder eine Folge von Teilungsabkommen sind. Der Vsvertrag wird auch dann als schadenfrei behandelt, wenn der VN in der Kfz-Haftpflicht dem VU die erbrachten Entschädigungsleistungen freiwillig erstattet. In der FahrzeugvollV wird die Schadenfreiheit eines Vertrages nicht beeinträchtigt durch Schäden, die auch die FahrzeugteilV deckt (Nr. 16, 17 TB).

b) *Wann hat die V nicht ununterbrochen bestanden?*

Wenn der Vsvertrag nach § 5 AKB geruht hat oder durch Kündigung wegen Nichtzahlung des Beitrages (§ 39 VVG) oder wegen Rücktritts vom Vertrag (§ 38 VVG) endgültig beendet war (Nr. 24. TB).

c) *Für welche Ven wird der SFR gewährt und wie wird der Beitrag ermittelt?*

Für die Kfz-HaftpflichtV und die FahrzeugvollV, mit Ausnahme der in Nr. 16 (8) TB aufgeführten Vsverträge; der Beitrag richtet sich nach Schadenfreiheitsklassen (SF), (Nr. 16, 20 TB).

d) *Inwieweit beeinträchtigen Schadenmeldungen den SFR?*

Ein Vsvertrag nach den TB nicht schadenfreier Vertrag wird am Ende des Kalenderjahres, in dem Schäden gemeldet worden sind, für das folgende Kalenderjahr zurückgestuft (Nr. 21 TB).

e) *Für welche Vsverträge sind Schadenklassen (S) vorgesehen?*

Vsverträge, die schadenträchtig verlaufen sind, werden in der Kfz-HaftpflichtV für PKW/Kombi in die Schadenklassen 1–3 eingestuft (Nr. 18, 20 TB).

Vsverträge, bei denen die Voraussetzungen für die Einstufung in eine SF- oder eine S-Klasse fehlen, werden in die Klasse 0 eingestuft (Nr. 19 TB).

70 *Wie wirken sich Fahrzeugwechsel, VRwechsel, VNwechsel und Wagniswegfall auf den Vsvertrag aus?*

Fahrzeug- und VRwechsel bei Kfz gleicher Art und Verwendung haben keinen Einfluß auf Gewährung und Höhe des SFRs. Beim *VNwechsel* entsteht für den Erwerber kein Anspruch auf Berücksichtigung von Gefahrenmerkmalen, die mit der Person des bisherigen VN verbunden sind. Bei Veräußerung oder Wagniswegfall kommen §§ 6 und 6 a AKB zum Zuge.

Für Fahrzeuge mit Versicherungskennzeichen gelten abweichend von den Bestimmungen des Abs. 3 in § 6 sowie des Abs. 2 in § 6 a AKB die folgenden Regelungen:

Dem VR gebührt der Beitrag

- im Veräußerungsfall –: für das Verkehrsjahr, wenn der Vertrag vom Erwerber gekündigt wurde und dem VR die Erwerber-Kündigung vorliegt;
- bei Wagniswegfall –: für das Verkehrsjahr oder die vereinbarte kürzere Dauer.

In beiden Fällen gebührt dem VR jedoch nur der Beitrag für die Zeit des V'Schutzes nach Kurztarif, wenn der VN ihm V'Schein sowie das V'Kennzeichen des vt. Fahrzeuges aushändigt. Schließt der VN gleichzeitig bei demselben VR für ein Fahrzeug mit V'Kennzeichen eine neue KV ab, so gilt der nicht verbrauchte Beitrag als Beitrag für die neue KV.

71 *Welchen VN werden Beitragsnachlässe eingeräumt?*

1. Behinderten, die wegen ihrer Behinderung von der Entrichtung der Kfz-Steuer teilweise (mindestens 50 % MdE) oder gänzlich befreit sind, erhalten Nachlaß in der Haftpflicht- bzw. FahrzeugvollV 12,5 bzw. 25 % (Einzelheiten siehe TB 14).
2. VN mit mindestens 30 Fahrzeugen („Flottenrabatt" – Einzelheiten siehe TB 15).

Luftfahrtversicherung

1 *Was sind Luftfahrzeuge?*

Laut Luftverkehrsgesetz § 1, Abs. 2 sind Luftfahrzeuge: Flugzeuge, Drehflügler, Luftschiffe, Segelflugzeuge, Motorsegler, Frei- und Fesselballone, Drachen, Fallschirme, Flugmodelle und sonstige für die Benutzung des Luftraumes bestimmte Geräte, insbesondere Raumfahrzeuge, Raketen und ähnliche Flugkörper.

2 *Welche Vsarten umfaßt die LuftfahrtV?*

a) LuftfahrthaftpflichtV (einschl. Luftfrachtführer-HaftpflichtV);
b) LuftfahrtunfallV und BodenunfallV;
c) Luftfahrzeug(Kasko)V; ferner (im erweiterten Sinne):
d) LizenzverlustV.

Luftfahrthaftpflichtversicherung

3 *a) Was ist Gegenstand der LuftfahrthaftpflichtV im allgemeinen?*

Sie deckt auf der Grundlage der AHB und der zusätzlichen besonderen Bedingungen u.a. die gesetzliche Haftpflicht des Halters und der Besatzung von Luftfahrzeugen, Flughäfen, Luftsportvereine und des Luftfrachtführers gegenüber Fluggästen sowie unbeteiligten Dritten.

b) Welchen Einschluß enthalten die Besonderen Bedingungen für die HaftpflichtV der Luftfahrzeughalter und Luftfrachtführer?

Der weltweite Vsschutz erstreckt sich nur auf die gesetzliche Haftpflicht aus

a) dem Halten und dem Betrieb der im Vsschein und seinen Nachträgen aufgeführten Luftfahrzeuge (DritthaftpflichtV)

und, soweit zusätzlich vereinbart,

b) der Beförderung von Personen und Obhutsgepäck mit den im Vsschein und seinen Nachträgen aufgeführten Luftfahrzeugen (Luftfrachtführerhaftpflicht V),

c) der Beförderung von aufgegebenem Reisegepäck und Luftfracht ohne Wertdeklaration als Luftfrachtführer mit den im Vsschein und seinen Nachträgen aufgeführten Luftfahrzeugen (Luftfrachtführerzusatzhaftpflicht V). (Weiteres siehe §§ 2 bis 4 dieser Bed.).

c) Was wird durch die Besonderen Bedingungen für die Luftfahrt-Produkte-HV gedeckt?

Die gesetzliche H des VN aus der Herstellung oder Lieferung fehlerhafter Produkte sowie aus der fehlerhaften Ausführung von Arbeiten für Tätigkeiten lt. Risikobeschreibung (Einzelheiten s. §§ 1–8 dieser Besonderen Bedingungen).

d) Was wird durch die Besonderen Bedingungen für die Obhut-HV von luftfahrttechnischen Betrieben gedeckt?

Die gesetzliche Haftpflicht des VN für Sachschäden an fremden Luftfahrtgeräten, die er zur Kontrolle, Wartung, Reparatur oder Überholung übernommen hat.

e) Was ist Inhalt der Besonderen Bedingungen für die HaftpflichtV von Luftfahrtveranstaltern, Luftsportvereinen und der Halter von Luftfahrtgeländen?

Der Vsschutz erstreckt sich nur auf die gesetzliche Haftpflicht aus den im Vsschein und seinen Nachträgen angegebenen Eigenschaften, Rechtsverhältnissen oder Tätigkeiten des VNs (versichertes Risiko). Die Bestimmungen müssen über Deckungsumfang für alle versicherten Halter eines Luftfahrtgeländes sowie über die Einschränkung des Vsschutzes sind in den §§ 2, 3 dieser Bedingungen enthalten.

Luftfahrt- und Bodenunfallversicherung

4 *a) Welche Bedingungen liegen der Luftfahrt- sowie der BodenunfallV zugrunde?*

Die AUB und die Besonderen Bedingungen, die auf die speziellen Erfordernisse der verschiedenartigen Risiken abgestellt sind.

Die Besonderen Bedingungen für die BodenunfallV beschränken den Vschutz auf Bodenunfälle innerhalb Europas. Versichert sind Unfälle von Luftsportvereinsmitgsliedern während der Teilnahme an Vereinsveranstaltungen und während einer dem Vereinszweck dienenden Betätigung auf dem Boden.

Vschutz kann aber auch genommen werden für Unfälle der Zuschauer bei gewerblichen Luftfahrtveranstaltungen auf dem Gelände.

b) *Welche Vereinbarungen enthalten die Besonderen Bedingungen für:*

1. *die namentliche LuftfahrtunfallV von Luftfahrzeugführer und beruflich mitfliegenden Personen in Luftfahrzeugen?*

Der weltweite Vsschutz erstreckt sich nur auf Unfälle, die der Versicherte bei der Ausübung der sich aus dem Vsschein und seinen Nachträgen ergebenden Tätigkeit oder als Flug-/Fahrgast im ursächlichen Zusammenhang mit dem Betrieb eines Luftfahrzeugs erleidet (Einzelheiten s. §§ 1, 2 dieser Bed.).

2. *die LuftfahrtunfallV von Flug-/Fahrgästen und zusätzlich für einen Fallschirmspringer während des Fallschirmabsprungs sowie bei der Landung?*

Der weltweite Vsschutz erstreckt sich nur auf Unfälle, die der Versicherte als Flug-/Fahrgast bei Flügen mit einem zum Luftverkehr zugelassenen Luftfahrzeug erleidet. Der Vsschutz besteht vom Besteigen bis zum Verlassen des Luftfahrzeugs unter Einschluß von Unfällen während des Ein- und Aussteigens sowie während des Aufenthaltes auf Zwischen- und Notlandungsplätzen (Einzelheiten s. §§ 1, 2 dieser Bed.).

3. *die obligatorische UnfallV von Fluggästen in Luftfahrzeugen von Luftfahrtunternehmen (OPUV)?*

In der obligatorischen PassagierunfallV (OPUV) sind auf Grund der gesetzlichen Auflage (§ 50 LuftVG) die Fluggäste des im Vsschein oder Nachtrag deklarierten Luftfahrzeugs gegen Unfall versichert. Die V ist an das betreffende Luftfahrzeug gebunden. Der Vsschutz erstreckt sich nur auf Unfälle, von denen die Fluggäste vom Besteigen bis zum Verlassen des Luftfahrzeugs, während des Ein- und Aussteigens und während des Aufenthaltes auf Zwischenlandungs- und Notlandungsplätzen betroffen werden. Vleistungen sind nur für die Fälle von Tod und Dauer-Invalidität vorgesehen (Einzelheiten vgl. §§ 1–3 dieser Besonderen Bedingungen).

Luftfahrzeug-(Kasko-)Versicherung

5 *Worauf erstreckt sich die LuftfahrzeugV?*

Auf die im Vsschein, seinen Anlagen und Nachträgen näher bezeichneten Luftfahrzeuge und auf die dort angegebene Art ihrer Verwendung sowie auf die Sonderinstrumentierung/-Ausrüstung (z.B. Funk- und Navigationsgeräte), soweit sie ausdrücklich deklariert ist. (1 AKB-Lu).

6 *Was umfaßt die LuftfahrzeugV?*

Bis zur Höhe der Vssumme den Verlust oder die Beschädigung des versicherten Luftfahrzeuges durch Unfall am Boden, auf dem Wasser, in der Luft und auf dem Transport. Versichert sind darüber hinaus Schäden, die durch Überflutung, Brand, Blitzschlag oder Explosion, durch Diebstahl des Luftfahrzeugs und dessen Teile sowie im Luftfahrzeug mitgeführtes Sicherheitszubehör entstanden sind. (3 AKB-Lu).

7 *Was ersetzt der VR im Total- bzw. Teilschadenfalle?*

Im Totalschadenfalle ersetzt der VR, wenn keine UnterV und TaxwertV vorliegen, den Zeitwert des Luftfahrzeugs bei Eintritt des Schadenereignisses. Vom ermittelten Zeit- oder Taxwert werden der Zeitwert der geretteten Teile und der vereinbarte Selbstbehalt abgesetzt. Kosten und Aufwendungen, die der VN zur Abwendung weiteren Schadens oder Minderung des eingetretenen Schadens am verunfallten Luftfahrzeug für notwendig befinden durfte oder nach Weisung des VRs gemacht hat, werden neben der Vssumme ersetzt. (6.1.2 ff., 3.5 AKB-Lu). – Im Teilschadenfalle werden die Kosten der Wiederherstellung – bei Diebstahl einzelner Teile deren Zeitwert am Schadentage – unter Abzug der Selbstbeteiligung ersetzt, die für jeden Teilschadenfall 1 % der Vssumme, mindestens aber 1 000,— DM beträgt. (6.2.2 AKB-Lu).

Lizenzverlustversicherung

8 *Was verspricht der VR bei Abschluß einer Lizenzverlustversicherung?*

Er verspricht weltweiten Vsschutz für den Fall, daß die dem Vten erteilte amtliche Erlaubnis als Luftfahrer von der Erlaubnisbehörde widerrufen wird oder durch Ablauf erlischt, weil der Vte infolge Krankheit, Körperverletzung oder Kräfteverfall untauglich geworden ist und (!) in absehbarer Zeit nicht damit zu rechnen ist, daß die Erlaubnis wieder erteilt werden kann.

Die Vsschutz-Ausschlüsse entsprechen sinngemäß im wesentlichen den Ausschlüssen in der Allgemeinen UV.

Hinweis:
Nach den internen Rechnungslegungsvorschriften wird der Abschluß von Lizenzverlustversicherungen nicht den LuftfahrtVen, sondern den „sonstigen VermögensschadenVen" zugeordnet.

Luftpool

9 *Welche Einrichtungen wurden geschaffen, um die schweren (kumulierenden) Luftfahrtrisiken versicherbar zu machen?*

Sogenannte Luftpools, in denen – auch international – viele VU zusammengeschlossen sind, um durch gegenseitige Rückdeckung auch höchste Vssummen übernehmen zu können.

10 *Wie arbeitet der Deutsche Luftpool (DLP)?*

a) Er ist kein ErstVR, sondern eine Mit- und Rück-Vsgemeinschaft, die ihren Mitgliedern für das in den Pool eingebrachte Vsgeschäft RückVsschutz gewährt, und deren Geschäftsergebnisse jährlich den Poolmitgliedern zugeteilt werden;

b) die vom Poolausschuß für die RückV der eingebrachten LuftfahrtVen festgesetzten Prämien und Bedingungen sind einzuhalten;

c) den Geschäftsverkehr mit den VNn, die Policierung und die Schadenabwicklung hat das jeweils abschließende Mitglied durchzuführen.

Rückversicherung

1 *Was verstehen wir unter RückV?*

Die RückV ist die V der vom VR übernommenen Gefahr (§ 779 HGB).

Ein VU (ErstVR = Zedent) deckt bei einem anderen VU (RVR = Zessionar) Wagnisse rück, die wegen ihrer Größe und Gefährlichkeit seine eigene Leistungsfähigkeit im Schadenfall übersteigen könnten.

2	*Wodurch unterscheidet sich RV von MitV?*	MitV (= primäre Risikoteilung) liegt vor, wenn mehrere EVR einem VN durch einen gemeinsamen VS Vsschutz gewähren. Jeder MitVR haftet einzelschuldnerisch gegenüber dem VN für seinen, im VS bezeichneten Anteil. Es sind soviele Verträge geschlossen, als EVR beteiligt sind! RV (= sekundäre Risikoteilung) liegt hingegen vor, wenn RV-Vereinbarungen bestehen, die nur zwischen EVR und diesem RVR getroffen wurden. Zwischen VN und RVR bestehen keine Ansprüche.
3	*Welche VU betreiben RV?*	a) „Professionals" = VU, die ausschließlich RV betreiben (aktive RV); b) „Non-Professionals" = VU, die sowohl das ErstV-Geschäft (selbstabgeschlossenes oder direktes Geschäft) betreiben und hierfür passiven RV-Schutz nehmen als auch anderen VU RVsschutz geben (übernommenes oder indirektes Geschäft) und damit aktive RV betreiben.
4	*Welche Kriterien sind für die Zeichnungskraft eines EVRs maßgeblich?*	a) Die 100%-Größe des Wagnisses (= RISK) selbst; b) Die Höhe des Schadenbetrages, den der EVR im ungünstigsten Falle zu Lasten seiner eigenen Rechnung (= e. R.) verlieren (!) will (= RETENTION = Selbstbehalt, Maximum, Priorität, Plein). c) die Höhe des Betrages, der seinen Selbstbehalt (= SB) überschreitet und den er daher rückdeckt (= REINSURANCE = RV).
5	*Welche Grundsatzentscheidung muß der EVR bei RVsnahme treffen?*	Er muß sich entscheiden, ob er höheren Schadenaufwand und geringere Kosten für die e. R. in Kauf nehmen will oder niedrigeren Schadenaufwand und höhere Kosten. Für Prämien, Provisionen, Kosten und Schäden gilt die Grundformel: Brutto-Geschäft − RV-Geschäft = Netto-Geschäft (e. R.).
6	*Welche Leitgedanken bestimmen die Annahme (= Zeichnungs)politik des EVRs?*	Er überlegt, ob die Hereinnahme einer neuen V seinen bereits vorhandenen VBestand (Portefeuille) verbessert oder verschlechtert, und zwar prämien-, schaden- und kostenseitig in brutto, RV und netto.

7 *Welche Bedeutung hat die RVsnahme für den ErstVR?*

a) Der RVR mindert das versicherungstechnische Risiko des EVRs;

b) mittels RV ersetzt der EVR fehlendes Eigenkapital, erhöht er seine Zeichnungskapazität, atomisiert seinen Bestand, wälzt er einen Teil der Schäden ab, macht seinen Bestand „homogener“ (= gleichartiger) und verringert seine Bruttoprämieneinnahme;

c) die RVsnahme erfordert zusätzlichen Kostenaufwand;

d) die RV erfüllt denselben Zweck wie die „Rückstellungen“ zum Ausgleich des schwankenden Jahresbedarfs („Schwankungsrückstellung“).

8 *Kann der RVR den RVsschutz billiger produzieren als der EVR?*

Nein! Der Preis der RV wäre ein Anteil aus der Bruttoschadenbedarfsprämie des EVRs (von den Kosten des RVRs abgesehen). Die Risikoprämie ist aber in der Regel im voraus unbekannt. Deshalb gewährt der RVR dem EVR RVs-Provisionen (nebst Gewinnanteilen bei günstigem Schadenverlauf).

9 *Wodurch wird die Höhe des e. R. Kostensatzes des EVRs bestimmt?*

Durch die Differenz zwischen Bruttokosten (einschl. Provisionen) und der RVs-Provision (einschl. Gewinnanteil) im Verhältnis zur verdienten e. R.-Prämie des ErstVRs.

10 *Welche Hauptpunkte sind Gegenstand von RVs-Vereinbarungen?*

Die Vereinbarung

a) der unteren und oberen Grenze der Leistungspflicht des RVRs (ggfs. zusätzliche Vereinbarung einer Schadenselbstbehaltsklausel);

b) der „wagnisgerechten“ RVs-Prämie (Gewinnanteilsvereinbarung als Prämienregulativ);

c) des RVs-Provisionssatzes. Er kann ein fester Satz sein oder er ist – je nach Schadenverlauf – veränderlich.

11 *Was bedeutet das Prinzip der Schicksalsteilung?*

EVR und RVR erhalten einen bestimmbaren Anteil aus der Bruttoprämie. Sie übernehmen denselben Anteil an dem Bruttoschaden.

12 *Was wird unter der Folgepflicht des RVRs verstanden?*

Der RVR erkennt alle Entscheidungen des EVRs gegenüber dem VN als auch verbindlich für den bei ihm rückgedeckten Anteil an.

13 *Was ist das Schadenassistenzrecht des RVRs?*

Der RVR behält sich das Recht vor, an der Schadenregulierung des EVRs mitzuwirken.

14 *Wer entscheidet über Rechtsstreitigkeiten aus einem RVsvertrag?*

Das vertraglich vereinbarte Schiedsgericht (= Einrichtung der freiwilligen Gerichtsbarkeit).

15 *Ist auf RVsvertragsverhältnisse das VVG anzuwenden?*

Die Vorschriften des VVG finden auf die RV keine Anwendung (§ 186 VVG).

16 *Inwieweit unterstehen private RVU der Bundesaufsicht?*

Private VU, die ausschließlich RV betreiben und nicht die Rechtsform eines VVaG haben, unterstehen nur einer eingeschränkten Bundesaufsicht. Sie bezieht sich auf die Entscheidung über die Aufsichtspflichtigkeit dieser VU, Verpflichtung zur Rechnungslegung und Bilanzprüfung durch diese VU sowie Prüfung und Berichterstattung durch das BAV über die RVR-VU und schließlich Heranziehung zur Kostentragung für das BAV. In bestimmten Fällen verfügt das BAV über die Strafhoheit auch gegen die ihm unterstellten RVU.

Arten der Rückversicherung

17 *Welche Arten der RV gibt es?*

a) *Aktive RV* = Zessionar (RVR) gewährt Vsschutz;

b) *passive RV* = Zedent (EVR) genießt Vsschutz;

c) einmalige oder Einzel-RV = Einzelangebot des EVRs. RVR kann annehmen oder ablehnen.
Vorteil: RV = Risikoauslese, Rückdeckung von Spitzenbeträgen nach Belieben.
Nachteil: Einzelanmeldungen, Unsicherheit des EVRs: ein inzwischen eingetretener Schaden geht vor Annahme voll zu seinen Lasten;

d) *laufende RV* = es bestehen auf Dauer angelegte, vertragliche Rechtsbezeichnungen;

e) *beiderseits obligatorische RV* = EVR muß anbieten, RVR muß annehmen.

Vorteil: Sicherheit, keine Einzelaufgaben, Kontokorrentverkehr.
Nachteil: keine RVs-Risikoauslese, Gefahr der Spitzenbeträge für EVR, wenn vereinbarte Maxima überschritten werden;

f) *fakultativ-obligatorische RV* = EVR kann anbieten, RVR muß annehmen.
Vorteil: RVs-Risikoauslese und Gewißheit der Annahme für den EVR. – Für den RVR: Großes Aliment! Nachteil: Einzelaufgaben und Gefahr der Spitzenbeträge für den EVR;

g) *obligatorisch-fakultative RV* = EVR muß anbieten, RVR kann ablehnen.
Vorteil für RVR: Risikoauslese;

h) *proportionale RV:* Anteile des RVRs an Prämien und Schäden des EVRs stehen von vornherein fest. Der EVR deckt rück „zu Originalbedingungen". Schicksalsteilung!

i) *nichtproportionale RV:* typische Großschadendeckung. Keine Schicksalsteilung. V auf Zweites Risiko für EVR. Anteil des EVRs stellt sich für RVR als Abzugsfranchise dar.

Summenrückversicherung

18 *Welche Vertragstypen kennt die SummenRV?*

a) *Quoten-RV:*
Vorteile: Schicksalsteilung, geeignet für Neugründungen von EVU, Einführung neuer Vszweige und neuer Tarife. Minderung der Erwerbs- und Verwaltungskosten des EVRs. Beteiligung des RVRs an bestimmten Innenkosten. Keine Einzelaufgaben. Höhere RVs-Provisionssätze.
Nachteile: Prozentual gleichbleibende Sätze bedeuten veränderliche absolute Prämien- und Schadenbeträge und damit veränderliche Selbstbehalte! Gefahr der Kumuls für RVR. Für EVR nachteilig, wenn viele Kleinschäden auftreten.
Bevorzugte Anwendung: Allgemeine und Kfz-Haftpflicht, KaskoV, Hagel-, Sturm-, Transport-, Atom- und LuftfahrtV;

b) *Excedenten-RV:*
Excedent = Vssumme minus SB. Die Höchstzeichnungssumme im Bruttogeschäft wird als Vielfaches des SB-Maximums ausgedrückt.

Vorteil für den RVR: Der EVR wird auch an sehr schadenträchtigen Wagnissen beteiligt.

Nachteil: Gefahr der Spitzenbeträge für den EVR, daneben auch eine gewisse Starrheit;

c) *Quoten-Excedenten-RV:*
Excedent aus dem Nettogeschäft des EVRs nach einer Vorweg-Quote. Dieser Vertragstyp wird von jüngeren EVRn bevorzugt;

d) *Excedenten-Quoten-RV:*
Quote aus dem Nettogeschäft nach Vorweg-Excedenten;

e) *Super-Excedenten-RV:*
sogen. II. Surplus, der geeignet ist für die Abdeckung von Spitzenbeträgen, die sich für den EVR nach Ausschöpfung sonstiger RV-Möglichkeiten ergeben können.

Zusammenfassung:
Bei Excedenten-RVsverträgen wird der RVR nur an größeren Wagnissen beteiligt; bei Quoten-RVsverträgen hingegen auch an kleineren, die für den EVR sowie für den RVR den erwünschten Gefahrensausgleich im Kollektiv wie auch in der Zeit bedeuten können!

Gefahren-Rückversicherung

19 *Was bezweckt die Gefahren-RV?*

Sie bezweckt die Total-RV einer vom EVR übernommenen bestimmten Gefahr. Der EVR wird insoweit zum Vsvermittler. Dies ist dann zu vertreten, wenn der EVR in einem bestimmten Vszweig und/oder in einer bestimmten Vsart nicht zum Geschäftsbetrieb zugelassen ist.

Risikobasis-Rückversicherung

20 *Was wird unter einer Risikobasis-RV verstanden?*

Der Lebens-RVR übernimmt zu einer frei vereinbarten RV-Prämie einen Teil des Sterblichkeitswagnisses insbesondere von sogen. anomalen Risiken. Die Lebens-RV zählt übrigens zu den Schaden-RVen.

Schaden-Rückversicherung

21 *Worin besteht die Besonderheit der Schaden-RV?*

Die Leistung des RVRs ist ausschließlich durch die Höhe des zu erwartenden Schadens bestimmt. Der EVR entlastet sich von Entschädigungen, die einen im voraus vereinbarten Betrag übersteigen (Nichtproportionale RV).

22 *Was bedeutet PML?*

Probable maximum loss. Der PML ist der geschätzte wahrscheinliche höchste Schaden, der bei vorsichtiger Betrachtungsweise unter Berücksichtigung aller Risikogegebenheiten aus einem Ereignis entstehen kann. Der PML wird ausgedrückt in Prozent der Gesamtversicherungssumme oder der besonders vereinbarten Höchstentschädigungsgrenze für ein Risiko. Der PML kann auch in einem absoluten Betrag ausgedrückt werden.

23 *Was bedeutet Schadenquote?*

Schadenquote ist das Verhältnis des geschätzten wahrscheinlichen Höchstschadenbetrages, und zwar immer im Verhältnis zur Gesamtversicherungssumme des Risikos.

24 *Worin besteht der Unterschied zwischen Schadenfall und Schadenereignis?*

Ein Schadenereignis kann mehrere Schadenfälle auf sich vereinigen.

25 *Worin unterscheidet sich die Einzelschaden-RV von der Kumulschaden-RV?*

Die *Einzelschaden-Excedenten-RV* (lat. excedere = überschreiten) wird auf die Priorität des EVRs je Vsschein bezogen (engl.: Excess of loss oder Cover per risk genannt).

Die *Kumulschaden-RV* wird hingegen auf die Priorität des EVRs je Schadenereignis bezogen, gleichgültig, wieviele Verträge von dem Ereignis betroffen sind (engl. Excess of loss oder Cover by event genannt).

26 *Nennen Sie typische Kumulschadenbeispiele!*

Explosionen größeren Ausmaßes, die zur gleichen Zeit mehrere Grundstücke zerstören oder beschädigen, Flächenbrände und Epidemien.

Kumulschäden sind also übergreifende Schadenereignisse (sog. Conflagrationsschäden).

27 *Welchem Zweck dient die Jahresüberschaden-RV?*

Sie dient der Absicherung des gesamten Geschäftsergebnisses des EVRs in einem Geschäftsjahr (engl. Stop Loss Cover oder auch Cover by result genannt).

28 *Was bedeutet das Burning-Costs-Verfahren?*

Für Vsbestände mit steigendem Prämienaufkommen vereinbart man „Burning-Costs“: Die zusammengerechneten Überschäden eines Beobachtungszeitabschnitts aus der Vergangenheit werden durch die Prämieneinnahmen geteilt. Auf dieser Grundlage einigen sich EVR und RVR über veränderliche oder Mindest- bzw. Höchst-RV-Prämien.

Sonderformen der Rückversicherung

29	*Was versteht man unter WeiterrückV = Retrozession?*	WeiterrückV ist die RV des RVRs. *Vorteil:* Völlige Atomisierung der Bestände. Retrozession ist anwendbar auf alle RV-Arten (ausgenommen: Jahresüberschaden-RV). *Nachteil:* Überlastung des RV-Geschäftes mit Provisionen und Superprovisionen, außerdem: Kumulgefahr!
30	*Was bedeutet Reziprozität?*	Reziprozität bedeutet, daß zwei VR miteinander Austausch-Geschäfte vereinbaren. Bei Vereinbarung von z.B. 50% Reziprozität verlangt der Zedent von seinem „RVR", ihm in Höhe von 50% der abzugebenden RV-Prämie seinerseits RV-Geschäft zurückzuüberweisen.
31	*Was ist ein Pool?*	Der Pool ist eine Mischform aus Mit- und RV. EVR schließen sich nach bürgerlichem Recht zusammen zwecks Deckung bestimmter, von ihnen eingebrachter und zugleich übernommener Risiken (Beispiele: Deutscher Luftpool, Deutsche Kernenergie-Versicherungs-Gemeinschaft).
32	*Was ist eine Nachschußpflicht-RV?*	Die Satzungen sog. kleiner VVaG sehen eine Nachschußpflicht ihrer Mitglieder für den Fall vor, daß die Versicherungsleistungen die Prämieneinnahmen übersteigen. Diese Nachzahlungsverpflichtung kann der VVaG rückversicherungsmäßig abdecken.
33	*Was ist ein Second-Reinstatement-Cover?*	Wie der EVR seinem VN gegenüber für die einmal gezahlte Jahresprämie auch nur einmal bis zur oberen Grenze der Leistungspflicht aus dem Vertrage innerhalb einer Vsperiode haftet (von Ausnahmen abgesehen), bietet der RVR dem EVR die Wiederauffüllung der RV-Summe gegen ein RV-Entgelt an.
34	*Was ist Gegenstand eines Largest-Claim-Cover?*	Der RVR ersetzt dem Zedenten dessen höchsten und/oder dessen nächstniedrigere Schadenbeträge aus dem RV-Portefeuille eines Geschäftsjahres.
35	*Was ist Inhalt des ECOMOR-RV-Systems?*	Die RV-Prämien werden von Franchisen berechnet, die vom Schadenverlauf des Zedentengeschäftes abhängen. RV-Prämie und Priorität des EVRs werden also dem jeweiligen Geschäftsverlauf angepaßt.

36 *Was besagt das Carpenter-Verfahren?*

Es handelt sich hierbei um eine Schadenexcedenten-RV mit veränderlicher RV-Prämie. Höchstzeichnungssummen und Prioritäten des EVRS werden in verschiedener Höhe für die verschiedenen Risikogruppen eines Vszweiges festgesetzt. Werden keine Mindest- oder Höchst-RV-Prämien vereinbart, so geht diese RV-Art in einen Finanzierungsvertrag zwischen EVR und RVR über: In ungünstig verlaufenden Jahren übernimmt der RVR zusätzliche Leistungen, die ihm in späteren günstig verlaufenden Jahren zuzüglich Kosten und Zinsen zurückzuerstatten sind.

Technische Durchführung eines Rückversicherungsvertrages

37 *Auf welche Weise erhält der RVR Kenntnis über die ihn zugeteilten Risiken?*

Bestehen zwischen EVR und RVR keine vertraglichen Beziehungen, so bedarf es im Neugeschäft nach wie vor der RV-Anmeldungen für den Einzelfall. Die Wagnisse werden darin nach Art, Höhe der Vssummen bzw. Höchstentschädigungsbeträge, Prämienbeträge, Selbstbehalt, RV-Schadenquote, RV-Anteil und Laufzeit des Vertrages bezeichnet. Der RVR kann hieraus Wagnishäufungen (Kumuls) ersehen, die eine Retrozession erfordern können.

Für bereits bestehende Ven begnügt sich der RVR mit globalen Aufgaben über Gesamtprämie, Gesamtprovisionen und Gesamtschadenbeträgen zu vertraglich vereinbarten Zeitpunkten.

Spezielle Aufgaben (Borderos) sind auch im Bestandsgeschäft vonnöten, wenn es sich handelt um:

1. Codex-Risiken,
2. Kumul-Wagnisse,
3. Spitzen-Risiken.

Dies sind – in Feuer – solche Wagnisse, deren Prämienfestsetzung der Spitzenrisiken-Beschluß-Kommission unterliegt oder die vom RVR ausdrücklich als solche dem EVR bekanntgegeben werden.

38 *Wie ist der Abrechnungsverkehr geregelt?*

Der EVR übermittelt dem mit ihm im Kontokorrentverkehr stehenden RVR meist vierteljährlich Abrechnungen über Prämiengutschriften, Schaden- und Provisionsbelastungen. Sie gelten als anerkannt, wenn sie nicht binnen vertraglich vereinbarter Frist beanstandet werden. Vom RVR zu zahlende Gewinnanteile sind den jährlichen GuV-Rechnungen des RVRs für den jeweiligen EVR zu entnehmen.

39 *Wie erhält der RVR Kenntnis von eingetretenen Schäden?*

Gemäß Übereinkunft bei Überschreiten von festgelegten Schadensummengrenzen pro Einzelvertrag durch monatliche Aufgaben, die von der EDVA des EVRs erstellt werden.

In gleicher Weise werden größere Schadenbeträge behandelt, für die der EVR einen sofortigen Schadeneinschuß des RVRs verlangen kann (sog. Kassaschäden).

Abkürzungsverzeichnis

ABG	=	Allgemeine Bedingungen für die Kaskoversicherung von Baugeräten
ABMG	=	Allgemeine Bedingungen für die Maschinen- und Kaskoversicherung von fahrbaren Geräten
ABN	=	Allgemeine Bedingungen für die Bauwesenversicherung von Gebäudeneubauten durch Auftraggeber
ABU	=	Allgemeine Bedingungen für die Bauwesenversicherung von Unternehmerleistungen
ADB 1963	=	Allgemeine Deutsche Binnentransportversicherungsbedingungen
ADS	=	Allgemeine Deutsche Seeversicherungsbedingungen/ADS Gütervers. 1973 i. d. Fassung 1984
ADSp	=	Allgemeine Deutsche Spediteur-Bedingungen
AERB 87	=	Allgemeine Bedingungen für die Einbruchdiebstahl- und Raubversicherung
AFB 87	=	Allgemeine Bedingungen für die Feuerversicherung
AG	=	Aktiengesellschaft
AGIB	=	Allgemeine Glasversicherungsbedingungen
AHB	=	Allgemeine Haftpflichtversicherungsbedingungen
AHagB	=	Allgemeine Hagelversicherungsbedingungen
AKB	=	Allgemeine Kraftfahrtversicherungsbedingungen
AktG	=	Aktiengesetz
ALB	=	Allgemeine Lebensversicherungsbedingungen
AMB	=	Allgemeine Maschinenversicherungsbedingungen
AMG	=	Arzneimittelgesetz
AStB 87	=	Allgemeine Bedingungen für die Sturmversicherung
AtG	=	Atomgesetz
AUB 88	=	Allgemeine Unfallversicherungsbedingungen (AUB 88)
AV	=	Angestelltenversicherung
AVB	=	Allgemeine Versicherungsbedingungen
AVFE	=	Allgemeine Versicherungsbedingungen für Fernmelde- und sonstige elektrotechnische Anlagen
AWB 87	=	Allgemeine Bedingungen für die Leitungswasserversicherung
BAG	=	Bundesaufsichtsgesetz
BAV	=	Bundesaufsichtsamt für das Versicherungswesen
BGB	=	Bürgerliches Gesetzbuch
BUB	=	Allgemeine Betriebsunterbrechungsversicherungsbedingungen
BWM	=	Bundeswirtschaftsministerium
BWV	=	Berufsbildungswerk der Versicherungswirtschaft
DVA	=	Deutsche Versicherungs-Akademie
EC	=	Extended Cover (Feuer)
ECBU	=	Extended Cover (BU)
EDVA	=	Elektronische Datenverarbeitungs-Abteilung
EG	=	Europäische Gemeinschaft
e. R.	=	eigene Rechnung
EVB	=	Allgemeine Versicherungsbedingungen für die Einheitsversicherung
EVR	=	Erstversicherer
GG	=	Grundgesetz
GmbH	=	Gesellschaft mit beschränkter Haftung
HGB	=	Handelsgesetzbuch
HPflG	=	Haftpflichtgesetz

HVG	=	Handwerkerversicherungsgesetz
KBA	=	Kraftfahrt-Bundesamt
Klausel-Nr. . . .	=	aus: Gemeinsame Klauseln für die Feuer-, Einbruchdiebstahl- und Raub-, Leitungswasser- und Sturmversicherung (Nr. 1 . . .) aus: Gemeinsame Klauseln für die Feuer-, Leitungswasser- und Sturmversicherung (Nr. 2 . . .) aus: Klauseln für die Feuerversicherung (Nr. 3 . . .) aus: Klauseln für die Einbruchdiebstahl- und Raubversicherung (Nr. 4 . . .) aus: Klauseln für die Leitungswasserversicherung (Nr. 5 . . .) aus: Klauseln für die Sturmversicherung (Nr. 6 . . .)
LuftVG	=	Luftverkehrsgesetz
LZB 87	=	Zusatzbedingungen für die Feuerversicherung landwirtschaftlicher Betriebe
MBU	=	Maschinen – Betriebsunterbrechung
OHG	=	Offene Handelsgesellschaft
PflVG	=	Pflichtversicherungsgesetz
PKV	=	Private Krankenversicherung
PML	=	Probable Maximum Loss = Wahrscheinlicher Höchstschaden
PRL	=	Prämienrichtlinien
ProdHaftG	=	Produkthaftungsgesetz
RVO	=	Reichsversicherungsordnung
RVR	=	Rückversicherer
sa	=	selbst abgeschlossen
SB	=	Selbstbehalt
SGB	=	Sozial-Gesetzbuch
StGB	=	Strafgesetzbuch
StVG	=	Straßenverkehrsgesetz
StVO	=	Straßenverkehrsordnung
STVZO	=	Straßenverkehrszulassungsordnung
SVS	=	Speditions-Versicherungsschein
TB	=	Tarifbestimmungen
UHG	=	Umwelthaftungsgesetz
V	=	Versicherungen
VAG	=	Versicherungsaufsichtsgesetz
VGB 88	=	Allgemeine Wohngebäude-Versicherungsbedingungen (VGB 88)
VHB '84	=	Allgemeine Bedingungen für die Neuwertversicherung des Hausrats
VN	=	Versicherungsnehmer
VO	=	Verordnung
VOB	=	Verdingungsordnung für Bauleistungen
vP	=	versicherte Person
VR	=	Versicherer
Vsort	=	Versicherungsort
Vsschein	=	Versicherungsschein
Vssumme	=	Versicherungssumme
VU	=	Versicherungsunternehmen
VVaG	=	Versicherungsverein auf Gegenseitigkeit
VVG	=	Gesetz über den Versicherungsvertrag
VW	=	Versicherungswirtschaft
WHG	=	Wasserhaushaltsgesetz
ZKBU 87	=	Zusatzbedingungen für die einfache Betriebsunterbrechungs-Versicherung (Klein-BU-Versicherung) – ZKBU 87–.